会买房必定赚
巧装修得益多

关其方 编著

SPM 南方出版传媒 广东人民出版社
·广州·

图书在版编目（CIP）数据

会买房必定赚 巧装修得益多 / 关其方编著. — 广州 : 广东人民出版社，2016.4
ISBN 978-7-218-10628-1

Ⅰ. ①会… Ⅱ. ①关… Ⅲ. ①住宅—室内装修—基本知识 Ⅳ. ①TU767

中国版本图书馆CIP数据核字(2015)第298115号

Hui Mai Fang Bi Ding Zhuan Qiao Zhuang Xiu De Yi Duo
会买房必定赚 巧装修得益多

关其方 编著

出 版 人：曾 莹

责任编辑：肖风华 李 敏
策 划：李 敏
装帧设计：刘焕文
责任技编：周 杰 黎碧霞

出版发行：广东人民出版社（广州市大沙头四马路10号 邮政编码：510102）
电 话：（020）83798714（总编室）
传 真：（020）83780199
网 址：http://www.gdpph.com
印 刷：广州家联印刷有限公司
开 本：787 mm × 1194 mm 1/16
印 张：19.25 字 数：320千
版 次：2016年4月第1版 2016年4月第1次印刷
定 价：48.00 元

如发现印装质量问题，影响阅读，请与出版社（020-83795749）联系调换。
售书热线：（020）83795240

前言

衣、食、住、行这几方面人人必需，这本书的内容涉及其中一方面——住宅，人的一生积蓄大半花在这方面。怎样买楼才合适及划算呢？怎样装修才叫作得法及不花冤枉钱呢？好，我教你，这本书就讲这两项内容。

本书每篇文章都已在广州各大报专栏上发表过并已经广受欢迎。笔者从二百多篇中挑选出这几十篇结集发行。可以这么说，就某一篇或三五句话都将能给你千百倍的回报与得益。楼价昂贵，动辄一两百万元一套，甚至上千万元或更多，选楼知识显得尤为值钱，仅一丝之差，性价比高低便大为不同，效益也以十万元为单位呈现出来。

故此，出版此书，希望能给买房及装修的读者带来一定的帮助。

关其方

目录

1 上篇 选楼要点逐个谈

105 下篇　装修要点逐个谈

上篇

选楼要点逐个谈

一 选楼看什么？

（一）选楼有何要点？

这个话题，对于购楼者来说就是教你如何买楼；对于发展商来说，就是要告诉大家怎样筹划楼盘才能畅销。

选楼着重考虑的因素有六项：

（1）地头适当；

（2）价钱相宜；

（3）总体规划完整；

（4）单体及单元布局妥当；

（5）房屋质量坚固，符合施工规范；

（6）物业管理服务周到，收费低廉，治安良好。

下面，我们逐项来说一说。

1.地头（楼盘所在的地理位置）要适当

地头怎样才算适当呢？

（1）交通方便。

（2）该地段无污染。举例说，不要在水泥厂的下风，不要在造纸厂、电镀厂、屠宰场、垃圾场、臭水涌的附近，不要在玻璃幕墙的对面。除了空气及水质的污染之外，还有噪声、蚊虫、强光、气味的干扰。

（3）生活方便。距离市场、医院、小学不太远，但也不宜靠得太近。有些人选地头常被旧观念影响：

①以自己住惯的地点为圆心衡量楼盘的远近。比方说，一向住在西关的人可能说天河太远。

②以离上班地点近、亲朋近为主要考虑点。这个观念其实落后了，因为随着社会的发展，我们的工作单位、亲朋居所是可能会变动的，而房屋的置换相对来说不那么容易。

选地头应看重的因素：

①符合城市规划发展方向。发展快的地段，房屋升值潜力大。

②附近高级住宅多，名校多，在公园旁。

③最好在有点风景的地方。

2.价钱要相宜

价钱相宜不仅仅是指价钱便宜。关于价钱方面，提供以下几点意见做参考：

（1）每平方米6000元不算便宜，3万元也不为贵，关键看楼盘的质量。只要求价与物大致上相匹配，或者是物有所值。

（2）不要一开始就把自己的目标局限在某一个价位上（例如：每平方米9000~10000元），也要考虑其他价位，比较哪一种更相宜。

（3）以楼房本身而言，究竟一平方米的成本造价是多少呢？以目前物价来说，低层建筑（4层以下）每平方米造价3100元左右，多层建筑（8层以下）约3800元，小高层（15层以下）约4700元，高层高档建筑（40层以下）5700元左右。

除了建筑造价之外，还有环境设施费、地价、税费及其他杂项，以上各项之和才叫总成本。总成本约为建筑造价的2.3倍（不包括地王价）。以多层建筑为例，总成本可以算出一个大概数（3800元×2.3=8740元）。低于这个数就是亏本，高于这个数就是盈利。利润多少才是合理呢？房地产开发工作艰巨且周期长，毛利20%~25%是比较合理的。这样算来，每平方米售价为1万~1.1万元左右，是个较合适的定位。这是一个大概数，每个区域有所不同，尤其是地的来源不同，因此会有差别。售价往往不是合理价，大多高于合理价，主要取决于市场的供求情况，也与经济及政治气候有关，越接近成本价钱越相宜。购楼不宜过分强调要合理价，购楼主要是捕捉适当的时机。（请参考后记，294页）

3.总体规划要完整

一个楼盘的素质高不高，很大程度体现在总体规划上。总体规划水平高不仅能给居民带来物质生活的享受，而且也能提供精神生活的享受。随着时代的进步，楼盘规划水平在不断地提高。对总体规划过高要求不现实，但最基本的要求应该能做到：

（1）各栋楼之间的间距要适当。房屋间距是发展商与购楼者争夺的焦点。对发展商来说，房屋排得越密就有越多的建筑面积可卖；对购楼者来说，房屋间距大些，生活会舒适些。这个矛盾怎么解决呢？本着节省及有效地利用土地资源，又保证人体生理上及卫生上的要求的宗旨，规划科学研究的结果是：冬至日后排房屋首层窗台有不少于1小时的日照（或大寒日有不少于3小时的日照）。每年冬至日这一天是太阳运行最低的角度，冬至这一天，如果后排房屋的首层仍有阳光，那么其他日子以及首层以上的各层则有更多的阳光了。广州地区约为1H（H是前排房屋的高度）。举个例说，前排房屋如果18米高，那么后排房屋距离前排房屋要有18米宽，才符合要求。广州地区根据这个标准结合现实可行的情况，规定使用0.7H（东西朝向为0.5H）。购楼者看楼盘时按这个标准去衡量就是适当的了，但现在市面上一些楼盘连这个标准也达不到。

关于房屋间距方面，笔者有几点经验供大家参考。

①假如有两个楼盘的楼价相同，但房屋间距不同，其实际楼价是不相同的，间距窄者实质上升了楼价。

②间距若想达到1H，选三楼以上的楼层便可（以楼高6层为例）。层数越高的楼层通风采光越好。但实践告诉我们，如果没有特别的目的（比

如想利用天台，或考虑顶层价钱较低等原因），不宜选择顶层，因为上面的隔热层、防水层常常难以令人满意。此外，顶层由于空旷无遮挡，受太阳光辐射较强烈，楼房顶层的圈梁及天面楼板的胀缩变形较大，与外墙砌体容易产生离缝。这种情况当然不是每幢楼都会出现，如果出现，一是会影响室内装修，二是容易渗水。

③同样的间距，点式（即塔状）的楼房由于短，互相遮挡的情况较少些，因此通风采光的情况会比长条形板式的楼房好些。

④个别情况下，间距虽窄，但也可能通风良好。比如一条巷子，由于巷口朝向主导风向，而且巷子末端不堵死，让来风有出处，这种情况就会产生巷道风，即使巷子很长，也是很凉快的。但不要坐在家里想当然，购楼时要到现场实地多体验几次，才能判断哪些单元有风直接吹到，哪些单元风只从旁边吹过，风不入室。

（2）绿地多。植物是保持生态环境的主要因素。当前大环境污染严重，威胁到人类的生存。小区绿化可改善小区气候、营造良好的生存环境。买一个好的单元容易，买一个好的环境难；单元可以进行二次设计，把它改造到满意为止，而小区的环境已成定局，个人对它无能为力。绿化对人们的物质生活很重要，空气清新怡人，可以促进健康；绿化对人们的精神生活也是很重要的，能够陶冶人们的性情。构成风景的主要元素就是绿化，不言而喻，若没有花草树木，还有何风景可言？既然绿化是购楼者非常看重的因素，发展商只有搞好这一点，才能吸引买家。绿化是衡量环境质量的一项极重要的指标，《居住区规划设计规范》（以下简称《规范》）规定绿地率为：新建小区不低于30%，旧区改造不低于25%。随着社会的进步，这个规定指标还会提高，目前所见的小区能达到25%已算不错了，规范规定，一块绿地的窄边要大于8米才计算其为绿地面积，屋边余角的零星绿地不计，可见绿地率不是以所有绿地面积之和为计算基础的。

对绿化环境的认识：

①既要看绿地的数量，还要看绿地的质量。绿地虽然不少，但是只简单地铺铺草皮，只求把黄土盖住，地上稀稀落落地点缀些小树及花，这对

小区气候的改善意义不大；需要大绿化，大树葱绿婆娑，能提供休息遮阳和地面活动的环境。一开始若不下点本钱大量种植乔木幼苗，不可能指望将来有林荫夹道的景象。小区环境宜“先绿后园”，即先见绿化，尽快形成面貌，之后才修饰成为花园，没有绿化为基础，什么环境也谈不上。

②小区里有池塘、溪流等水体，对小区环境有好处，水体的面积也算绿化面积。

③单体（或叫作栋，即一幢楼）平面若多曲折，必然把用地分割得较零碎，大块绿地少了，对环境质量有一定的影响。

④所谓“罗马广场”、柱廊等石屎（混凝土）产品，这是一些小区环境的流行配套，其实际意义不大，反而占用了本来就不多的绿地面积，华而不实，由于它的柱式不伦不类，缺乏艺术性，反而有破坏了小区整体形象。当前的小区自然美不足，建设美有余，这是商业炒作的遗孽。有的小区设置了很多瀑布、喷泉或人工景点，超出正常住宅小区的状态，目的是在推销楼盘时制造声势，宣称为公园环境，拍广告宣传，让外来人参观。这些设施日后不可能经常使用，维护费太高。小区环境为居住功能服务，居住就是长期过日子，素淡、实惠、雅俗共赏的做法才经得起时间的考验。但素淡不是虚无与单薄，而是实实际际，既丰富又充实，这需要真功夫，花大力气。住宅小区的景点朝夕相见，不宜设置那些自欺欺人的所谓抽象雕塑或新潮艺术品，这些东西看一两眼还可以，时间稍长会令人厌烦。即使是真正的纯艺术品也不宜多设置，出入皆见，一来变得熟视无睹，二来太熟则烂，再好吃再好看的东西，日日吃，日日看，也变得索然无味，同时也毁了艺术品本身，除非经常一批一批地更换，而这只靠小区的管理费不可能办得到。所以说，又有用又好看的东西才能保存长久。这些东西不是那么容易做得出来的，难就难在这里。

（3）居住环境安宁。在小区中，居住建筑与公共建筑，功能分区明确，各得其所，莫让商店、娱乐场所、小学、幼儿园等公共建筑干扰住宅。居住讲究私密、宁静与安全。有的小区首层全为商店，小区里道路变成马路，人车川流不息，尘土飞扬，这对居住质量有很大的影响。为了不让小区里的交通影响居住区的宁静与人行方便，其中有一种做法是人车分流，车到小区边缘即入地库。

（4）生活设施齐全。为了生活的方便，小区里的公共设施如幼儿园、托儿所、小学、医院、市场、邮局、健身及娱乐场所最好配套齐全，即使小区里没有，附近也应该有。在这方面，大型楼盘较有优势，容易办得起。在此应注意两点：

①配套项目如中学、医院等是有计划，但遥遥无期也等于无，因此要落实年份期限，这是补充合同的内容之一，可以宽限几年，总比“讲唔定”（遥遥无期）强得多。

②即使配套齐全，但摊分到每户的头上负担重，也使人难以承受。有的公共设施办成高价经营，这样的公共设施有也等于无，甚至还不如没有。不过，即使其他设施可以没有，唯绿化及治安这两项一定要保证。

在正常情况下，大盘比小盘起码有额外的好处：小区气候改善明显些；户外活动范围大些，散步或缓步跑都有足够的场地；视觉环境好些。

以上4项是对小区总体规划的最基本要求。不要以为达到这些要求就够了，小区的文化环境、艺术环境、智能环境要求等，还有广阔的领域需要充实提高。发展商若不下大力气去营造这些环境，筹建一个楼盘要三五七年，到楼盘具规模时又落后于人，正如早年的楼盘比现在的楼盘显得落后一样，被购楼者挑三拣四，无可奈何地降价或贱卖。这厢购楼者叹惜买不到合意的楼，那厢开发商守着空楼……

4.单体及单元布局要妥当

（1）怎样选择单体。

一进售楼处，售楼小姐便围上来侍候你，问你欲购多大的单元，不断向你展示各种类型的单元、各种价位、多种楼层的选择等。此时你不要被一叶障目，应抽身出来先去了解总体规划，看模型及总平面布置图，再到实地去对照。选择的方法如下：

①楼外视野开阔，无阻挡。在此提醒购楼者，务必搞清楚前面的开阔地带以后是否还要建楼，必要时要在购楼合同中补充这一保证。

②面向小区的中心花园、小区内外的风景点或大幅绿化地，视野要开阔，而不是穿越两栋楼之间的间距探望。

③朝向好：东南向（南偏东15度左右）最好，其次是南向，东向及北向也还可以，西向不好，尤其纯向西最差。确定朝向即看总平面图示的指北针，最好自己带一个指南针实地核实。不要以为现在有空调了，向西无所谓。向西弊处较多，一是多耗能源，小数怕长计；二是光线过强对身体、眼睛无好处，使室内陈设及衣物加速陈旧。向西单元即使面对风景点，为了遮阳要拉上窗帘，再好的景色也欣赏不到。风景与朝向两者，其中有一大缺陷时应选择以朝向为先，宁可东向（或北向）树木，也不西向罗马广场。

④东西向的单体，每个单元不是向东就是向西，这当然不好，但这个单体也不是无一可取，其末端单元是向南（或向北）的，不要忽视了它。

⑤单体附近有适当的室外空间，便于邻里之间的交往。

⑥出入方便。有的大型小区，边缘的单位距离小区车站很远，长年累月要费时走路，时间一长就让人厌烦。

⑦关于海景楼。住宅面向河溪，本来是很难得的地理位置，但要明白两点：一是现阶段的河流水质污染严重（尚需时日方能治理好），水干（退潮）时，水及岸边是污黑的，有时还发出臭味，避之唯恐不及，日夜对着它，只感到烦恼；二是若光是一条河，没有丘陵、园林或其他成景素材的配合，这样的环境是寡趣的，并不那么宜人。莫一味沉迷于以水为财的梦幻中，否则，将付出昂贵代价而无所值。

（2）单元布局。

什么样的单元才算好呢？下面有九点基本要求。

①平面布局紧凑，在好用的前提下实用率高。紧凑的反面就是松散，举例来说：饭厅不在厨房旁边，两者相隔一段距离；出去阳台然后转到卧室去，入户门先经过一条长长的走廊，经过各室的门然后到达客厅，等

等。这样的单元布局就是不紧凑。挑选单元，首先要看它好不好用，孤立地说实用率高并不一定好。实用率是单元的净面积与出售时标定的面积之比。某些情况下，实用率虽然高，但如果净面积当中有很大部分是走廊的面积，而厅、房的净面积不多，或者虽无明走廊，厅中暗廊多，厅变成交通厅，摆不下多少家具。此外，房间的形状长宽比例不恰当，门的位置不恰当，这些都会使单元不好用。某个单元号称有多少多少面积，用起来不觉得它有这么多，俗话说“面积唔见使”（粤语方言，指用起来没有那么多面积）。可见，光是实用率高还不能说明这个单元就好，要在单元好用的前提下，实用率越高越好。一般来说，实用率有85%已算不错了。有些楼盘标榜实用率为90%或90%以上，除非是变相的降价或奉送，达到那么高而单元又好用是不容易的，或者说是特例。

②厅采光良好，无黑房，厨、卫都有自然采光。虽然卫生间没有自然采光是容许的，但是使用起来不方便、闷气且不卫生。有的厅后半截采光不足，变成暗区，暗区的使用价值较低。房间良好的进深是光源高度的2.5倍，一般窗的上边高度为2.5米，那么厅的良好进深则为6.25米（简化为6.5米），大于这个数（当然也不是要准确到分毫）的地方就属于暗区了。

③开向厅的门不宜超过3个或者3组（两个门聚在一个转角处称为组）。厅门多不好，不是因为不好看，而是门附近的地方变成走道不能利用，使厅的有效面积减少。一般情况下厅要有3个门（一个是户门，一个是阳台门，还有一个门是去走廊通各室），特殊情况下厅只有1个或2个门。有的单元各室的门都直接开向厅（5个或者更多），这种布局，既减少了厅的有效使用面积，又缺乏私密性（住宅讲究私密性、舒适性、安全性），客人站在厅中央环视一周，对全家一目了然，这样还有何家居趣致呢？

④走廊越短越好，没有走廊更好。因为走廊会耗去建筑面积，只起交通作用。但这有个前提，单元要好用，否则，取消走廊容易，反使单元变成了一个杂摊子，那就适得其反了。1厅1房或1厅两房的单元，如果设计得好，可以做到既好用又没有走廊。一般来说，1厅3房或以上，有点走廊是

正常的。在必须有走廊的情况下，如果能使走廊除了起交通作用之外，还兼有其他用途（如玄关、阳台、走廊旁边有壁柜等等），无形中提高了面积的使用价值。这需要有较高的设计技巧。

⑤无纯向西的厅、房。当然，辅助的房间（如厨房、卫生间等）是可以向西的，否则住宅岂不都是糖葫芦串式（行列式）了？

⑥厅的视野开阔，不受阻挡。

⑦厅有阳台，阳台的视线与邻居的阳台不互相干扰。有的高层建筑，厅无法设置阳台，把阳台安排到卧室房去了，不是说卧室房不能有阳台，而是在只有一个阳台的情况下，应首先设在厅才符合生活规律。又有的单元，相邻的两个阳台面对面或在一个直角位置上。这种布局使家居生活很不方便。除了视线干扰之外还有噪声干扰，吟哦细语皆互闻，缺乏私密性。民间将这种单元布局幽默地称为“伸手可借豉油”。

⑧大房最好有两个窗，两个窗各处于不同朝向的墙面，而且两窗之间距离拉远些为佳。这样便于室内布置及分隔，利于室内通风及使室内光照均匀。

⑨高层住宅建筑的交通核心筒内容有安全楼梯、电梯、候梯厅、设备管道井等。交通核心筒设计得好或不好，对住户有很大影响，主要看以下几方面：

A.核心筒设计得好，面积就小些，每户分摊的面积也就少些。挑选单元时不但要看单元里的布局是否合理，也要看公共部分是否合理，因为最终会分摊到各户的头上来，即使不用面积分摊的形式表达，或用平方单价的形式表达，实质也一样——羊毛出在羊身上。

B.候梯厅最好有自然采光及通风（即是有窗口向外）。按设计规范，自然采光及通风可以用人工照明及机械送风代替，但这样的候梯厅容易使人感到闷气。

C.高层住宅防火很重要，超过消防队救火设备的高度时，外界也帮不了忙，因此保证住在里面的人能逃生是一个重要的问题。火灾时电梯停止运行，因为电梯井一旦打开，就犹如一座烟囱一样，起助燃的作用，加速火势蔓延。人们必须从楼梯逃生（这楼梯也有人叫走火梯），因此要保证楼梯间绝对不能让烟气灌入（若烟气充满楼梯间，人会窒息而死，而不是被烧死），通常会在未进入楼梯间之前设一个防烟前室（一般是候梯厅兼做防烟前室）。防烟前室与住宅走廊之间有个弹簧门分隔，其作用是让人们逃入防烟前室，一通过这个门之后，门仍保持自动关闭的状态，防止烟气再灌入防烟前室。某户失火，烟气只能外溢到走廊，被走廊的自然通风或机械排风排走，不会灌入防烟前室，即使有也被排走，这就是防火原理。购楼者要辨清核心筒是否符合防火原理。我国的高层住宅使用正处于方兴未艾阶段，甚少经历过高层住宅失火事件，未意识到它的重要性，不少人对核心筒漠然视之，或误以为是公家的事，与已无关，这是个很严重的问题。

前面讲到怎样看单元的布局，除了满足前述的9项要求之外，不要疏忽了层高（即楼层的高度）。经科学研究，南方的住宅，层高一般以3米为宜（包括楼板的厚度），净高只有2.8~2.9米。按规定，净高应不少于2.5米。房间的高度有三点作用：一是人体生理上需一定的空气量，空气量不足影响智力发育；二是经济型的单元在面积上紧巴巴，缺乏储物的地方，此时就要向空间寻求解决，如果层高太低，则家无长物；三是观感作用，一个房间如果高度低就会产生压抑感。建筑对人们有用的是建筑物里面空着的部分，而不是其实体，实体只是用来构成空的部分，实体的用途只是可看，所以空间才是最主要的。室内装修最主要的是制造宜人的空间形象，而不是把实体的内表面涂贴得鲜鲜艳艳作为最终目的。买楼也是买空间，层高太低等于降低居住质量。从经济角度来说，如果层高从3米降到2.7米，也即是每层缩减30厘米，10层的高度做出11层，无异于提高了售楼的价格，购楼者吃亏了，相当于每平方米1万元的单位只值9000元。

5.房屋质量要坚固，符合施工规范

对已经装修好的房屋，如何看出它的质量有无问题呢？可以从以下

几方面去看。

（1）识别危险的裂缝

平时见到在墙面上的裂缝大多数是无大碍的，是批荡（即抹灰）表面的裂缝，在其表面再刮灰或油漆便无事，结构上的裂缝才是危险的，它出现在：（此部分内容在35~36页还有详述）

①楼板上的裂缝。A.如果房间是长方形，裂缝平行于长方边，裂缝出现在房间的中部附近，裂缝纵贯房间。B.房间是方形或接近方形，裂缝出现在四个角位，裂缝呈弧状。

②阳台的危险裂缝。出现在靠近门口的墙边，平行于墙边的横向裂缝。

③梁上的危险裂缝。A.在梁两端出现，与梁的底边成45度角。B.裂缝在梁的中部梁底出现，垂直从梁底向梁侧再向梁面上发展。裂缝下部宽些，越向上越小，并慢慢消失。

④楼房外部的危险裂缝。A.多出现在墙的角位，与墙角的边线相交成一个角度。B.在楼顶上的墙角，裂缝的形状与下部的裂缝类似。

（2）看楼房有无倾斜

一般用吊线砣挂线检查。购楼者不是专业人员，可按以下方法检查：走到楼房外面，站在一个合适的角度，观察楼房墙角的垂直边线是否与旁边另一幢楼房的墙边线重合。如果不重合，两条墙边线夹成的空隙上宽下窄或上窄下宽，表示必有一幢楼是倾斜的。孤立看一幢楼很难发现它是否倾斜，若一眼就能看出它倾斜，此时该楼起码已倾斜二三十厘米以上。一般倾斜了几厘米是容许的，即使倾斜到20厘米（以6层楼高来说），它也不会倒掉，问题是它是否还会继续发展下去一般。楼房倾斜的原因是地基出问题了。

（3）观察有无漏水

①顶层的天花可能会漏水（出现水渍痕迹表示曾漏过水）。上去天台检查檐沟的沟底是否低于楼板的结构面（不是楼板的阶砖面）。下雨后，积蓄在楼板隔热层（其材料一般为泡沫塑料）的水无法从檐沟排出，迫使

其向屋面楼板渗透下去。下雨时隔热层在吸蓄存水，下完雨，天放晴它才达到饱满状态，在足够压力情况下把水渗出，产生雨天不漏晴天漏这种怪现象。

②任何一层楼的墙面都可能会漏水。外墙面的装修瓷砖贴得不密实时，里面有空洞，贮满水就从墙壁渗到屋里去。甚至钢筋混凝土墙也会漏水，外墙瓷砖里面的空洞一旦形成一条水柱时压力很大，混凝土不属于防水材料，有极微细的小孔或缝，水就会在其薄弱处迫渗进去。

③门窗边会漏水。铝合金窗若用料单薄，窗扇翘曲变形，窗户关不密实也会漏水。检查方法是把窗关起来，用水管对着窗射水，看里面有无水漏进去。

④厨房、卫生间的给排水管接头处会漏水，尤其在楼板嵌着处的接头容易漏水。厨、卫一般有吊天花，此时可掀开一格天花板，把头伸上去仔细观察。

（4）检查室内排水情况

凡有地漏的地方如厨、卫、阳台等地方都要检查。倒一桶水在地面，观察水是否流向地漏去，是否能全部流走。往往由于地面的去水坡度做得不顺，某处会出现积水现象。有些单元甚至地漏处反而高于其他地面，水肯定排不干净。

（5）检查单元里各项装修工程

对批荡、门窗、天花、地面、油漆、玻璃等逐一检查，每一项都有详细的检查方法。请参看后文的《住宅质量逐点看》。

6.物业管理要安全省心

买楼的人有一个担心就是怕买得起住不起。一旦买了楼，不住也要交管理费。莫看一平方米多收一元几角，一直如此，小数变巨数。一个人走运时能买楼，倒霉时恐怕连管理费都交不起。这样的楼你想卖掉它也不是那么容易的事。因此，买楼时既要看楼价，又要看物业管理费及服务项目内容。有的小区收了管理费还另收垃圾费，诸如此类方法变相升价。游一次泳要收一二十元，做做健身又收多少多少，这样的小区，即使所谓设施齐全，对一般平民大众，作用也不大。想了解物业管理情况，可向已入住户了解，也可去物业管理处了解，或装作入住户去要求物业管理公司解决一些所谓日常但又令人头痛的事，诸如：厕所漏水、淤泥清运等事，看他们如何反应，是热心接待，急人所急，还是耍太极——遇事以推或挡为己任。一接触，冷暖便知。千万莫花钱买个懒而悍的家婆管着，日子难挨，时时为一些琐事去打官司赔不起。总而言之，住户对物业管理的要求是：管理服务周到，收费低廉，治安太平。

（二）擦亮双眼去买楼

笔者经常以顾问角色陪同购楼者去看楼盘。他们提的问题，有些是普遍性的。这些问题的答案，对广大消费者可能同样有参考作用。

问：关工，你觉得在广州众多楼盘中哪个楼盘最理想呢？

答：我见过的楼盘不少，但还未找到哪个楼盘最理想，各有优缺点。换言之，总是有这样那样的缺陷：不是地头不理想就是楼价偏高，或者是单元布局不尽如人意，楼房质量也麻麻地（一般，很普通）。

问：现在的楼房质量好不好？

答：用“好”或“不好”一概而论太笼统，倒不如让你了解一些建楼情况，更切实际些。我曾多年任楼盘甲方的总工，做过的楼盘不少，也目睹了很多楼房的施工情况。影响楼房质量的因素很多，最常见的原因有两个。一是建筑工人素质不高，工人大多从业时间不长，对建筑知识技能所懂不多（当然有的公司对工人也有培训）。以前对各级工规定的《应知应会》以及考级制度，现在基本上没有人提及了。工人也没有分技术等级，你若问工人是哪一级工，他只能回答拿多少钱一天。有的工人对处理梁的起拱率，混凝土养护期限，水泥的初凝、终凝时间及冷缝、钢筋的最小间距等等很少能全部做得妥妥当当。电工不管电器机是否有接地线，常用一个漏电开关管多台机器；电焊工使用电焊条不合型号；施工员不注重梁柱构件的容许误差，不管钢筋多粗，皆用同一种垫块；质安员不知水平挡板要多宽；结构工程师分不清岩石的风化程度，等等。技术人员取“证”忙（上岗证、特殊工种证、电工证、监理证、职称证、注册XX师证等等），有的人有周身“症”（“证”的谐音），靠证吃饭，但实际水平与实践经验还差一截。人的素质打折扣，人所管的产品质量哪有不打折扣之理？二是虽然有文规定施工队不得垫款做工程，但由于找工程难，甲乙双方只可默认了。甲方还常拖欠工程进度款。资金不到位对质量是最大的影响，工人开饭尚且成问题，质量又从何谈起。监理人员也愧于去监管施工队，还未开口向施工队提质量问题，施工队已先发话：我们已垫去了多少多少万元，去找老板来付钱吧。施工条件不正常，凑合做出来的成品自然难以符合施工规范。

建造一项工程，为了保证质量，按规定有一定的工期。若想缩短工期，施工队预先要提出施工方案或措施加以保证，经审核认为可行方可实施，且缩短的工期有限度。但在一些楼盘，由于资金周转的排期与工期不合或与交楼的时间不合，或想提前售楼回笼资金，发展商一再要求提前。施工队找工程做不容易，为了迎合发展商，只可答应，加人上阵，各个工序乱了套。有的室内未装修完毕，已要求“脱衫”（拆除排栅及上落架），便于发展商昭示世人：看吧，我的楼落成了，快来买楼吧。建筑材料宁可从室内楼梯用人工分段扛上高层楼去。在这种情况下哪还谈得上施工组织科学性，工程质量受影响不言而喻。

问：不是说过，不合施工规范的楼房不验收不发合格证吗？

答：是有这样的规定。但你不要把合格证看得太神圣了。几经周折动作之后，合格证、什么证都可以弄得到。如果连这点本事都没有，那就做不成发展商了。老板们经常有句口头禅——没有办不通的事。

问：那么，这样的工程也可以吗？

答：尽管有的工程的质量不理想，但你也不必太担心。豆腐渣工程毕竟是极个别现象，它是由于肆意偷工减料造成的，与那些质量不理想的工程有本质的差别。我见过在施工过程中刚浇灌完的混凝土的楼板突然塌下来（因模板底下的支顶不足），但未见过落成的楼房会坍塌下来（报纸上偶有所闻）。这是因为以下几个原因。

1.设计时预定有安全系数（安全贮备），可以部分抵消质量的不足，而且受力结构的主材未用尽其潜力（譬如：钢筋即使用尽弹性强度还有极限强度，混凝土的强度随续后的龄期还会有些少的增长）。

2.使用时的实际荷载一般用不完设计提供的最大额度。通俗地说，住宅即使摆满屋家具，其重量也达不到每平方米210公斤。

3.钢筋混凝土结构的楼房使用年限一般按50年以上设计，质差者可能用不到这个年限，但自有商品房以来也不过30多年。

以上几项可视为保险因素，能落成的楼房在相当长时间内不会有大问题。

问：楼盘格局及单元间隔等情况又如何？

答：总的指导思想是争取有最多的建筑面积可卖。稍后建的楼盘略有改进，但注重的是装修，表面光鲜。再后建的（也即是近几年建的）讲究外表及门面豪华，着重会所排场，以享乐设施把人招来。直到现在，小区的建设仍未达到“流畅阶段”。以写文章做比喻，分三阶段：一是句子通顺；二是全篇流畅；第三，即是较高层次，有艺术性，有风格，有个性，这才是好文章。什么样的小区建设算是达到了“流畅阶段”呢？大体上来说就是符合使用功能，各项指标符合规范，也即是满足物质层面上的要求。例如：小区绿化面积不少于30%（屋前屋后的零星小绿地不计在内），楼房间距不小于0.7H（H是楼房的高度），单元的朝向及通风采光良好，无黑房，厨、厕面积与各室的面积比例恰当，阳台配置实用，在单元好用的前提下走廊尽量短，装修材料运用得宜，小区配套设施在可能条件下齐全，施工质量符合规范等等（这里只略举几项，具体细节不一一赘述）。小区做到这一步也并不容易。你不妨对照一下，看哪个楼盘各项皆符合。即使做到这一步也只算达到基本的要求。

好的小区还要全面体现以下诸方面的建设：

1.文化环境；

2.生态环境；

3.艺术环境；

4.社会环境；

5.智能环境；

6.物质环境。

这里说的“环境”不单是建筑物外面周围的地方，还包括建筑物、设施以及小区全部空间。做到以上各项才达到较高层次，小区不但要满足物质上的要求，还要满足精神上的要求，目前的小区虽仍未达到前者的要求，但以后建的小区不难达到，难达到的是后者的要求，而楼盘的水平（或档次）就在这方面见高低。

问：*为什么发展商老在表面上下功夫呢？*

答：这与发展商的认识及设计者的水平有关，主要还是以下的原因。买与卖是矛盾双方的统一体，有人买才有人做出来卖。很多购楼者也只有较浅层的购楼知识。常言道：“内行者看门道，外行者看热闹。”表现在购楼上的“看热闹”就是看室内外的表面光鲜不光鲜、靓不靓。商人的出发点就是迎合顾客的口味。为什么售楼广告铺天盖地时，售楼处就人气旺盛呢？这反映出不少人由于对其不甚了解，自然就从众。要提高楼盘素质，有待于购楼者的购楼知识水平的提高。换言之，大力宣传购楼知识也等于促进房地产向前发展。把虚耗在表面以及与楼盘建设无关的钱财转而用到实处——提高楼盘的素质，社会发展才会呈现良性循环。

二 怎样察看楼房质量?

（一）住宅质量逐点看

1.看抹灰

室外部分：

（1）看楼时，可能是晴天，但也可知道该楼的窗楣有无渗水之弊。按规定，凡窗楣、雨篷或外墙面的凸出腰线，其下面应做滴水线（见图1）；无窗楣者也应在窗洞上边相当于窗楣的部位做滴水线。若不做滴水线或滴水线做得马虎，下完雨之后天放晴了你还不能打开窗，因为整天有水渗到窗上或渗入室内，窗的周边会长时间处于湿湿漉漉的状态。滴水线是一条小凹槽或一条级差线。滴

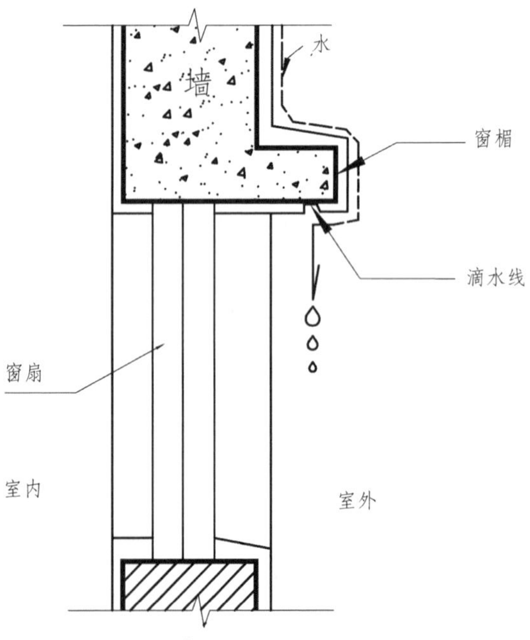

★图1★

水线的宽度和深度均不应小于10毫米，并整齐顺直。但有的是贴瓷片，厚度只有五六毫米，级差太浅，水的渗流能越过此线。一般人常忽视此事。

（2）门洞边棱处最容易出现小缺口。即使无缺口，你也可以用手捏一捏边棱（若再仔细地检查，容许用小锤轻轻敲击），如果能捏掉一块，就不合规格。出入门口最容易碰到门洞边，所以规定要做护角，也即是门洞边的批荡要用1：2的水泥砂浆批荡，高度不少于2米（即高过一个人的高度）。

（3）看墙面有无小裂纹，再用手指关节或小木块轻轻敲击墙面，听其有无空鼓声，若有就不合格。

室内墙面检查方法：

（1）墙面是否平整，一般对着墙面正面站着看难以发现它什么地方不平，如果这样看出不平的地方已是大不平或窝形了。贴近墙面侧面容易看出墙面的缺点。若要认真一点检查，可用2米长的直木条随便压在墙面任何位置，看是否与墙面吻合无缝，大缝容易看出，缝小可用手电筒照一照，缝隙漏光，清楚可见。在最大的缝处塞一张硬纸片，若还漏光，再塞一张，最后看几张纸片一共有多厚，若超过2毫米则为不合格。正规检查则用2米靠尺和楔形塞尺。

（2）墙面是否垂直。可离开墙面5~6厘米吊一垂线，用尺量垂线与墙的距离，沿线上下量几点，各点的数值相等表示垂直，若某处相差了3毫米就不合格。数值大了表示该处凹了，数值小了表示该处的墙面凸了。

（3）房间是否四正，即两墙的夹角是否为90度直角，可将三角尺（边长大于25厘米）的直角放到墙角处，看三角尺的两条直角边是否与墙面吻合，若有缝，超过2毫米为不合格。正规检查用方尺和楔形塞尺，结果也差不多。

一般的商品房并不是每栋都经得起这样的检查。

2.看饰面板

（1）釉面砖及云石（大理石）不宜用于室外装修。釉面砖又称瓷片

（瓷砖），因坯体吸水率大而易裂；云石被带弱酸的雨水冲刷会失去光泽，所以不宜用于室外。

（2）有金属光泽的面砖不耐用，因时间长其表面会变色。

（3）水池的上口，尤其浴缸端部的枕头外边缘，应该用配件砖（即转角砖），不得使其边棱外露，以免危险。

（4）贴瓷砖时，如果墙面有突出的管线或电掣开关盒等物，那么应该用整块的瓷砖挖出规矩的孔洞，套合后应吻合，缝隙不得大于2毫米，更不得用非整砖拼凑套合。

（5）用木块敲击贴的瓷片，看其有无空臌。仔细察看瓷砖表面有无划痕。从贴近墙面侧向观看瓷砖贴得平不平，有无微小的翘角现象。看瓷砖的拼缝有无水泥粉状松浮现象，若把它刷掉之后缝槽较深则表示不合格。

（6）瓷片（瓷砖）的拼缝宽度为1~1.5毫米。拼缝宽度小于1毫米或者完全没有缝不好，热胀时因无伸长余地会被迫拱起来；但拼缝大于1.5毫米也不好，不仅不美观，而且容易受侵蚀。

（7）贴瓷砖，凡墙壁的阳角部位都应用整砖，阳角处正立面整砖应盖住侧立面整砖，也即是收口线不在正面。

（8）在同一幅墙面上贴的瓷砖，不得有一行以上的非整砖，非整砖行应排在次要部位或阴角处。

（9）凡宽阔的门洞，洞口上边看起来有点下弯就不合格，即使经检验证明它是平的也不行，要向上拱起一点点（约为跨度的1/300），看起来平的才可以。

（10）用木棍敲击花岗石（或云石）地面，听其有无空臌声。

（11）看墙面的云石面有无铁锈色。

（12）同一类饰面板，表面色泽应一致。这要仔细观看才能发觉，立定在墙面，退后2米，把眼睛眯着看就容易发觉。

（13）若发现贴云石（或花岗岩）的墙面有裂缝，这不是小事，要么是里面墙体有结构性裂缝，要么是墙体基面处理不当所造成。切记不能用黏结剂把裂缝抹一抹就了事，否则迟早裂缝还会扩大的。

（14）石板装修的方柱，可能只是虚有其表，弱点多在夹角部位，不妨顺手用力去捏一捏，说不定它像蛋壳一样脆弱。

（15）镜面板材（云石或大理石）应能清晰地反映出景物，映像模糊就不合格。本来要测光泽度，按规定，镜面板材低于75个光泽度为不合格。

（16）碎拼大理石，这种装修怎么才算好呢？判断如下。碎拼大理石的美感在于自然，越乱越活泼，但远看整体上却显得均匀，这叫乱中有规律。若能做到近看无物，远看有花或图案，如观油画，那就更高级了。相反，若拼缝做成规规矩矩、呆呆直直的，人工斧凿锯割，就失去这种装修的意义了。乱也有限定：一是不得有通缝；二是缝宽5~20毫米，这就不容易了。

（17）镜面云石、花岗石表面有一点点瑕疵行吗？怎样才算可以或不可以呢？下面提供一些数据。

①石板的表面不允许有直径大于2毫米的明显的砂眼、划痕。

②石板边棱不得有大于2毫米×6毫米的损缺。

③石板的角，不得有大于2毫米×2毫米的损缺。

④石板的正面是磨光面，侧边也是磨光面（譬如用于角处的石板），这两个面的夹边不允许有任何损缺。

⑤全幅墙或地面石板与石板的接缝要平平直直，不得弯弯曲曲，偏差不得超过2毫米。

⑥接缝的宽度要一致，不得有的缝宽、有的缝窄，宽窄相差不得超过0.5毫米。

⑦贴完石板的墙面或地面，表面上要平平滑滑，接缝处高低不得超过0.3毫米。

3.看地面、地毯

水磨石地面：

分格条牢固顺直，全部显露出来。若安装分格条时上口不平，有一端垂下去，埋在石子浆中太深，则难以把它磨出来。

石子密实，分布均匀，在分格条边缘及分格条交叉处不缺石子。颜色要一致，不变色。有些颜料不耐磨，有些颜料不是矿物性颜料，可能会变色。

无裂纹、砂眼和磨纹。开磨时间掌握不准确会导致裂纹、砂眼等问题。

表面平整光滑、光洁度好，有光泽。做到这一点的关键在于，有足够的磨光遍数，擦浆严实，加草酸及氧化铝水溶液研磨，最后打蜡。

地毯：

买楼时甚少有地毯附上，一般是自家装修时才做上去的。当装修队完工交货时，业主应懂得怎样去验收。对固定地毯的要求是：表面平整、洁净，无松弛、起鼓、翘边等缺陷；接缝严密，无明显接头、离缝；四周边与倒刺板嵌挂牢固，在边角位拉扯一下便知，如果连底下的倒刺板一起拉脱，当然不合格；门口处收口顺直、稳固；踢脚板处塞边严密，封口平整，无散边漏出。

4.看木地板

一个单元，有时厅房各室不是全部是做木地板，应留意木地板与其他地面交接处的标高，标高要一致，接缝要严密。尤其是与厨、厕的地面交接处，若做成一条门槛，则交接不良；与阳台门口交接处，若钉一条金属板遮丑，凸起阻脚，也不妥当。接缝可加胶接，有利于地板的整体伸缩，但接缝仍要整齐划一、密实。

板块的拼缝，如果在同一条拼缝中有一端密实得几乎看不到缝，另一端有些离缝，这样的木地板到天气潮湿时很容易胀起来。

人背负重物在地板上走动多次，脚踩的地方有的木块会出现很微小的高低错动，要留意才觉察，脚离开即复原。这种地板不耐用，原因是板块本来企口相接（即槽榫相嵌），但由于有的木材质量不好，略有翘曲，铺砌时就扣不上，扣不上就砍去凸边或半边凹边再拼接，这比平口相接还差，铺砌完之后，表面当然不平，但经机械刨平之后就不容易发觉。其表面虽平，每块板的厚薄却不均匀，承受重量时会出现不同变形。

在冬天天气干燥时去检查木板较容易发觉拼缝是否严密。拼花木地板含水率只要超过10%，干燥后拼缝就不那么严密了。

所以还要察看窗口、阳台、门口部位的木地板颜色是否与大面积的木地板一致，是否同样平整。因为木地板最怕潮湿，如果施工期间门窗开关管理不周，偶有雨水飘入或上层施工用水淌入，会把该位置的木地板弄残旧，甚至损坏，施工者会将其再打磨翻修，一眼看上去是看不出的。木地板总的要求是：颜色均匀，无特别深色的或特别浅色的木块，少节疤；无划痕，无戗茬；表面平整度小于2毫米（用2米靠尺检查）；拼缝平直，小于3毫米（5米长度以内）；缝隙宽度小于0.2毫米。留意检查房间的边及墙角部位，看是否达到这些要求。

若合同注明用何种木料（如枫木、榉木、樱桃木、橡木、象牙木、柚木、桃花心木、花梨木、黄檀等），无经验者难以区别，但可去材料店买样板去对照。不怕不识货，最怕货比货。

用脚轻轻敲敲踢脚线，看有无空膛声，有无松动迹象或边缝灰屑抖落。踢脚线出墙厚度要均匀，若踢脚板稍有变形，就会出现厚薄不一的现象。检查踢脚线的厚薄平直状况同时也检查了墙的平整度，两者有一不平直都不行。站在墙角瞄其吻合线便一目了然。

5.看油漆和墙纸

过去大多数的涂料是以油料为原料制备的，故称为油漆，而今以合成树脂液为原料及以无机硅酸盐、硅溶胶为基料的涂料已广泛采用，因此，油漆更名为涂料更恰当些。

（1）察看乳胶漆墙面有无泛白的现象。通常批荡的墙面干燥后方能油漆。乳胶漆虽然能在稍潮湿的墙面上施工，但也要让新批荡的墙面过7天后方可涂刷，墙面太湿会使乳胶漆泛白。

（2）涂料墙面要求平整光滑，颜色一致，无刷纹。乳胶漆墙面若不够光滑，看起来与优质的扫灰水墙面差不多，是因为涂刷的遍数不够。一般涂乳胶漆要“三灰五磨三漆”，即扫三次灰，每次都用砂纸磨光，然后开始涂刷乳胶漆，涂刷三次，头两次每次都用砂纸磨光。常用进口的ICI也属高级乳胶漆一类。

（3）木门油漆，要求表面光亮足，光滑，无挡手感。高级木门常用叻咖漆（即硝基清漆），要能照见手影。若光亮度不好，是由于擦拭的功夫不足。若色泽不均匀，也与低档木材的本色深浅不一有关，也即是说高级木料扫这种漆才好看。

（4）墙纸、墙布的检查。对裱糊类装修的检查方法是：色泽一致，无斑污，拼接横平竖直，表面平整，拼缝处图案花纹吻合；距离墙面1.5米处正视之不显拼缝，斜视之无胶痕，阴角处搭接顺光，交接紧密，无缝隙，无翘边、空臌、折皱。

6.看天花

为了使天花看起来是平的效果，天花中央部分要起拱，起拱高度不小于跨度的1/300。检查天花时要注意以下事项：

（1）看天花有无起拱，可在天花底拉对角线，线要拉紧，线两端贴近天花，线中部如果离空，表示有起拱。

（2）看拱度是否均匀、平顺，若形成波浪或曲折，则表示不合格。安装龙骨时已有起拱，应把龙骨调顺校正，符合起拱要求，然后安装面板，这样的天花才平整光滑。

天花面板常用石膏板、矿棉装饰吸声板、微穿孔铝合金板等。板条排列一般应垂直于进出门口，减少板缝产生的阴影。

金属面板接缝要平整，误差不大于2毫米，接缝处的接口不能露白茬；接缝平直，误差小于1.5毫米；接缝高低不大于1毫米。

天花面板不能有污斑和水渍痕迹。污斑和水渍这些缺点是常见的，多数情况是因各工种互不协调，计划不周。比如，吊顶上的管道未经试水试压，就把天花面板安装上，后来水管漏水；上层楼面的防水工程未完工，下层已把天花面板安装上；安装灯具和通风罩也会污染或损坏天花。

察看天花有无预留检查孔，即是否一两块面板可以揭得起，以便上去修理天花上的管道。一般的明骨天花，每块面板都可轻便地揭起，但隐骨天花每块板是固定的，如果不预留检查孔的活动板，到时要拆开再安上就难以恢复原状而产生瑕疵了。

从检查孔伸头上去看看吊天花的吊杆有无松脱，有无把吊杆捆绑在管道上。正确做法是把吊杆固定在上层钢筋砼楼板底。若施工马虎，日后整个天花会塌下来，此等事故也时有所闻，不可不防。

顶棚（或墙面）表面局部若采用多孔或泡沫塑料时，面积不得超过顶棚（或墙面）面积的10%。装修设计要注意防火规范，理由是多孔或泡沫塑料在火灾时会产生有毒气体的烟雾，置人于死地。

7.看门窗

铝合金门窗外观质量应符合下列要求：表面不应有明显的损伤、划痕、腐蚀（一般是受批荡时水泥砂浆的玷污而且用硬物刨刮所致）；没有明显的色差；没有油斑、污迹；密封胶不外溢。

铝合金门窗的基本性能应满足刚性、气密性、隔声、水密性。一般的检查方法是：把窗关起来，在外面用胶水管对着窗正面射水，若室内无渗漏才算合格。

铝合金窗开关要灵活。怎样才算灵活呢？有个量性规定，即开关时施力于窗扇小于6公斤力的标准，可用弹簧秤检查。平开窗最容易出问题，因淤积批荡时掉下的砂浆，开关困难，又不能猛力开关，因为铝合金平开窗的开关器用料通常不够坚固，很容易变形或损坏。同时，高层建筑也不提倡采用平开窗，因高处风力大（15楼的风速大于地面1倍，越高处风速越大）。若窗扇的宽度大于600毫米还会有危险。

窗扇垂不垂直，可量度窗扇的对角线是否相等。若一长一短，相差2毫米为不合格，也即是这个窗扇由长方形变成平行四边形了。摇动一下门或窗扇，看玻璃有无啪啪响声，若有则是密封条压不实之故。

若房间里大幅墙面开窗，它是由两个以上的窗组合而成，就要瞄瞄组合处有无漏光的缝。铝合金组合不允许平面与平面组合，要采用套插，曲面组合，搭接量不小于10毫米，而且缝隙还须用密封胶条密封。

窗的铝合金型材的壁厚不小于1.2毫米，质量较好的采用1.5毫米厚，也有用2毫米厚的。在大型楼盘工地的门窗加工现场，容易看到厚度情况。

留意一下推拉窗的下边框槽口内有无积水或湿润的情况。下边框向外一边若没有钻一小孔（绿豆大小），就会出现积水现象。

外窗台应做成斜坡排水，而且外窗台应比内窗台低，若反过来，外高内低，水会渗入室内。此外，窗框的下边框本来就比窗台高不了多少，若操作不当，密封胶再把下边框掩埋一部分，不仅槽口内的积水排不出，而且窗台面上的雨水也很容易漫过下边框淌入室内。

摇摇窗框（比摇窗扇时的用力稍大一点），看有无松动的趋势。若窗框与墙体之间的连接件过少，便会发生松动情况。窗框不允许有松动，因为窗还要经得起大风压（大于150公斤/平方米）。

看铝合金门窗有无氧化膜。氧化膜是铝合金型材表面上的一层氧化铝镀膜。这层膜可提高铝材表面的硬度及耐磨、耐腐蚀度。按规定型材出厂前已进行镀膜。检查方法可用铁钉在型材表面划一点痕，若里面的白色与表面的白色光泽色调不同（即是里面显出铝合金的本色），就表示已有氧化膜。若没有氧化膜的铝材，用手指在表面一擦，手指上便有一层乌灰色。按规定，氧化膜的厚度不小于10um（1mm=1000um）。此外，再看型材表面有无局部脱落氧化膜或腐蚀斑点的现象。

铝合金窗框四周边若用水泥砂浆扪缝，这表示不合格。严禁水泥砂浆直接与铝合金窗框接触。因为：

（1）水泥砂浆会腐蚀铝合金。

（2）铝合金膨胀系数大，水泥砂浆已刚性地把窗嵌固了，冬天冷缩会出现离缝漏水，夏天热胀时因无余地让窗伸胀，势必把窗迫成变形翘曲。

（3）这种刚性嵌固不适应高层建筑本身容许的变形。所以正确做法是窗框外边用软填料（如矿棉毡条等）塞实，外面用防水密封胶（一般用耐候硅酮密封胶）封口。所以，从外观看，见到窗框四周边都是胶而不是水泥砂浆。此外，留意这种胶有无稀软欲流淌的现象，因为这种胶的质量往往不过关。

高层建筑的每个铝窗的窗框要接通防雷导线系统。导线埋在墙里看不见。究竟有无连接或漏接，要查施工记录。一般人只知道钢筋混凝土工程有隐蔽工程记录，其实门窗安装工程也应该有隐蔽工程记录。除记录接防雷之外还有连接件材料、有无防腐蚀处理、填缝材料、密封材料等等。这些资料都是很重要的。

门开启后，门扇不能停在任意位置，它自动慢慢滑移到某一位置才停下来。这种状况是因为门框安装时没有吊垂直，或门的铰链受力不均衡。

雕花实心木门。木色均匀、无节孔、无裂缝等外表眼见的缺陷在此不赘述。最主要的是看其框料是否用整块木料刨出子口。有的门框的子口是贴一薄木片形成的。六七千元一套的高级木门，这种做法省下几百元当然不成问题，但在耐久性方面，多年后才显露出其缺陷。

卫生间常用塑料门，看看它的门框有无微小的弯曲，门扇有无变形翘曲。关起来缝隙不均匀，有的缝大，有的缝小，则不合格。

8.看玻璃

检验玻璃的质量，主要是看玻璃的基本性能。

（1）遇台风、地震不易破损。

（2）不因严寒酷暑而破裂。

（3）隔声性能好。

（4）室内使用空调时，室内一侧表面不结露。

看玻璃表面有无发霉、斑点、白毛、白霜、光泽变昏暗。这些缺点是玻璃受潮引起的。发现有这些缺点时，用棉花蘸煤油或丙酮擦拭，若仍不能祛除，这玻璃便是废品。

检查玻璃有无腐蚀，症状是玻璃表面某一小局部产生薄层，使光线造成色散而形成各种颜色，或形成虹彩状或具有珍珠般的闪光。

检查窗玻璃有无破裂，最好是在夏暑下午3时左右，选择有窗帘的西向的窗察看，因为这个部位蓄热最多，温度最高，玻璃处于最不利状态，再正常启动窗扇数次（等于加上震动力），看它有无破裂。窗上安装有吸热玻璃更容易破裂，因为它有吸热性能，太阳光使窗格玻璃的中部温度升高，发生热胀，边框部位玻璃受遮蔽，温度没有那么高，膨胀较少，这就造成玻璃的变形不均匀，玻璃周边受拉力破裂。

离地5米高以上的采光天棚不得用普通玻璃，因为总有碎裂的时候，掉下来会有危险，所以应采用安全玻璃（钢化玻璃、夹层玻璃或夹丝玻璃）。最佳方案是向天一侧用钢化玻璃、向室内一侧用夹层玻璃组合成的中空玻璃。除此之外，也有用强度高、性能好的塑料性质的透明板片。

虽然一般器物很难在钢化玻璃上划出深痕，但如果一旦有一点伤痕（常常是烧焊的火星飞溅造成的），日后受到风压或振动，伤痕会逐渐扩大加深，当深入玻璃厚度过半时，玻璃会突然全部破碎。用户必须注意对钢化玻璃“吹毛求疵”。

察看幕墙玻璃的镀膜有无变质、损坏。造成膜面变差，一般是溅上石灰或水泥砂浆所致，搬运吊装玻璃时用吸盘吸着，把膜层损坏。膜面变质或损坏会产生一定危险，尤其对全隐框的玻璃幕墙，因为玻璃是靠胶黏剂贴在框上的，胶黏剂与膜面接触，膜面若脱离，玻璃即坠落。

当地震使建筑物变形时，窗框窗扇受挤压会产生一定的变形，窗扇又挤压玻璃，玻璃会破裂；此外，还要考虑玻璃热胀时有伸长量，所以门窗上每片玻璃的幅面要比窗扇的净空小一些。这个余量，玻璃幕墙要计算，一般门窗的玻璃每边小2~3毫米。门窗上的玻璃已安装好，看不见它的大小，无从检查，所以有保修期，过若干寒暑，玻璃不破裂才算合格。玻璃幕墙所用的玻璃是热反射玻璃、中空玻璃和彩釉钢化玻璃，玻璃厚度按风力及跨度计算，一般厚于10毫米，安装时有镀膜的一面向室内。

9.看玻璃幕墙

凡由金属构件与玻璃板组成的建筑物外围护结构，都称为玻璃幕墙。其质量审视有以下几点。

（1）检查玻璃幕墙，主要看它有无满足下列性能：风压不变形，雨水不渗漏，空气不渗透，可隔热和隔声。从外观上主要看：无翘曲，表面平整；反映外界景物无畸变，若反映的景物弯曲成水波形就是幕墙表面不平。如果玻璃幕墙反映景物类似哈哈镜，是不合格的。

（2）玻璃与铝框之间的黏结胶厚度不应小于6毫米，也不应大于12毫米。全隐框玻璃幕墙，铝框与玻璃的连结主要是依靠胶黏剂（不是随便用一种胶黏剂，而是专指用结构硅酮密封胶）。对这种胶的性能，如黏结拉伸强度、剥离强度、撕裂强度、耐热性等等，有数据规定。这种胶的性能好坏，至关重要，所以规定要拿已打好胶的框与玻璃的样品去做结构破坏性试验。

（3）玻璃幕墙会发出铁器强迫摩擦那种息息响声，令人心惊难受。所以要检查铝料与铝料、铝料与主体结构之间有无留出伸缩缝；检查金属连接处有无加设硬塑料垫片；检查伸缩缝有无填塞好，通常是用泡沫胶条填塞，面上封耐候硅酮密封胶；察看灌注的胶是否饱满均匀，不要呈隆堆状。胶注入深度约5毫米，常常有些地方塞的胶条鼓起，压不下去，已无余隙封胶，因此表面只敷衍涂一薄层，用针刺进去检查便知。

（4）留意玻璃幕墙四周与主体结构（楼板）之间的缝隙有无填塞；填塞的是不是防火材料（如矿棉等）。

（5）以上需检查的节点有的已封蔽，无从检查，所以玻璃幕墙对以下几项应有隐蔽工程验收记录，供日后查阅：

①构件与主体结构的连接点；

②幕墙内表面与主体结构之间的间隙节点；

③幕墙的变形缝及墙面转角节点；

④幕墙防雷接地节点。

（6）当楼面外边缘无实体窗下墙时，为安全起见应设置栏杆，以防止撞击玻璃幕墙。平时的落地窗也应该这样做。

（7）幕墙在竣工交付使用时，安装施工单位应提交保险年限为十年的质量证书。

（二）美色常惑人，当心有误——玻璃幕墙及大理石不可滥用

玻璃幕墙的建筑有晶莹光亮、华丽高贵感，令人羡慕，人们常认为有色玻璃窗显得高端大气上档次，其实未必。

玻璃幕墙之所以用有色玻璃（常用的有蓝色、绿色、茶色、金色、银色等等），原因是有色玻璃外观亮丽，能反射隔热以及单面透视，室外窥视不见室内，可减弱光线。普通的白色平板玻璃的透光率为78%~82%，幕墙玻璃只有26%左右，如果普通房屋的窗口也采用幕墙玻璃，室内将变得阴暗，光线不足。所以不要贪图幕墙玻璃外观靓，不分场合滥用。

大理石质地幼滑光亮、颜色瑰丽、图案自然、品质高贵，是上等建筑饰面材料。但它只适合于室内干燥环境，不宜用作室外饰面，也不宜用于做地板。原因如下：

（1）大理石是变质岩，由石灰岩变质而成，它的主要成分是碳酸钙。大理石经过一二十年的风吹日晒雨淋会变色或褪色。镜面大理石十年八年就被腐蚀得黯淡无光，不复再有光鲜美貌，即使再在面上打磨也磨不出镜面了。大理石中的碳酸钙与空气中的酸类起化学反应，当空气潮湿并含有二氧化硫时，大理石的面层会因化学反应变为石膏质。大理石也不耐热，受热会爆裂或质地变疏松。所以，大理石不适宜用于室外饰面工程。

（2）大理石不宜用作地板，因为它不是耐磨材料，耐磨性能还比不上纸皮石（陶瓷马赛克）。平时用于家居的地板，因为人少，踏磨次数不频繁，看不出大理石这个弱点。若是做公共建筑的地板，尤其是进门处或人多行走的地方，它会被磨蚀成窝状。总之，不管大理石用于何处地板，都很难长久地保持其镜面状态，除非只用来观赏或在人行走处铺上地毯。

人们到处滥用幕墙玻璃、大理石来装饰，是因不详察其本质，被其外表美色迷惑之故。

（三）买楼辨质量——岂可放过套间房顶

已经落成的楼房如何鉴别它的质量呢？这是置业者普遍关心的问题。对一些浅显的表面现象，诸如坑渠漏水、厕台无坡度会积水、瓷片有裂纹以及接缝凹凸不平、门窗关不拢或关不严、墙面批荡爆鸡眼灰、地面批荡层起砂、油漆起皮剥落等等都是眼见即明的问题，只要仔细察看，人人都能发现此等问题，本文无需多述。

有一些常人不易察觉的问题，且是最重要的，比如天花下坠（这里说的天花是楼板底面，不是吊天花），像渔网状。当然这是个比喻，实际上并没有坠得那么厉害，只有一点点（约3厘米），几乎不能发觉。一个面是否平整单从正面看难以鉴别，从侧面看就一目了然，登几级竹梯，接近天花的底部，一瞄就清晰可辨。若还不肯定，可在天花底拉两条对角线，用尺量量角度与中央交义点，一比较就可得出一个准确数。那么为什么又不把天花底批荡平呢？因为天花不同于墙面，一般情况下人们没机会接近天花，只要批荡成表面平滑状无局部凹凸、不碍观瞻就可以了，至于是否是几何意义上的平整没有必要。批荡得太厚，日后还可能因黏结不牢掉下来发生危险，况且批天花是比较费工的。当然，如果是极高装修级别的室内装修，是一定要批到真正平面的。

天花下坠不是小事，它大多是过早拆模板或捣楼板混凝土时支顶单薄所形成的。

过早拆模板会使楼板产生不可复原的挠度（或叫永久性变形）。这种情况危害甚大：会降低楼板超负荷的潜力及抗震能力；使楼板混凝土发生内伤从而缩短楼房寿命，这无形中等于提高了楼价。正常的楼房使用年限为50年以上，如果缩减为三四十年，那么楼价1万元每平方米就变成1.2万~1.3万元每平方米了。

什么叫作过早拆模板呢？混凝土的凝固一般需要28天（在温度20℃情况下），才能达到十足的强度，达到75%强度时才能拆模板。南方天气一般都超过20℃，大概两周时间即可拆模板。混凝土强度增长与温度有关，夏季就不需要两周时间，10天左右即可（具体天数可查混凝土强度增长表）。有的施工队模板周转材不足，为了赶进度，拆了下一层的模板转到上一层用，几天就把模板拆了，还振振有词糊弄人（他自己可能也不懂）：“怕什么呢，还有回顶嘛。”其实不垮下来并不等于无事，回顶前已发生变形了。

（四）晴天观漏

混凝土楼也会漏水？未身历其境的人觉得奇怪。实情不单只是漏，而且混凝土楼漏水不是个别现象，顶层漏水的机会较多，其他各层也有。

一般来说，漏水现象出现在下雨的时候，这是传统的见解，因为以前平房瓦屋面就是这种情况。现今厚厚的混凝土屋面板难道也会漏水？答案是肯定的，而且还会雨天不漏晴天漏。现在的屋顶面板上通常铺贴有多层构造物（从屋面板往上数有找平层、防水层、隔热层、保护层等等）。下雨时，水积蓄在隔热层中（隔热层材料一般是发泡型塑料，如聚苯乙烯或膨胀珍珠岩等）。下完雨后，天放晴，此时隔热层中的水也足够多了，压力增大，水寻找出路，才从屋面板或墙壁的薄弱环节（微小裂缝）迫渗出来，而且在以后的几日或更长的晴天里，逐日扩大湿痕的面积。这就是雨天不漏晴天漏的原因。所以买楼看楼房是否漏水，不一定在雨天去检查。

渗水的地方一般在顶层的天花板上可看到。但也常常发生在某一层的墙面上或窗边渗漏。因为水蕴蓄在外墙面上的瓷砖底面的空隙处，若瓷砖的空隙竖直连通，形成水柱时压力是很大的，此时足可以从混凝土墙的微小裂缝中渗出来。如果是砖墙更容易产生渗漏。但以前的房屋外墙无装修层，连批荡层也没有，只是清水墙勾缝，反而没那么多渗呀、漏呀等现象发生，就是由于墙外没有形成水柱现象。现今的房屋都有装修面层，但有的房屋其砖墙在砌筑时往往较为马虎（表现在竖缝的砂浆不饱满、墙身凹凸不平、顶上一行斜砖乱填塞等等），以为墙外面有批荡及瓷砖装修层遮掩，殊不知所饰的这些，层层都是渗水层，不管用的。

那么石屎楼板、石屎墙那么厚又坚实强硬也会漏水？是的，混凝土是不算作防水材料的，坚实并不等于密实。砼不当防水材料有几个原因：一是砼里的水泥包裹着砂粒，若稍有一小撮不均匀或砂粒填充石子不同的空隙不密实就会产生微孔；二是配制砼时水分稍多，砼凝固多余水分蒸发后，在砼里原来是水的位置变成微孔；三是钢筋砼结构受力后必然产生一定的变形（拉伸或压缩），对于房屋使用来说，只要不出现外观的裂缝或过大的挠度，就满足使用要求。但砼受力后里面会有极细小的微小裂缝，外观及肉眼是看不见的。由于这些原因，砼是不当作防水材料的，要防水另加防水层。但话分两头说，如果采取措施把砼做成密实砼就可防水了。

屋面有防水层为什么还会漏水呢？除了施工原因之外，设计也有很大责任。为数不少的设计人员往往认为雨水落下来就从屋面最面层排走，所以设计周边的檐沟沟底高于屋面防水层（见图2）。其实，雨水有部分从面层排走，但也有一部分漏落至防水层面上，这一部分水永远排不出，屋面在面层（保护层）的掩盖下里面都是水，无形中变成一个浅水池，把防水层浸泡坏了。防水层只要有某一点瑕疵，就把水漏至砼屋面板，再渗至房间的天花板上。买楼时可上去屋面看看檐沟如何做法，便知它有无缺陷或先天不足之处。

买楼除了检查以上漏水情况之外，还要检查不是由雨水造成的漏水。厨、浴厕的给排水管道埋在墙里或楼板里，由于管道接头不紧密也会造成渗漏。有时无端端在地板上或内间墙壁面上出现有湿痕（小渗的只有铜钱那么大），就是这种原因产生的。

此外，平开的窗或门，门窗扇每扇过于宽（宽度在50厘米以上），门窗料又过于单薄细小时，门窗扇会略有变形挠曲（即不是一个平面），关闭时不够严密，也会造成漏水。这一点的检查方法是关上门窗后在外面用水喉对正面门窗射水，看看房间里有无水入就是。俗话说，“不怕老虎最怕漏”，因为漏水慢性而持久，易使贵重衣物霉烂，滋长细菌而不卫生。

明白了以上道理，无论对买楼者、开发商、从事房地产各种工种人员或自建楼房者都有很大好处。

漏水分析图示例（图2）。

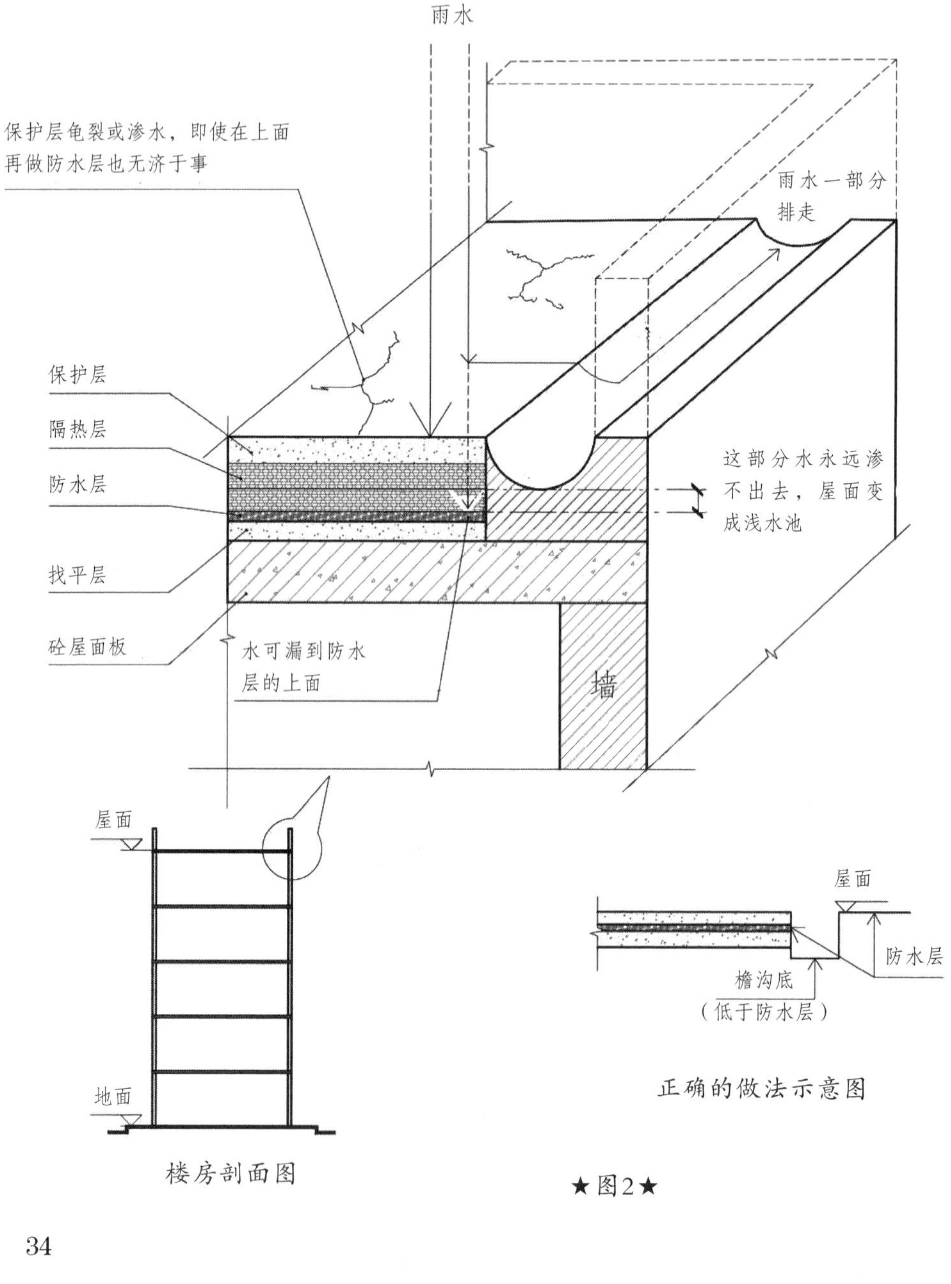

★图2★

三

你懂房屋结构吗?

（一）买楼懂点房屋结构益处多

购楼及参观楼盘时经常听到一些有关房屋结构的名词术语。下面介绍几个名词术语及相关房屋结构常识，很有实用价值。

框架结构：由钢筋砼柱子、梁及楼板构成的房子，未砌墙时像个框架，所以叫框架结构。这种房屋的墙壁只起围护或间隔的作用，可以拆改，但不能在楼板中随便加一幅砖间墙。即使在楼板底下有条梁，在那个部位加间墙也不行，因为那条梁原先是没有考虑砖间墙这一项荷载的。若无知者加了间墙上去，下面的梁可能会出现裂缝。即使无裂缝，梁及楼板的挠度加大（即下沉了一点），会减弱抗震能力，使房屋的寿命缩短。

剪力墙：高层建筑因其高度，着重设防的是刮强风或地震产生的横向推力，横向推力会产生剪力，抵抗剪力的墙称为剪力墙。剪力墙是由钢筋砼捣制而成的，内有双层钢筋网。剪力墙上的门窗洞是设计时按力学要求定好了的，洞口四周另埋设有钢筋加固。建成后极少再在剪力墙上开门洞，一来难开，二来开完洞之后难以加固洞口四周，更主要的是破坏了剪力墙的整体性，犹如伤害筋骨，极为危险。

混合结构：它是砖墙及钢筋混凝土楼板构成的房屋。墙壁是承重的构件，墙壁不可随便拆移，否则房屋有垮下来的危险。混合结构的房屋无柱，即使墙角或墙中某些部位夹有小柱子，也只是构造柱，不能起单独承重的作用。墙中夹有梁（在墙与楼板交界处或在门窗顶上的部位），这些梁叫圈梁，是房屋的腰箍，只起加固房屋的作用，不起正式的梁的作用。有的人为了扩大厅，把厅与阳台之间的墙拆掉，以为上面有条混凝土梁就会平安无事。虽然房屋未必马上垮下来，但一有小小的地震就会发生危险。即使无震，年月久了，由于圈梁当主梁用，超负荷疲劳，也会垮下来，家里像存放颗定时炸弹一样。混合结构的墙壁虽不可以随便拆移，但开个洞口是可以的。一般不要靠近墙角处开洞口；洞口的宽度不宜超过90厘米。开洞口时不得贪图快而用重锤敲击墙壁。如果旁边的砖砌体震松了，那么即使不掉下来也形同虚设。有的人把首层的地台挖低，为了争取多点层高，以便加建阁楼，在墙上打凿一行孔洞插入桁条，这种做法对房屋伤害甚大。这种结构多见于旧房屋，新商品房已少见。

在此着重一提的是以上说的两种情况，房屋不出事犹是可，一旦有坍塌事故，到时必定有政府相关职能部门来找原因，逐层清查，哪家乱拆改过，其责任就大了，上层出事可能就是你引起的。所以趁现在还未出事之前，去请真正懂行的工程人员指点做补救措施，花费不大，千万不要存侥幸心理。同幢楼的人家也可要求他去做一次房屋鉴定，房屋鉴定所各区都有。

（二）怎样识别危险裂缝

在楼房买卖中，买家检查质量，看房屋是否有裂缝是一个重要的项目。有的人一见有裂缝就悚然大惊，认为楼盘质量问题严重。其实平常见到的裂缝十居其九是无大碍的，大多是批荡层干缩后的裂缝，原因是石膏或石灰膏批面过厚或者砂浆的配合比例不恰当（水分过多，中砂少，粉砂多，石膏石灰或水泥用量过大），导致了裂缝。这些裂缝属表面裂缝，容易处理，在裂缝处荡灰油漆便无事。本文着重要说的是常人不容易发现的但又是伤筋骨的致命裂缝。现介绍如下。

（1）楼板上的裂缝，有两种是要紧的：

①房间是长方形（见图3-1），裂缝平行于长边，出现在房间中部附近。

②房间是方形或接近方形（见图3-2），裂缝在四个角位出现，裂缝呈弧状。

（2）在阳台上（见图3-3），在靠门口的墙边出现横向裂缝。原因是阳台钢筋应该放在面上，但施工时工人不懂或晚上加班赶工不注意站在钢筋上面，把钢筋踩踏低下去。这种裂缝最危险。阳台混凝土板砰然断掉，拍打在墙上，但没有坠落到地上，仍然吊在上面，因为还有钢筋牵挂着。这种现象是时有发生的工程事故，房屋使用时可能发生，施工期间也会发生。

（3）楼板一个角位出现裂缝（见图3-4）。原因是房屋两面墙壁的交角处会出现应力集中，地基做不均匀下沉所致。此时可出屋外检查房屋有无倾斜。

（4）墙壁裂缝及房屋倾斜。低层或多层建筑的基础，由于可以不打桩，一些施工部门没有把基础处理好。究其原因，一方面是施工者没有充分理解基础的受力机理，常常把基础做得窄窄的，地脚挖得浅浅的；另方面，以为基础埋在土里，人们看不见，用些质量较低的材料敷衍过去就算了。其实，上层建筑出现墙壁开裂、倾斜，楼板裂缝、漏水等问题，大部分是由于基础下沉所产生的。如果是混合结构的楼房，墙角会出现斜向裂缝（见图3-5）。怎样检查房屋倾斜呢？可以走到房屋外面，站在一个合适的角度，观察楼房的墙角边线，看看是否与旁边另一栋楼房的墙边线重合。如果不重合（上宽下窄或上窄下宽），表示必有一栋是倾斜的。孤立看一栋楼房是否倾斜，若不用吊线砣检查是很难看得出来的。若孤立看到某楼房倾斜了，此时该楼房起码已经倾斜二三十厘米以上了。（注：一般倾斜3~4厘米是容许的、无碍的。）

（5）梁上裂缝（见图3-6）。

①在梁的两端附近，一般呈约45度角裂缝。这是由于水泥用量不足，

混凝土标号（或叫强度等级）太低，梁的抗剪力不足而产生的裂缝。

②在梁中部出现的裂缝，垂直状，从梁底开始向上伸展，裂缝、底宽上窄，往上逐渐消失，这种现象表示梁里的钢筋用量被抽减了，梁的抵抗弯矩（最终表现为梁里底部钢筋受拉力）不足而产生的裂缝。以上这些裂缝初期（新楼时）是很细小的，若不用梯子爬上去靠近看，不容易发现。买了楼搬进去住，梁因开始承受使用荷载（或叫活载）裂缝就慢慢扩大些，此时站在楼面往上专注仰望也能看得出来了。此时楼房一般也不会一时就垮了下来。若干年后，因材料疲劳或楼房受震动，裂缝才变宽及伸长，贯通全梁，此时就真是危险了。

对置业者来说，了解有关住宅裂缝的基本常识，对选楼买楼是大有益处的。

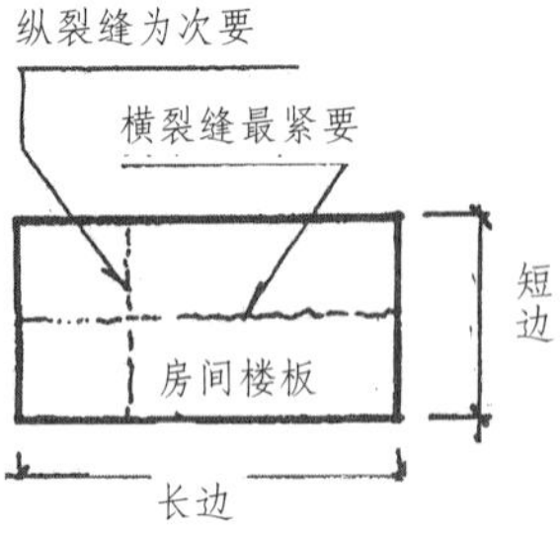

★图3-1★

★图3-2★

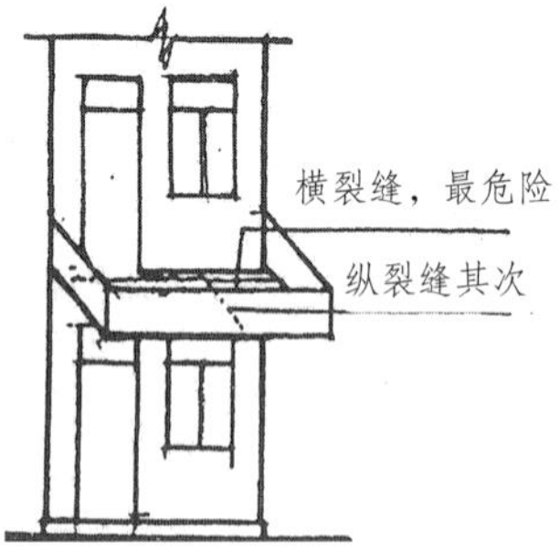

★图3-3★

★图3-4★

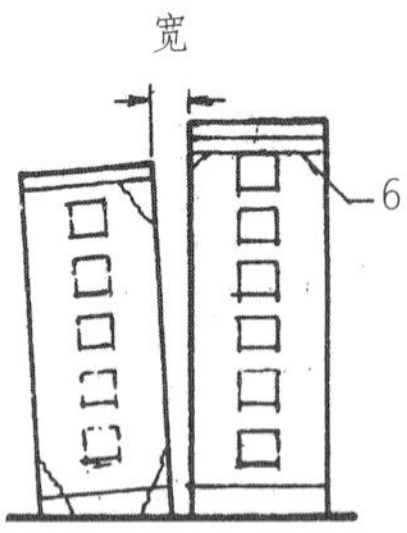

★图3-5★

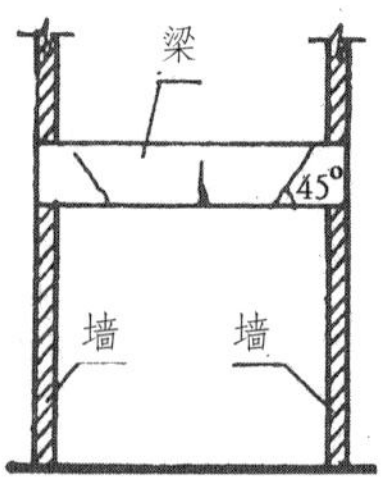

★图3-6★

四

怎样品户型及楼盘杂项？

（一）楼盘“相马”品户型——按图说“骥”

对于广大的置业人士来说，选择什么样的住宅平面及户型更为合理，非常重要。笔者结合自己多年从事建筑设计的经验，仅就一些平面设计提出个人不同的意见，供大家参考。

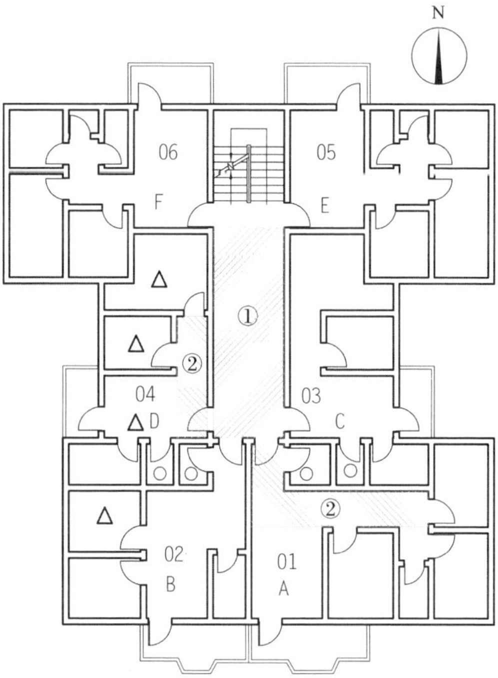

★图4★

图4所示户型，问题如下：

（1）一梯能管六户用，乍听起来是很经济合算的，其实它花在楼梯及公共走廊的面积足够做三个楼梯（见标示①处），不如做一梯两户更受欢迎。一般来说，一梯超过四户，公共走廊必然长，不划算。

（2）户内走廊（或暗廊）占面积多（见标示②处）。

（3）纯向西的房间多（见图中标有△处）。

如图5所示户型有以下问题：

（1）电梯不宜靠近厅房，否则会造成噪声干扰（见标示①处）。

（2）厅的采光面不足。光线通过窄窄的阳台才到达厅，光线微弱（见标示②处）。

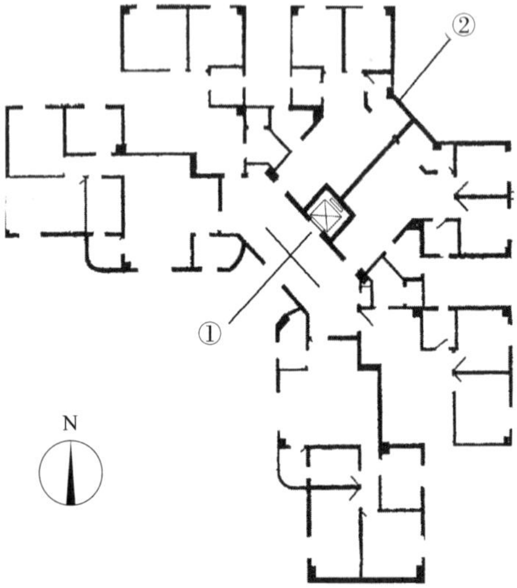

★图5★

如图6所示户型有以下问题：

（1）厅的形状不规整，小曲折多，面积难以利用，厅的空间感也不佳。厅里几乎没有一个大角可用（见标示①处）。

（2）公共走廊面积多（见标示②处）。

（3）室内走廊损耗面积多（见标示③处）。

（4）房间窄而长（只有2.5米宽），房间里的有效利用面积少（见标示④处）。

（5）厨房太窄，只有1.4米宽（见标示⑤处）。

（6）整栋平面的对角线方向指向北，似乎没有纯向西的房间。但这样一来，向西的房间却更多，原来朝北的房间变偏向西了。这种朝向实际上并无多大得益，只不过在售楼时可把西北、西南向巧变为南北向，标榜为本楼全部房间南北向（见标示⑥处）。

（7）厅面向杂务天井。这种设计方法现在看来显得落后了，停留在有屋能住便可的时代。有的厅不但面向天井，而且采光面还很窄（见标示⑦处）。这样的厅既无外景观，光线又不足，作为住宅，档次太低。

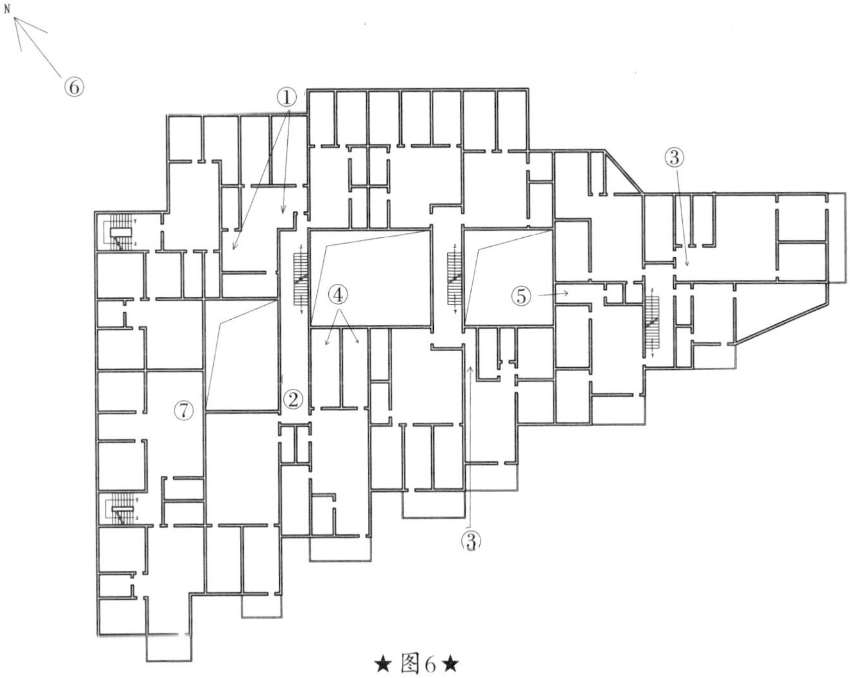

★图6★

如图7所示户型有以下问题：

（1）天井太小。指望靠天井采光的房间实际上很暗，尤其下面几层的单元更是几近于无光（见标示①处）。按《广州市规划设计细则》规定，多层建筑内天井的短边用于厨厕时不少于3米，用于厅房时不少于6米。

（2）厅的门太多，普遍有五个门（见标示②处），厨、厕的门直接开向厅。

（3）黑厅黑房多（图中有O者，见标示③处）。按设计规定，不准出现黑厅黑房。至于浴厕，可以无自然采光，那是不得已而为之。作为住户，谁不希望浴厕皆有自然采光，卫生通风皆有必要。

（4）平面图形随意凑合，逻辑性不强（见标示④处）。

（5）厅的进深太大，后半截成为暗区（见标示⑤处），前面已提过。

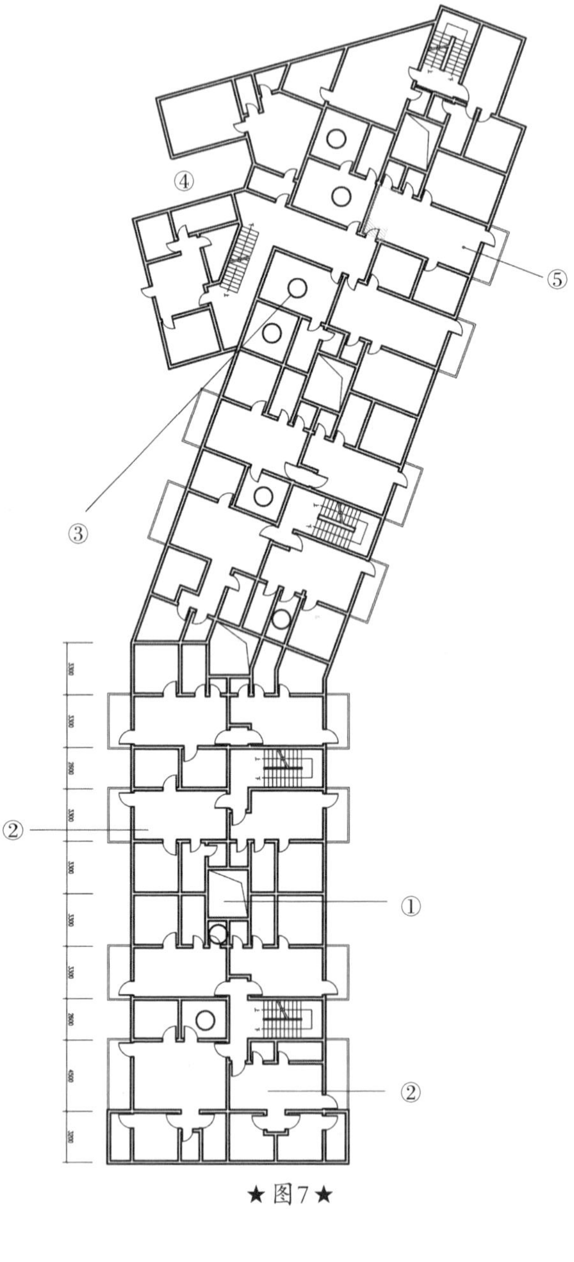

★图7★

（二）买房要跟潮流吗？

一时兴空壳房（或称“毛坯房”），一时兴现成的豪华装修房；一时兴大套间，一时兴小套间。面对变幻莫测的潮流，不少人觉得无所适从。不要盲目跟潮流，是笔者的总看法。道理如下。

1.关于空壳房

空壳房有大空壳与小空壳之分。这两种情况厨、厕的位置都已定好，不得改动（因为各层的排污管及防水设施都要对正一个垂直位置）。所谓大空壳是指各房的面积大小可自由间隔（横间直间都可以）。这种方法楼板造价很高，用料浪费，很少被开发商采用。一般的空壳房都属于小空壳，间墙不得任意安置，一定要间在楼板底下有梁的位置。所以空壳房里面各房的布局，其自由度其实是很有限的，尤其小面积单位，几乎没有多少变化，设计者早已把间墙位置预定好，从而配置梁的位置，剩下给买家选择的余地只是加或不加间墙而已。空壳房有个好处是无须浪费二次装修，装修的等级丰俭由人。这对于懂行的人有点好处，对于一般人则弊多利少，这是因为，一是要劳心劳力去筹办大装修，与建屋差不多，所花时间与精力是巨大的；二是由于自己不懂行，造价不一定低于开发商统一做，质量不一定更好。

2.关于现成的豪华装修房

所谓豪华装修房，做得成功的不多。

住宅室内的优劣取决于室内设计的水平高低，而不是取决于用料是否高档。室内设计水平高，表现出来的不一定是豪华，也可以是素雅、典雅、秀雅或亲切朴素、淳朴温馨等等。

开发商或按自己的意图做，或跟潮流做，往往难以找到对号入座者。买家的喜好五花八门，由于双方对什么是高级装修房这一命题有不同的理解，因此双方的偶合率不会高，稍有不合，动辄数十万上百万元一套房的生意便难以成交。其结果是，开发商叹惜生意难做，买家抱怨有钱无合适的房可买。

3.一时说小面积单元畅销，一时说大面积单元畅销，究竟哪一种畅销？

还是那句老话：莫跟潮流走。市场的需求有无变化呢？有，但变化不大。现时有的开发公司大面积单元旺销，有的小面积单元也旺销，不在于何时兴小面积单元，何时兴大面积单元，其实什么时候都需各类单元搭配。一个单位的宿舍设计讲究户室比（即各类单元的比例）。而今是商品房流行的时代，东西南北皆可安家，若把城市视为一个整体，单元类型在总体数量上须有比例，并不在乎某个开发公司多了几栋什么类型的单元就卖不出。问题主要在于该小区规划及设计要妥当（包括小区规划、单幢设计、单元布局、本地段何种类型单元为重点与生活水平有关），其次是房屋质量好、价钱相宜、公共设施配套完善、服务到家、管理费低廉、治安太平、环境宜人、交通方便等等。做到以上各项，不管你是大面积单元还是小面积单元，照样会旺销。否则，别人的小面积单元旺销，你就怨自己跟不上形势，误以为面积小了无人要，其实是没找到问题的症结。

（三）拣楼还需看庭院——食当有肉，居当有绿

住宅的舒适程度除了单元室内环境之外，还包括室外环境。住宅小区做成一个园林，住宅成为园景的一部分，小区就是风景区，可观赏、可游玩、可休憩、可娱乐、可居住，这种形式最为理想，最受人欢迎。

现代城市的喧闹和交通的繁忙，使人们和大自然隔离了。人们在繁忙

紧张中需要安静的环境，向往优美的大自然，需要走到室外接受阳光、山水、花木的抚慰，吸收新鲜空气，调剂精神，享受美的陶冶。庭院空间是室内空间的调剂和补充，是室内空间的延伸和扩展，是整个建筑空间的一个有机组成部分。

人们既想享受城市生活的便利，又想无须舟车劳顿远足荒野僻壤去寻求山水野趣，即不出城郭便可获林泉，庭园正是在一定程度上满足了人们这一需要，因此住宅小区的庭园是相当重要的。

庭园的大小及质量直接影响到小区的价值。在同一地段的两个楼盘其楼价相同，房屋质量相同，但庭园的大小及质量不同，实际上它们的价值是不相同的，因为楼价包含庭园在内。两者差价可估算出来，包括地价、造园价及居住舒适程度。以多层住宅来说，楼与楼之间的间距窄者（一般7米）与有0.7H（H为楼高）间距及布置庭园者相比，这三项价值之和一般相差20%以上，也即是说后者楼价若为10000元每平方米，前者充其量只值8000元每平方米。所以买楼时不能单纯看地段及楼房本身质量论价。

重视庭园的住宅小区，一般来说其他各项（如小区总体规划、楼房造型、室内装修等）的水平也相应会高档些，因为庭园是技术与多种艺术的综合产物，可反映出开发商的综合素质和实力。若达不到那个境界，无论如何也不会把庭园搞好。一般开发商误以为，庭园又卖不了钱，反而还多花钱。这类开发商的如意算盘是，各栋楼的首层皆做商铺，间距够做生意的街道宽度就可以了。不过，这样的楼盘，在讲究生活质量的置业者眼中，是没有生命力的。

（四）好看不好看说得清

有的人对建筑造型喜欢怎么搞就怎么搞，“你说不好看，我说好看”，以此为遁词。其实美不美，通过视觉分析可以判断。形态和谐，符合形式美的法则就美。诸如合乎比例、对比与调和、对称与均衡、主从与重点、节奏与韵律、特异与微差、呼应与开合、多样与统一等等，就是形式美法则。一个形体符合形式美法则，会引起人们审美心理上的愉悦，产生快感，这种引起愉悦关系的快感就是美感。而缺乏这种法则的形式将引起人的淡漠，甚至引起厌恶感。这些形式美法则就是审美标准，是通过研究人们的共同心理及实践得出来的。美学有阶级性，但形式美无阶级性，人人的感觉或看法大致相同，正如“人对于味有同好焉”一样，凡健全的人对香、臭、甜、酸、苦、辣的分辨都能得出基本一致的结论。如果仅凭个人的偏好（也即是个人审美标准）随便制作出一个形象，除非只供自娱，如果公示于大众，恐怕很难引起人们的共鸣。还有，即使对形式美毫无认识的人也不会认为你制作的形象好看，因为他又有他自己的偏好，他的与你的很难吻合。个别情况下可能会吻合，甚至某一小圈子的人都相合，但持此观点的人毕竟是属少数。

最后，补充几点：

（1）形式美法则也不是一成不变的，时代在变化，它也在慢慢演变与发展，但大体上保持相对稳定。

（2）在特殊情况下，违反某条法则也能创造美感。

（3）不同的人对形式美法则的领悟会有差异，但这只是大同小异。

（4）对较高级的艺术美必须有一定的艺术及文化修养才能理解。

（五）买楼送天台——发展商开的空头支票

目前多层建筑的最顶一层，由于楼层高，上下不方便，顶层隔热效果差，往往难于出售，于是，许多发展商想出了“买顶层送天台花园”的招数，以吸引买家。不过，依笔者之见，“买楼送天台花园”只是说说而已，其实很难实施，因为有几个棘手的难题要解决。

（1）天台承载力问题。

在天台上做花园，必然会令天台承载力增加，每平方米要多加500至700公斤的荷载。设计上有无考虑此项荷载，买家可索阅结构施工图。此外，购房者也可自行比较屋顶面板与楼板的厚度，屋顶面板的配筋量约比楼板增大40%以上方可，屋顶面板厚度也要加厚4厘米以上。若相差无几，则房屋设计时肯定未考虑屋顶面做花园。

（2）排水问题。

因为泥沙被雨水冲刷会流向落水管，堵塞排水管道，因此屋顶面要做沙井或其他措施。检查方法很简单，上天台看看有无与众不同之处便知。

（3）防水问题。

莫说是在天台做花园要做特别防水层（包括因施肥要防酸碱），就是普通的屋面防水也常常不过关，屋面渗漏，返修屋顶面屡见不鲜。近年来，新品种的防水材料有很多，但有哪几种经得起20年以上耐久性的实践记录呢？如果花园屋顶要返修，工程就相当大了。

（4）安全问题。

屋顶面建花园是各自修建，五花八门。姑且不说影响市容，单说屋面花园必搭些凉亭、棚架之类的临时建筑物，高空的敞间受风荷载特别大，简易单薄的用料，台风一刮，危机四伏，到时会出现新问题。若要做合格的棚架，则需建正规的钢筋混凝土结构，无形中变成违章加层，城建部门岂会坐视不理？

由此看来，开发商说附送你一个天台花园只是信口开河。购房者若指望买楼顶捡个天台花园，那将是美梦成空。

（六）模型好看总失真

售楼处摆置的楼盘模型都很好看，但为何到实地去察看就实不符其模呢？这倒不是开发商蛊惑，文过饰非，而是实地总没有模型那么好看。

究其原因，主要是模型的制作并不是完全按照原物，而是经过或多或少的艺术加工，不雅之处常常忽略不计。模型制作即使完全忠实于原物（只是比例不同），也不能给人真实的感觉，因为看模型与看实物的视点不同。看模型似从高空俯视，看到的多是楼顶；而看实景多是仰视，看到的是飘板的底部、首层的布置。另外，模型着重表现轮廓，细部不做详细的交代；而实景恰恰相反。还有一点，建筑与其他艺术（如绘画、雕塑等）不同，评价其艺术价值不能单凭照片、效果图或模型；它具有空间感，只有身历其境才能得到真实的感觉。譬如一个十几层楼高的中庭，看模型从比例上可获知这个空间很大，但无论如何你不会感觉到自己很小，只有置身于实际环境当中才有渺小的感觉。

然而，模型虽然与实际差别较大，但模型的作用不可抹杀，因为从中可得到建筑物之间的相对位置、层数及大概形状等等，相当于一个立体的总平面图。模型要看，但不可全信。楼盘模型也可成为艺术品，具有欣赏价值，但这与买楼没有多大的关系了。

（七）小区买楼——寻找住公园的感觉

住宅小区像公园（可观赏、可游玩、可休憩、可娱乐），但它又不是公园，它比公园还多了一个功能——可居住，居住是主要的，其他各项功能都是为提高居住质量服务。因此住宅小区的建筑物唱主角，庭园做陪衬，但陪衬并不等于不重要。并非把各幢建筑物摆置完了之后所剩余的空地就算是庭园，而是在小区总体规划时建筑与庭园作为一个整体考虑，互相配合，不但在平面上互相配合，在立体造型上也应配合。

不同地盘的小区，各有不同的地形、地貌与景物，因此建筑的造型也需有相应的配合，主角与配角共同唱好一台戏。

有的小区不但把室外空地甚至把首层架空（部分或全部），使庭园空间延伸到建筑内部中去，建筑空间与自然环境交汇融合。也有的建筑做垂直绿化，把退阶楼面、楼顶或楼房中某一两层做成庭园。

居住小区的气氛宜安详、平和、舒适、温馨，无需浮华。做表面文章，装饰气派而华丽的广场只适合于做广告宣传用，对居住者是无多大作用的。相反，这些哗众取宠之物多了，绿化用地相应就少了，倒不如老老实实地在有限的空地中大量植树来得实惠。绿荫丛中空气清新，晨运动晚散步、聊天对弈皆相宜，年年月月日日皆有用。这是小区庭园永恒的题材。

繁闹装饰、以形式新潮取胜的装饰、俗气的建筑小品、不伦不类的抽象雕塑，在住宅小区内少做为佳。因为这些只对初见者才有新奇感，而小区的居民每天面对此等物象不但毫无新鲜可言，反而日久生厌。华而不实之物只能取悦于外地偶尔来的参观者。

根据以上原理，购楼者可认识到，每逢察看一个新小区，除非该小区面貌脏、乱、差，一般都能给人一些新鲜感，因此莫被第一印象和先入之见蒙蔽了。欲购楼，不妨多去三五次，看是否好感仍如初。

（八）买高层住宅好，还是买多层住宅好？

在未谈这个问题之前，先讲几个常用概念。高层住宅俗称电梯楼，多层住宅俗称楼梯楼。按规定，住宅7层及以上要设置电梯。10层以上叫高层建筑（不同场合有不同的划分，有的8层、9层以上也算入，作为非建筑工程专业人员可不必细究），40层以上叫超高层建筑。

高层住宅的优点：

（1）上下楼有电梯，方便，这一点尤其适合老人家。

（2）高楼因受遮挡少，通风、采光佳。

（3）尘埃、蚊虫少些，离地面污染源远些，空气好些，受地面街市的喧闹影响少些（也有的调查测定认为，层数增加，环境噪声递减很慢）。

（4）居住在高层住宅，高瞻远瞩，视野开阔，会使人心情豁达，有超脱感，对初入住者此感觉较明显。

（5）高层建筑成为现代物质文明的标志，高楼容易成为地标，丰富城市景观，显示公司实力、城市发达程度。住在高层住宅有高人一等的优越自豪感。

（6）高层住宅管理严密些，服务质量较高，治安较好。

（7）高层建筑坚固，质量较好，使用年限长些。无论设计、施工、监理等各环节对高层建筑都更为重视，甚少高层建筑是劣质。

（8）有地下防空避难所，一旦发生意外，有地方掩蔽。

（9）利用土地资源在经济上达到最大效用，节约用地、节约市政设施（管道及道路少或短些）。

高层住宅的缺点也不少：

（1）高层住宅开发成本较高，周期长，所以售价相应也高。

（2）室内装修时，单元里面改动布局十分困难，剪力墙不得拆改，能改动的地方很少，局限性很大。

（3）由于高层住宅设计难度较大，诸多条件及因素掣肘，故此，布局理想的单元不多，购楼者不容易拣到合心水的单元，总存在这样那样的不足或遗憾。

（4）由于高层住宅上下不费力，但出入费时麻烦。高高在上疏远人群，失去邻里的亲热交流。远离大自然，不接地气，会产生孤独感。居住在高层住宅，儿童不方便跟自然接触，对儿童的性格与智力的发育有一定的影响。

（5）高层建筑耸立于高空无遮拦，高空常常风速过大，超出人体的需要，日晒厉害，在同一单元里不同的方位朝向的房间温度相差大，会造成不舒适感。超高层建筑，由于高度比大（即是竹型高高瘦瘦），受晒的一侧发胀，使楼体产生微弯，上午下午逆向变形，这个过程居住者会感觉出来，当然就不是舒服的感觉了。风振动也给人不舒服的感觉。这几种不舒适越高越明显。

（6）有人住高楼心旷神怡，但也有的人看到脚下变得渺小的房屋与行人，感到自己好像漂浮在半空中，不踏实、不安全；俯瞰下方头晕心跳，对楼房的高度有恐惧感，尤其是某些体质虚弱的人更不适应。

（7）偶然的火灾事例使人们心有余悸，高层建筑若发生火灾很难补救，因为救火设备的高度有限（一般只有三四十米高），防火措施跟不上，虽不断有所改进，但总是跟不上，够不着。所以住在高层里每念及此，心里的阴影总是挥之不去。

（8）一座高层建筑的落成会影响到街道地面周围产生的旋风，妨碍行人及大门的开关。虽说关于这一点今后会做一定防范（未建之前先做模型风洞试验），尽管如此，也难以做得周全、完善。

（9）有的小高层（12层以下）只有一部电梯，日后总有维修的时候，尴尬场面迟早会到来，这就难为住在上面几层的人，老人家上下楼咋办？

住高层好还是住多层好，还要密切结合具体环境来考虑。

如果周围较大范围的环境好（不是小小几个人工景点、几盆花、几棵树，需要的是一大片茂林与广阔水体），那么住多层比高层好，而且还要住5楼以下为好，因为一般乔木大约在17米以下，超过树梢，上面空旷，氧气飘散，气场不聚，单以居住舒适方便这一点来说，住二三楼较好，住别墅最好。

如果周围环境差，当然是住高层好，越高越好，无异于逃离恶劣环境，避之唯恐不及，污染好比有虎追来，你爬上树爬得越高越安全。住在水泥森林（大楼林立）的大都市里，浮华人杂、尘扬声嚣，所以最高那栋楼最顶上那几层最贵，加上能望见江海者则惊人的贵。然而富豪一掷几亿元购之，此举孰智孰愚将另文再论。

以上说的高层住宅的缺点是相对应于多层住宅的优点而言，换言之，高层的缺点就是多层的优点。此外，下面另补充几点关于多层住宅的优点。

（1）多层住宅的价格比高层的低，是高层的60%~70%。

（2）管理费较低。

（3）实用率较高，高10%~20%。

（4）今后城市里的住宅高层渐多，多层日趋减少，所以购置多层住宅此举也算是一个不错的选择。

（5）相同的名义层高，例如3米，而楼层的净空高度两者有所不同，多层为2.9米，高层为2.85到2.8米，高层建筑的楼板厚些（因它需抵抗侧向力之故）；多层比高层的净高多5~10厘米，这5~10厘米作用很大，若再吊天花就没那么压抑，若楼板再做厚垫层或隔声层不需担心影响空间感，与宽大的大厅面积更容易相配，做壁柜、吊柜划算些等等好处多；还有，多层的层高更适合于做笔者介绍过的组合房（参见181页）。

总的来说，高层与多层各有短长，明白上述道理之后你自会选到适合自己的楼，各适其式。

五

建筑评论

（一）何必流行欧陆风格

岭南建筑与岭南文化应是一致的，它体现了地域、传统、民族、时代等特征。到处克隆的欧陆风格，其保鲜期注定是短暂的。

现在楼市中，有些楼盘为促销，热衷于打“风格”牌，什么欧陆风格、古典风格、异域风格等。其实有的只是建筑外形上的一点皮毛而已，哪能如此轻易地称得上“风格”呢。

风格是风度品格，指艺术家在创作中所表现出来的艺术特色和创作个性。风格是艺术成熟的表现。建筑风格不是一个简单的外形处理的问题，更不是外贴的标志，它密切关系到作品的内容。建筑风格一定与建筑的主要功能有某种关系。如果这种关系存在矛盾，内部的连贯性将受到破坏，不管其他方面设计得如何，看上去将会觉得无目的，而且表面化。

形成一种风格的原因是多方面的，有美学上的、传统上的、物质上的、性格上的等等，甚至地理上的原因也能使建筑产生某种类型的风格。例如，我国南方处于亚热带，炎热季节较长，雨量充沛，湿度较大，草木容易生长，为了适应这些地理气候，建筑物的窗户开得大利于通风，外墙色调浅可反射热量，无需防寒外墙，建筑整体上就较轻巧，不厚重，飘檐、飘板防晒防撇雨，广植花草树木遮阳降温，同时为便于室外活动，首层透空或半透空成为骑楼，利于避暑避雨。这些措施使建筑逐渐形成一种共同特征，后来又发展成岭南建筑风格——造型轻巧活泼、通透明朗、开朗大方，色彩淡雅明快，布局灵活自然，建筑与园林绿化、水体、风景相结合。岭南建筑与岭南文化是一致的，都体现地域特征，求变求活，善变开放，务实求实效。

近年欧陆风格能够流行，有多方面的原因。一是富裕起来的人们再不满足于传统的中国式住宅千篇一律的样式，二是中国的设计业又跟不上世界潮流，一时设计不出新风格的建筑来满足人们多样化的需求，只好抄袭别人的。抄谁的好呢？很多中国人带有不同程度的崇洋心理，为了迎合这种心理，抄欧美的最便捷。凡是未见过的式样都有新鲜感，再加上欧陆风格的宣传炒作，似乎有点华贵、典雅的味儿（这种感觉以后会变淡薄），群众便姑且接受之。由于种种原因，欧陆风格便应运而生。这是社会发展的必然，是时代某一阶段的产物。建筑由人和社会创造，建筑格调的性质也由人和社会共同构成。

但是欧陆风格容易过时，因为光是形式的新鲜不能持久，随着人们见识多了，人们对它又不满足了。如果老是跟风，保鲜期必然是短暂的。

况且，欧陆风格不怎么适合南方。它的外墙以红、黄等色调为主，给人燥热感觉，此外，其建筑的模样像欧洲的旧贵族，持重、岸然、封闭，与南方人的活泼、潇洒、开朗的气质不相融洽。欧陆风格与南方风格，一个属“火”，一个属“水”；一个主“闭”，一个主“放”，二者相悖。

这些被捧称为什么什么风格，只是移植或抄袭过去的各种风格的一些皮毛，形不成自己的风格，充其量只能叫“式”或“款式”。同一建筑贴这张皮叫“欧陆风格”，插那些翎毛就叫“古典主义风格”，毫无内在的逻辑性的联系，只能显出浅层的文化，缺乏内在的深度。

建筑风格依附于社会基础、物质基础和潮流的审美观念，受政治、经济、哲学、伦理的影响，所以，建筑风格必然要表现出民族、地域、传统、时代、生活方式、伦理、文化等特征。符合以上的内在规律就是建筑风格的正确发展方向。我们应学习外国的长处，获得有价值的东西，不是照搬时髦，而是在博取众家之长的基础上，充分考虑和体现岭南的文化底蕴，相信真正意义上的岭南建筑风格将呼之欲出。

（二）楼宇设计是重要卖点——建筑有艺术，身价自不同

造价相同，但有艺术性的建筑身价大增。这说明不仅物质产品值钱，精神产品也值钱。不少售楼广告在最显眼的位置大肆宣扬其欧陆式、法国式、古典式、罗马式等等，甚至巴洛克式、后现代式也当作热卖点，其中不乏盲目性。那么，怎样才算有艺术性的建筑呢？

笔者认为建筑的艺术性包括以下几个方面。

（1）该建筑是真实的，而不是只有外壳，与使用功能脱离。因为建筑不是纯艺术品，而是有实用性的艺术品。建筑的实用性必须纳入审美范畴。当然形式脱离功能独立存在的也有，那是特殊例子，自当别论。

（2）该建筑（室内及室外）的面貌符合其内容，如宾馆、住宅、学校、办公楼、航空站等等，各类型能让人分辨得出来，反映建筑类型特征，宾馆像宾馆，住宅像住宅，也即是有形象的共性。

（3）该建筑外观好看、悦目。即是具备形式美的条件，如比例恰当、尺度宜人、色彩和谐、装修协调、局部变化与整体统一等等。

（4）该建筑不仅有共性，还要有个性。即是有形象而且形象鲜明。建筑的个性特色不是设计者随心所欲摆弄的结果或贴上去的标签。设计者因地制宜，扬长避短，善于利用一切现实的客观因素，化不利因素为有利因素进行设计，特色自然就显现出来。当然表达形象方面还要有技巧——艺术表达手段的功力，对设计者来说是至关重要的，这是设计水平高低的一

个重要标志。

（5）利用形式美创造某种气氛，诸如轻松活泼、庄严肃穆、安静亲切、欢快热烈、雄伟恢宏、肃穆冷峻、娴静幽雅、淳朴温馨、细腻缱绻等等。需要一种什么样的气氛，主要由空间的用途和性质决定。利用形式美这一艺术手段并非追求单纯的外表好看，好看还不是艺术。漂亮不是所求的目的，而是通过形式美体现某种意图，表达某个主题。例如故宫里的太和殿很美——宏伟壮观、金碧辉煌，结构精确、型制严格，有一种威严气氛，表达出至高无上，使人震慑崇仰的主题思想。主题思想是从立意中来的。立意是否准确深远是设计者综合素质的表现。这是设计水平的一个主要标志。立意与技巧相辅相成。立意高技巧低，设计显得力不从心，缺乏欣赏价值；技巧高立意低，设计结果变成无意义的炫耀与卖弄。

对于历史积淀下来的建筑文化遗产，无论是古典主义、中世纪风格，还是巴洛克式等等，虽然都不是完美的建筑典范，但都有各自的优点，在各自所处的时代风行一时，值得我们后人研究、借鉴。受前人启发，脱胎创新得到成功的例子有的是，但从未有过因模仿某一种主义甚至宣称自己就是某种主义而成功的。美术大师齐白石曾说过："学我者生，似我者死。"如今还以历史上曾出现过的什么主义来标榜自己，其实本身就是一个贬义词。

（6）一幅画可以只观其外表便可判定其有无艺术性，而建筑是实用艺术品，有内外空间，体积庞大，因此必须身临其境，穿行其间，欣赏完了之后综合感觉，产生联想、思考，激起人们的感情，来得到美的享受。这就是建筑的意境，这就是建筑设计的最高境界。

（7）建筑艺术不同于其他艺术门类如电影、文学等，可以使人感动得泪流满面。建筑艺术再高超，也从未见有人面对一座建筑感动得流泪。因为建筑只能反映生活，不能再现生活；空间也不能表达故事情节。建筑充其量只能激起人们泛泛的感情涟漪，抒发赞叹。能达到这一步已经是很了不起的成功了。

对于普通物品，好看不好用或好用不好看都是一种遗憾；但建筑即使好用好看（做到这一点也不容易）还不算完美，还要有艺术性才是完美的建筑，既要满足使用功能，又要满足精神功能。

（三）住宅建筑的发展方向

《羊城晚报》2001年2月9日C9版（即楼市·沙龙版）刊登了一篇名为《建筑风格》的文章。该文谈及房地产、建筑、艺术等多方面的重要内容，其中有些内容是值得商榷的，笔者提些意见供参考。

1.建筑艺术的雅与俗

原文：……知识水平较低的人容易接受具体的较为艳丽、醒目、直观的建筑风格和色彩。中国老百姓（包括广州人）文化结构的层次决定了“欧陆风格”仍有市场。

原义：让广州人这么快地去接受“高雅”的建筑形式，恐怕就如同让广州大部分人去接受古典音乐一样，为时尚早。

评：把“雅”与“大众化”绝对化了，不利于提高设计水平。我们认为，所谓“雅”不应该等同于艰涩难懂，所谓大众化也未必只同艳丽、醒目的色彩发生联系。真正做到大众化也不是容易的事情。大众化的作品也要具有艺术性，经得起咀嚼，百看不厌。不可把大众化理解为表面化，如果只靠表面的东西吸引人，难以持久。高雅与通俗是艺术作品的双翼，两者正确的关系不是互相排斥，而是并存互补。有的艺术性高的作品，群众也能接受，雅俗共赏常有之；有的艺术性高的作品是需要具备一定的艺术修养才能欣赏的，这自然是少数，但这正是一个民族文化的高标准，不可认为只是将来的事。音乐界在这方面做得好，既有通俗音乐，也不时推荐高雅的音乐，同样“爆棚”。

2.岭南建筑风格及对它的认识

原文：“岭南建筑风格”在今后2~3年内，仍将处于探索阶段。

评：岭南建筑风格早就有，不断有新创作出现，创作就是探索，其实时时在探索。岭南建筑风格也要不断补充新内容才有前途，它毕竟是广东地区建筑发展的主流方向，值得下功夫研究。说它是主流方向，并不等于只准一花独放，否则未免太单调了，欧陆式、国际式或其他什么式都可共存，构成多姿多彩的环境。本来欧陆式也是一种形式，当然可以存在。但把一种普通款式炒作成多么高尚的“风格”，不但广州，乃至全国都刮遍“欧陆风”，大肆张扬炒作，误导了群众，使其成了一种身价的标榜、一种文化的优越感，以至于丧失建筑风格上的自我，使建筑迷失理想，不妥之处就在此。

为什么说岭南建筑是发展的主流呢？是不是专家学者指定的呢？是不是为了排外呢？是不是对它特别偏爱或与自己的商业利益有关呢？都不是，而是它自身的素质所决定的。只要对它有研究，从它的特点当中你就会发现它绝不是什么地方主义。岭南建筑风格是岭南文化的一部分，同样具有务实性、兼容性、创造性的内核以及不断革新的精神，形成一种与时代俱进的理念。岭南建筑风格本质上是从岭南本地区的实际情况出发，结合环境、时期、社情，善于吸取古今中外建筑的长处（不单只是外形，还重在手法），因此岭南建筑是中国建筑、南方建筑、庭园建筑或风景建筑等优点的结合；此外，岭南地处沿海，得益于地缘优势，方便与外界接触与交流，岭南建筑非常注重吸收西方建筑的优点，集众长于一身，所以它极具旺盛的生命力。岭南建筑风格作为整体上来说是如此，而具体到每一栋则各有其侧重点，不是每栋都面面俱到，但每一栋都适合南方人使用这一点是不变的。我们不必纠缠于任何建筑风格，美观、实用即可。

原文：岭南建筑风格一度被一些开发商所看好。事实上，这种“风格”的突破口无非在如下几方面。

（1）把传统、岭南建筑的基本构筑和形式保留下来，强化形式，突出特色，应用于住宅设计上。

（2）运用比较明显的岭南建筑的典型符号来强调岭南建筑风格。

（3）以反复扩张、延伸、重叠等手法来扩展传统建筑的功能，来打造“新派建筑”，类同于北京菊儿胡同的改造工程。

（4）对传统建筑重新诠释。强调岭南的文脉感，采用岭南建筑、岭南园林、亚热带传统建筑的一些特征，而赋予现代的内容，采用现代结构。

评：对岭南建筑风格只看重于一些外形特征或表面现象【第（1）-（3）】。这与对建筑风格的理解有关，以为建筑风格只是外表的问题。第（4）点谈及一些内容实质，但不够深入。认为岭南建筑风格无非是这四点，还很不够。这种手法类同于欧陆风格，它就是捡拾欧洲古典建筑外形片断，如柱头、拱门、山花、檐板、花瓶或铁花栏河、腰线等等加以拼凑而成的。用这种方法做设计，不管仿效任何风格，都难免流于浅陋。对过去的任何一种古建筑风格，不宜机械地模拟它或翻造它，只可吸取其有价值部分，或参考其设计手法上的长处，创作出一种带有其风韵的但又是现代的新建筑款式，这种新建筑不能也不宜成为真正的该种古建筑风格，因为一翻版就成了新古董、历史陈物。当你模仿得十分逼真自鸣得意时，殊不知等于向世人宣示——这个建筑是不适合现代人生活的，那就愚不可及了。各门艺术的内在规律是相通的，以艺术角度来说，凡称得上创作者，它本身就成了一种款式，无须挂靠别人。一个成熟的艺术家，如果你说他的作品像什么什么（现成的）风格，他才不高兴呢，因为无异于说他的作品还不成熟，还没有自己的风格。

原文：欧陆风格也会经过否定之否定，螺旋式上升，跨过世纪之交若干年后，又会给我们带来全新的艺术冲击。

评：这就好。我们期待着高水平的欧陆风格的出现，用它来丰富我们的生活。不过，到那时可能又不叫欧陆风格了。有人会问：岭南建筑风格能创新，欧陆风格为何不能创新呢？原因是欧陆风格无良好的特质或内核，翻新一张“皮”意义不大。其实，何尝不可以把岭南建筑风格的优点吸取过来，再加上自己的创造性，做出来的成品给它起个新名称，譬如叫“岭南新现代主义建筑风格”、“新欧陆风格”，甚至可以叫“无敌风格”等等。名字任人起，怎么叫法都行（但是有恰当不恰当之分），关键在于内容实质。如果做出有如此优秀实质的“欧陆风格”，那还用担心它活不长吗？归根结底，名称之争意义不大，我们所关注的是把设计推向高水平，这才是目的。

原文：地方性、岭南传统风格往往与现代的功能需要、现代建筑的构造具有一定的矛盾，推广的难度就很大。

评：这只是某些现象。岭南建筑风格可以不与现代的功能需要、现代建筑的构造产生矛盾。假如有矛盾的话，不适应的那部分应该扬弃。岭南建筑风格本身就具备这种潜质。

原文：在今天，“岭南建筑风格”恐怕只能停留在探索阶段，还很难成为一种浪潮，就如同解构主义在西方如此受关注，并出现了佛兰克·盖里这样的大师，但毕竟不是主流。

评：建筑领域的解构主义只重于形式，其建筑形象特征是散乱、残缺、突变、动势、奇绝等等；它打断和消解建筑功能和形式之间的关联性，当然它也有一些新意。解构主义无论从形式上还是本质上根本与岭南建筑风格毫无相似之处，不能把两者相提并论。解构主义由于它的本质所决定不可能成为主流，而岭南建筑风格也是由它的本质决定能成为主流。有位作者说对了，“其特色和内涵是决定其能否作为一种思潮和创作思路存在的重要方面”。

3.讨论一些学术概念

原文：建筑设施基本集中在三个元素基础上：功能、技术和结构风格。

评：这句话似乎说不通，风格也属设施吗？笔者猜想这句话的意思是：建筑主要由三个元素构成——功能、技术和结构风格。

有艺术风格、造型风格、建筑风格等等，但没有“结构风格”这种说法，因为风格属于艺术范畴，工程上的结构属工程科学范畴，把两词凑合在一起，概念不清晰。当然，一种结构经过美化、变形、安排，可赋予其一定的艺术性，但那是经过艺术加工了的结构，而不是结构本身的属性。结构有类型、式样之分，无风格之分。某些类型的结构也具有一点形式美感，但不成其为风格。

原文：欧陆风格建筑有其历史贡献……打破了传统住宅建筑单调、平淡、重功能轻风格，没色彩的局面。住宅建筑外观的多元化也正从这里开始。所以，我反对不加分析地一概否定“欧陆风格”或借用学术上或地方（岭南主义）的一些观点来全盘否定它。

评：（1）欧陆风格是社会发展到某一阶段的产物，它也领了风骚若干年。它有过贡献并不等于它不会过时。一种款式的流行有时限性，不是人们的意志或感情所能挽留的。

（2）建筑本来就是一门学科，而且是一门综合性的学科，学术性很强。科技人员就是要讲科学。“借用”也好，“运用”也好，都是理所当然的。欧陆风格不成其为一种风格，却偏偏又借用学术上高雅之词——风格，来抬高自己，附庸风雅。不管哪一些观点，主要看他说的有无道理。作者也可以提出一些观点，光说反对，未免有点空洞。

（3）有岭南建筑、岭南文化、岭南画派等等，从来没听说过“岭南主义”，“岭南主义”这种说法不妥当，其中含有地方主义的意思。

4.对市场现象的看法

原文：学者、专家不屑一顾的东西，购房者（用户）鼓掌欢迎并穷一生积蓄去购买。

建筑专家学者认可的东西，买家不一定认可，专家学者说“不”的楼盘，买家蜂拥而至。

评：购房者蜂拥去买“欧陆风格”并不能说明“欧陆风格”就是那么

好。这个道理很简单。商品世界，货好并不一定能畅销，货不怎么好在一定的条件下也能畅销。这与销售手法、购物者的认识水平、社会风气等因素有关。这种现象屡见不鲜，尤其在房地产市场更为明显，所以常常出现有些发展商重视营销策划优先于提高楼盘素质这种不正常的现象。通过广告、媒体、中介、名人等对它宣传，能起到很大的鼓动作用（笔者也凑过这样的热闹），有些群众对房地产市场的认识模模糊糊时，在从众心理的驱使下盲目跟风，所以“群众蜂拥去购买”这种现象并不能说明问题。能够对建筑进行最公平评判的既不是专家学者，也不是公众舆论，只有时间才能证明其价值。近年“欧陆风”开始减弱，可见端倪。

原文：在实干优先和利益至上的房地产界，我们更多看到的是实用主义。

评：因此我们就要加以引导，把经济效益、环境效益、社会效益统一起来。做生意就是为了盈利，无可厚非。发展商也分三六九等，有些发展商的认识境界也是很高的，愿意以综合效益为重。

5.关于住宅设计

原文：设计住宅就是设计生活。国外建筑师的生活空间、视野空间和思维空间比不少国内建筑师开阔得多，形成了国外建筑师比较自如、不拘一格的设计表现形式。

评：不少人喜欢引用“设计住宅就是设计生活”这句话。笔者对这句话提几点看法。

（1）正因为设计住宅必须熟悉生活，我们的生活我们最熟悉，所以在这方面国内建筑师本应比国外建筑师具有较为有利的条件。

（2）为什么有的建筑师（包括国内和国外的建筑师）没有把住宅设计好呢？原因是，要设计好住宅还需多种条件或因素。例如：设计住宅还须结合当地气候及环境条件；对生活理解的深度和居住哲理的深度是住宅设计的灵魂（众所周知，美国著名的“流水别墅”就吸纳了中国老子的居住哲理“天人合一”，拥抱大自然），地方及民族特征、人情味都不可忽视，这些在住宅建筑中是很可贵的；传统的有地方特色的建筑含有一种文化能量，在住宅建筑中各种文化能量越多越成功；处理好继承传统与向国外建筑学习的关系，对外国建筑师来说就是消化与吸收该国建筑传统文化；掌握建筑艺术的技巧及掌握工程技术的熟练程度等等，都是住宅设计很重要的条件。

（3）没有一定的生活阅历难以设计好住宅，可惜不少人只看重住宅的“表皮”。其实，形式上、花样式、表面式的创新或不拘一格的设计表现形式，只能是住宅设计的一种辅助手段。

（4）人们大多追求自由，但住宅恰恰束缚着人的自由。从这方面来说，设计住宅就是试图解决束缚与自由的矛盾，可是实际上永远得不到完满的解决，只能尽力而为。所以说“设计住宅就是设计生活”这句话只道出一方面的道理，只适宜应用于某些场合；同时，这句话也不足以说明住宅设计国外建筑师比国内建筑师强。

原文：近年来，广州每年竣工住宅600多万平方米，中间又有多少“珍品”？很难解释如此多的“一般建筑”大量竣工，为什么如此多的人去购买，成为如此多的人的安居之所。

评：不难解释，并不是所有的建筑都应具有很强的艺术性。建筑艺术是分层次的，一般建筑占多数，精品占少数。对住宅精品的理解不宜也不可能提出一个绝对标准，因为它会随时间而变化。在社会物质还不十分丰富的时期能达到该时期力能所及的较高水平就是优秀建筑。就目前来说，我们认为有可能做得比“欧陆风格”更好一些，所以提出加强对岭南建筑的研究，不失为一种有效途径。

原文：发展商、投资商关注经济效益重于建筑风格，建筑师关注功能和业主的要求重于“艺术之道”，用户买家关注价格、环境重于对建筑艺术的评价。

评：只因我们的本事还不够，没有让发展商满意，在这种情况下，发展商当然关注经济效益重于风格。如果创作出好的建筑风格，它也能转化为经济效益，说浅白点，当“风格”也能卖钱时，发展商自然珍视有加。有一段时间广告上大打“风格”牌，说明发展商是很重视建筑风格的，用户买家也愿意花多点钱买较为好看的房子，这几乎是共识了。与该文同一日的《羊城晚报》楼市、专题版也反映了这种情况。

事物的发展从初级到高级，我们要促使其快些走向高级，而不是满足于初级阶段。在建筑设计上，把功能置于“艺术之道”之前在初级阶段不算错。一个好的设计应该是使用功能、建筑技术、经济性和艺术性的多样统一，结合得越巧妙越优秀。虽然目前做得还不够好，但这是努力的方向。

6.如何向外国学习

原文：在建筑设计上，我们也不应奉行“闭关主义”。历史上，也有不少城市和区域“引进”国外建筑，取得了成功，如被称为“世界建筑博览”的青岛、上海外滩、广州沙面等。殖民主义时期与中国文化传统截然不同的建筑，留到今天，也已成了精品。所以说，大胆“引进”，消化吸收，也是促进国内建筑创作进步的一个重要途径。

评：广州沙面的殖民时期建筑，今天把它作为精品保留是因为它的文物价值；无须跑到外国去就能看到西洋古典建筑，有参考价值，而且它又能构成一个旅游观光点。不管有多少价值，那些建筑都不能作为我国建筑设计上的精品。某国的建筑精品，在另一国仿造就不成为精品了。建筑设计人员起码应懂得这一条设计原理：建筑师不可不顾地点、环境照搬风格。这也是建筑艺术的一个特征。所谓租界就是外国人用租的名义占领我国的地方，居住着外国人，外国人照搬外国的建筑是为了适应他们的生活方式及审美习惯，同时炫耀征服的意识。这些建筑对我们来说是不适合的，更谈不上是精品。作为租界，在当时来说是中国的耻辱。难道时至今日，人家不来占领，也自动照搬外国的建筑，为了等到将来好成为历史文物精品吗？殖民地时期，有些城市区域中也有少数中国人照搬西洋建筑，不是无能无知就是崇洋。这种引进法是失败而不是成功。以建筑设计的角度来说那些建筑不是精品而是劣品。现在提倡大胆引进消化吸收是对的，与以上所说的是两码事。大胆引进，而不是大胆照搬。大胆引进，更重要的是消化后，将渣滓排除掉。那么，绝对不能照搬吗？也未必尽然。即使照搬一两幢或少量亦无妨，甚至辟出一块地方或一个小城市，专建万国建筑，又会有另一番景象。但这些只能作为建筑大环境形式多样化的点缀或陪衬，如果老是照搬以至泛滥成我国建筑的主流或主体，无疑是方向性的错误。

（四）建筑文化特色与房地产开发

1.建筑文化

建筑是人类创造的物质形态，当然也属于文化的一种。建筑环境（包括建筑物实体、周围的附属物及建筑物内、外空着的部分）是文化的载体，即是文化作为物质形态的反映。建筑文化由三部分构成，或者说建筑文化分三个层次：第一层次是建筑工程实物，属物质文化方面；第二层次是建筑学与建筑设计技术、知识，属精神文化方面；第三层次是建筑艺术，属艺术文化方面。第一层次至第三层次是从初级至高级的发展。

2.何谓小区文化环境

现阶段房地产开发商强调提升小区素质，加强小区文化环境建设，这主要是指提高上述的各项建筑文化水平。而最难得的还是提高艺术品质，如对环境把握、群体空间、结构造型、立意构思、情态表述、哲理象征、意境创造等等，大至小区选址及布局，小至一个构件或小品的细节设计，无不反射着文化的内涵，在建筑中综合表现出一种文化气质，文化内涵渗透其中。什么样的文化水准反映着什么样的设计水平，来不得丝毫虚假，靠模仿是模仿不来的。建筑与环境这些有形的设施散发出文化气息，无形的如管理机制、意识形态、人情风尚等等也应有文化的品质。有些人对小区文化环境建设没有领悟其含义，肤浅地理解为在小区增置文化用品，设置图书室，搞些画展，摆些古玩，办些文化活动，雇世界级歌舞团来表演，招来高学历的人士入住，在小区里多张挂诗文条幅、名人题字，加强装潢等就是有文化气息。这些措施确实可以起到一些衬托文化气氛的作用，但建筑文化主要体现在建筑及整体环境之中，处处成为计划中有机的组成部分，外贴浮离之物是次要的。房地产市场的竞争就是设计的竞争，设计的竞争就是文化的竞争，归根结底是文化在起决定性的作用。文化水准的高低决定楼盘的档次。文化是首要的大事，建筑领域是如此，其他领域亦如此。

3.商品房的文化特点

商品房与地域、环境、时期、习俗、经济效益的关系特别密切。房地产的开发对这些研究缺一不可，否则都会导致失败，这就是商品房的文化特点。

一方水土养一方人，我们要尊重和理解地方传统特征和区域文化的内涵。岭南文化体现地域文化精神，岭南文化造就岭南建筑特色品质和气质。广州地区宜突出及发扬岭南文化，开创新时期的岭南文化。岭南文化很有个性，文化有了个性就能形成独特的形象，从而提高知名度，对购房者产生吸引力（房子畅销），对已入住的居民产生凝聚力（住者安居，有自豪感）。很显然，文化并非虚饰，能带来见得着的好处与利益。

地域文化只接受同自己一致的品种，一个地方对外来文化本来就存在很强的选择性，外来文化的长处并不是都能用得上，只有被本地同化与改造了的那部分才会接受，历史与现实都证明了这一点，远的如佛塔，近的如住宅单元里的酒吧及开放式厨房，都是很好的例证。

传统的、有地方特色的建筑蕴含着文化能量，使人意识到自己的存在和地位。人们喜爱自己熟悉的环境，同时产生怀念与依恋的感情，这就是传统文化与地方特色的文化能量。文化能量越多的建筑越受群众追捧，同时价值越高。

我们要发展地区建筑学，立足于国情、区情，即使同一个国家也还有东南西北之分。北京、上海、西安、广州，各有自己传统的、地方的文化。把北京、上海畅销的商品房模式搬来广州未必受欢迎。即使广州，还有天河与芳村之分，对这些研究要明察到毫厘之间，成效才显著。不同时期或不同经济气候，推出不同的商品房与之相适应，六七年前畅销的商品房留到现在已成滞销产品。同样道理，现时畅销的商品房也未必受群众青睐。全国早就有21世纪优秀小区的现成规划图，但不见广州有哪个楼盘套用它，正是这个道理。世界级设计大师贝聿铭说过：“中国建筑师的当务之急，就是探索一种建筑形式，它既是我们有限物力之所能及的，同时又是尊重自己文化的。”这就表明，他也不能包打天下，中国的建筑还是要靠中国的建筑师来设计。商品房设计不同于其他公共建筑设计，即使在国家级或国际级建筑设计竞赛中得过奖，但在地方性商品房设计中也可能会败下阵来。参加大建筑竞赛只要被官员或权威人士看中便算成功，但商品房要靠群众自愿掏钱买你的才算成功，谁也强迫不了群众买这不买那。败阵并不奇怪，因为：

（1）熟悉居民行为方式、传统习惯、经济状态、意识形态、文化情况等等是很重要的。同是广州，天河与芳村就有差异，两区居民的购物心态都有差异。

（2）每到一个新地方，不花一定时间去学习就谈不上发掘和提炼地方文化特点。在一个地方成功了，并不等于在每个地方都能成功。这也印证了创作的不可重复性。

（3）要经常摸着该地的房地产市场脉搏，以建筑师的视角观察市场。要经常在楼市中转动，才能摸索出对设计有用的门道来，“纸上得来终觉浅”，道听途说或靠别人的市场调查资料都不可行。

（4）商品房比任何建筑都要更讲求经济效益。通俗地说：老板要有钱赚，而且比做别的生意赚更多才划得来。这当中也包含了房地产不可预见的巨大公关费这个因素在内，所以要求建筑设计人员对材料、设备、施工、预结算、结构等这些最实际的问题都要“知情知价”，也即是要十分内行，若只懂其大概原理，远不够用，做出来的设计就不够精到或经不起市场的检验。这是设计人员最难过的关，即是上天入地都敢拍胸脯承诺，唯有在“你设计的商品房肯定会好卖吗？”这一问题面前脚软了，众所周知，烂市滞销的商品房不少是出自国家一级注册建造师的手。有的开发商指望靠国际竞赛设计来开发房地产，有多大作用呢？我们不妨拭目以待。但可以肯定一点是，凡试图跳过研究商品房的文化特点及区域特点的楼盘，都不会有多大作为。

（五）举例点评楼盘——荟贤大厦

购楼者选购单元，一般应考虑地理位置，价格及付款方式，小区总体规划、单体设计及单元布局，楼房质量，物业管理等因素。

下面选取荟贤大厦进行点评。

（1）该楼盘地处广州闹市区，交通方便自不在话下。单幢楼盘本来在配套设施上不及小区楼盘完善，但周围有现成的配套设施，就在附近，旁边有海幢公园、少年宫、南武中小学、红会医院等等，弥补了这方面的不足。此外，该楼盘还有一个优点是无梁楼盖，即是厅房内见不到梁，天花平平滑滑。无梁楼盖也是建筑结构专业名词，通常楼板的跨度小于4米，用料较为经济，所以大于4米时，则加一条梁，如果大于4米也不加梁，但把楼板加厚和采用双层钢筋也可以。一般无梁楼盖是四边支承。

（2）人们对日常生活的要求，无非是既想享受城内的物质文明利便，又想居所处于园林野趣中。该楼盘在三至四层之间插入一架空层，架空面积为群楼顶部全部面积，作为绿化及公共活动的地方，在一定程度上满足了人们这种愿望。

（3）该楼盘不在珠江边，但售楼者说其楼盘可以望到珠江。那好，购楼者正希望有这个优点。可是层数较低的住户及南面的住户达不到这个愿望，有名无实。因此，要实现这个优点，开发商还需采取一些措施，譬如把顶层或天台设计成天台花园，便于居民停留休闲，眺望及欣赏珠江风景。利用这个资源，这也是该楼盘可争取到的一个卖点。

（4）平面设计，厅房基本都是南北向。不足之处是：

①有几个房间纯西向（见图8标示1处的房间）。其实有些房间可以改善朝向，减少纯西向的房间数量，在标示2处开窗便可。虽然互相对面的房开窗不方便，但若采用固定窗及磨砂玻璃或镀膜玻璃，可达到透光不透

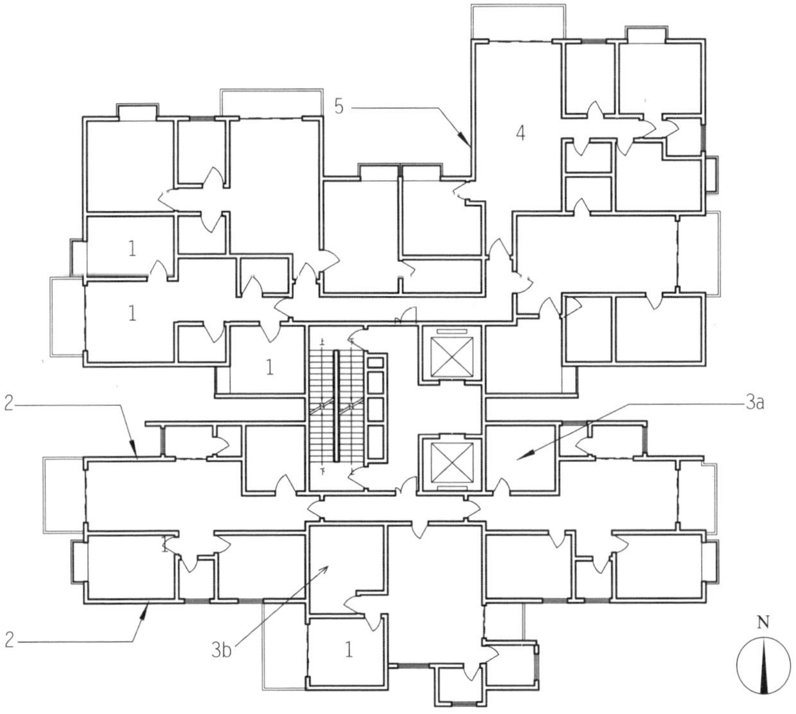

★图8★

视，总比拉上西边窗帘时房间暗淡的状况优胜得多。

②在只有1米宽的开口天井开窗，房间的光线当然不足（见标示3a处），本来按规范，开口天井的宽度最小要2.5米。还有个别房间的窗口偏于一隅（见标示3b处），光线照度不均匀，而且窗口的面积不够大，按规范窗地面积比要大于1∶7。

③个别厅过长（8米长），而层高只有2.8米，厅的后面小半部分为暗区（见标示4处）。若在标示5处开窗便可改善。

（5）“荟贤”之名甚雅，售楼书上的描述，文化气息甚浓。其引用海幢文化概念，崇尚儒雅，笔者对此很欣赏，期望在楼盘的建设中把文化环境的建设落到实处。阳春白雪，这又是一个卖点，当今楼盘甚少达到这个高度。

（六）采光、透气要方便舒适

笔者认为下图（见图9）中这个单体平面设计得比较好。

（1）单体布局简洁紧凑。候梯厅的形状及大小恰到好处，既合用又无一点多余。一梯四户，入口便捷。电梯、楼梯、候梯厅及各户入口组成了一个合适的交通核心。

（2）单元布局基本合理。全部厅、房皆为南北向，采光、通风良好。卫生间也有自然采光，而且02单元卫生间的窗口是南北向，这个凸出的角位还可丰富单体的外形轮廓，设计颇具匠心。01（或04）单元，一厅两房的室内布局合理，空间感简洁流畅。各室位置恰当，厨房靠近入户口，便于管理，进出厨房无须经过客厅。进门处有短短的走廊，避免客厅的谈话声传至户门外去。厅有生活阳台，厨房有服务阳台，生活方便。

（3）由于单体及单元布局合理，实用率肯定较高。

下面谈谈它的不足之处。

（1）候梯厅通风不良、闷气。如果把楼梯间的窗口尽量开大，会有助于候梯厅的换气。

（2）客厅进深达7.8米，略嫌太长，饭厅的光线较弱。

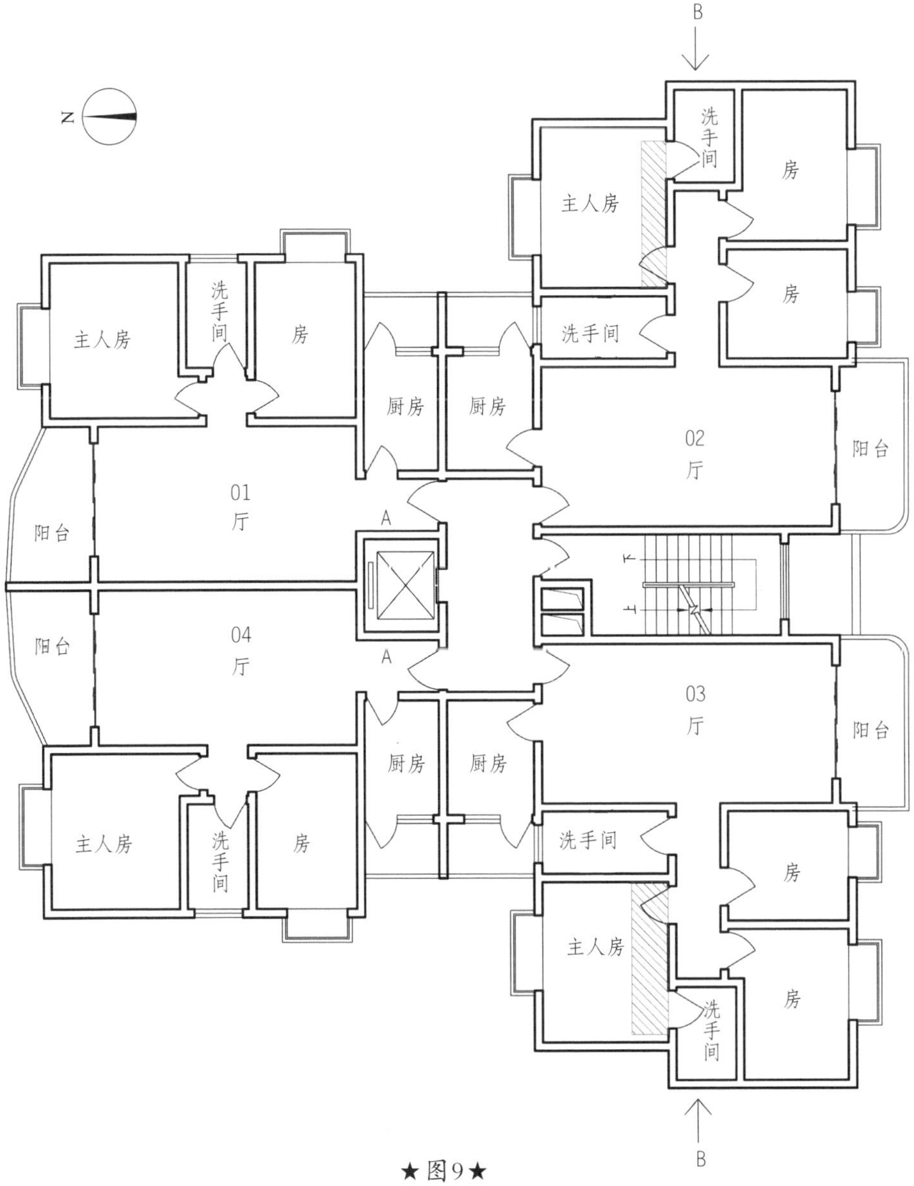

★图9★

（3）02（或03）单元的不足之处有：走廊稍长。主人房的卫生间与主人房的相对位置不恰当，卫生间的门口正对主人房，而且使主人房的暗廊较长（见图9上涂阴影部分）。卫生间里洗脸处的光照度不足。其实，如果在侧面多开一个小窗（见图示B处），便可解决这问题，无须囿于“全部南北窗”这个概念。

任何设计都不可能十全十美，缺点少而且轻微已算是很成功的了。

讨论一个问题：按规范，12层及以上的高层住宅，每栋楼设置电梯不应少于两部。那么11层以下，可以理解为设置一部电梯，即是说没有违反常规。但实际情况，一部电梯总有故障或更换的时候，换言之，顶上几层的住户明摆着必将有不方便的时候。

提点建议：01单元进门处的走廊，如果在左边（见图示A处）设置一个薄柜（鞋柜），便可使走廊提高使用效率，但走廊的宽度及门的开法要做一些调整。

六 根据建筑设计来买房

（一）几款值得推荐的靓楼

人们希望多层建筑的单体平面设计能满足以下要求：

（1）平面布局合理紧凑，在好用的前提下实用率高。

（2）无黑房，厨、厕、浴及楼梯间等皆有自然采光。厅采光良好，无暗区。

（3）开向厅的门不超过三个（组）。

（4）无纯向西的厅房。

（5）只起交通作用的走廊尽量短。

（6）平面、造型与结构互相配合。

以上几项是对单体平面设计的最基本要求，但日常见到的楼盘能符合这些要求的设计不多见，下面介绍几款供读者参考。

图10-1：工字形平面，两厅三房的大单元，走廊能做到这么短不是易事。单元A与单元B的面积及外形尺寸相同，两种套型可任由选择。单元B的厨房前面既是走廊也是服务阳台，一物两用。

图10-2：风车形平面，作为一种平面类型供总平面布局选用。风车形立体造型较多变化，更难得的是竟然也能做到无纯向西的厅房。

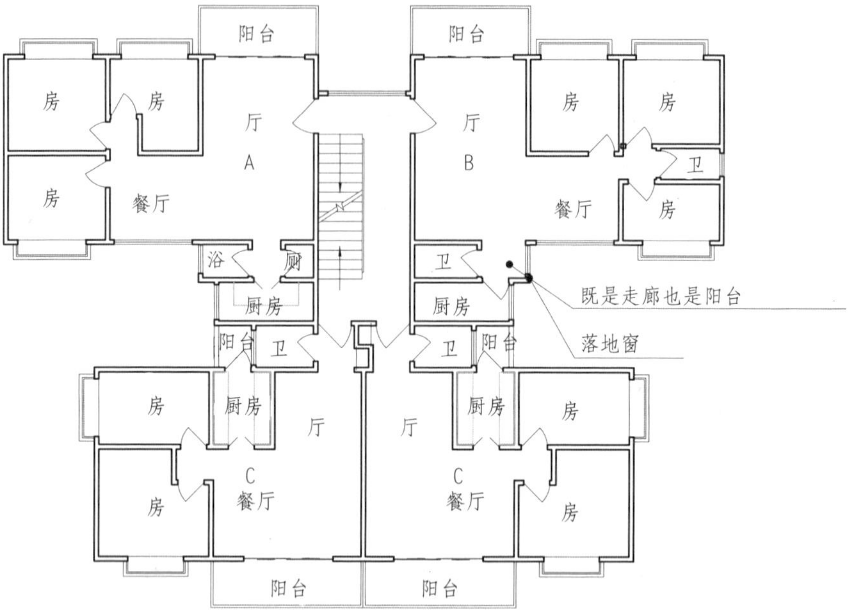
阳台
阳台
房
房
厅
A
厅
B
房
房
房
餐厅
卫
餐厅
房
浴
厕
卫
厨房
厨房
既是走廊也是阳台
阳台
卫
卫
阳台
落地窗
房
厨房
厅
厅
厨房
房
C
C
餐厅
餐厅
房
房
阳台
阳台

★图10-1★

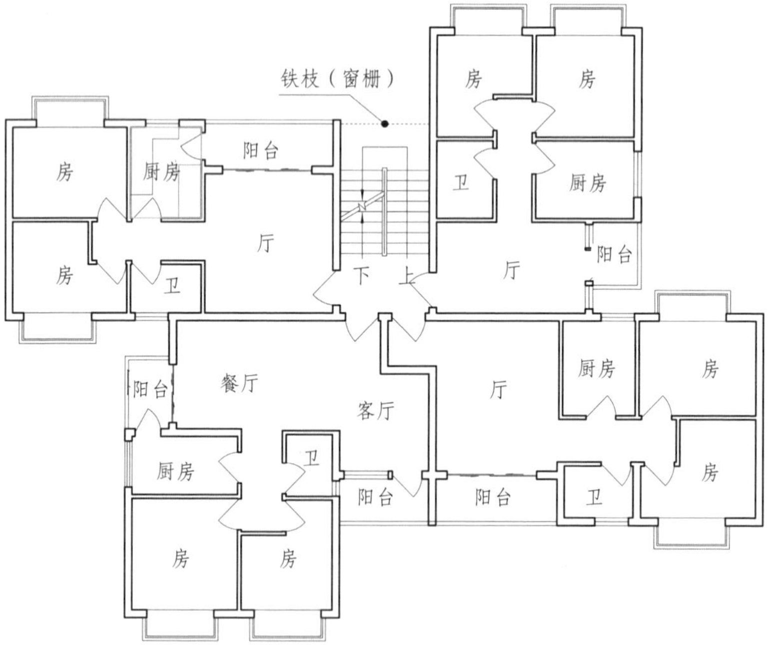
房
房
铁枝（窗栅）
房
厨房
阳台
卫
厨房
厅
阳台
房
卫
下
上
厅
阳台
餐厅
客厅
厅
厨房
房
厨房
卫
房
阳台
阳台
卫
房
房

★图10-2★

图10–3：条形平面，表面看来平平凡凡，无什么花样，其实它是最简洁实用的单体平面。全部房间南北向，总平面布局方便，而且用地经济。但如果整个地盘的楼房都是条形，造型未免过于单调。适当点缀一些其他类型平面（如风车形、工字形等），就可获得统一中有变化的形式美效果。若需小面积的单元，条形平面最容易处理。50平方米以下可做一厅两房，50平方米以上可做一厅三房。

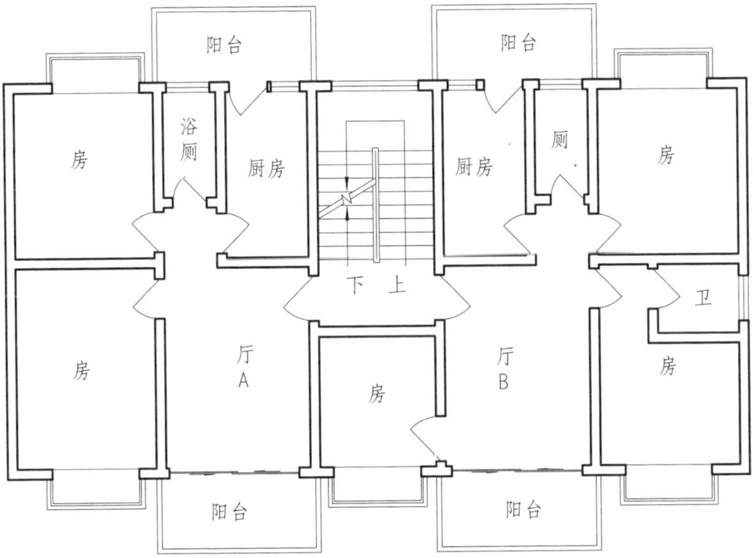

★图10–3★

（二）新潮房型款式分析

与20世纪七八十年代相比，九十年代的人已非有瓦遮头即可，有房住就行，业主们对居所素质要求多多。发展商也充分满足买家的需要，纷纷在楼盘款式上大做文章。近年来出现的房型款式有蛙式、钻石式、蝶式等，其特点各有千秋。

1.蛙式设计实用率高（见图11-1）

（1）平面虽然呈斜向形状，但主要房间（厅、房）仍然是四正的。厨、厕平面形状虽不方正，但这种不规则的空间仍可使用。锐角空间不多，而且被巧妙地利用在门扇开启的位置。

（2）各房间以及厨、厕皆有自然采光。

（3）通道面积小，实用率高。

（4）在无黑房、厅无暗区、厅的长宽比例恰当的前提下，单体平面尺寸

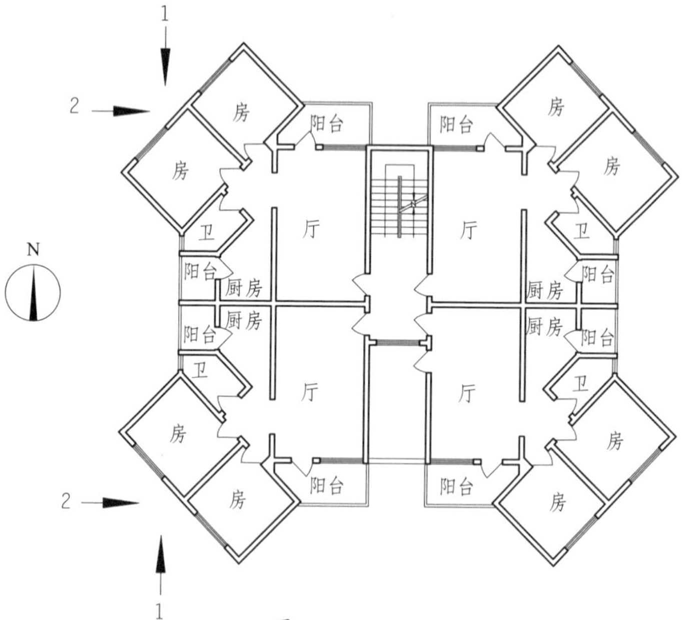

★图11-1★

能做得厚，因此能在总平面中降低建筑密度而不减小建筑容积率，从而有较高经济效益。

蛙式房型的缺点：

蛙式楼房间可以说是南北向的（见图11-1标示1），也可以说是东西向的（见标示2），使用时早晚要拉上窗帘。另外，它的结构不利于抗震。

2.钻石式住宅巧妙在厅（见图11-2）

钻石式是一个溢美而笼统之词，梯形、菱形、多角形皆可称为钻石形。图11-2这种款式有一个很突出的优点就是厅靓。厅大而无暗区，因为它两端都有采光（见图11-2标示1及2）；厅有两个朝向不同的阳台；厅的空间很巧妙——既具有方正的优点而又有变化，变化中又无死角位及锐角出现。

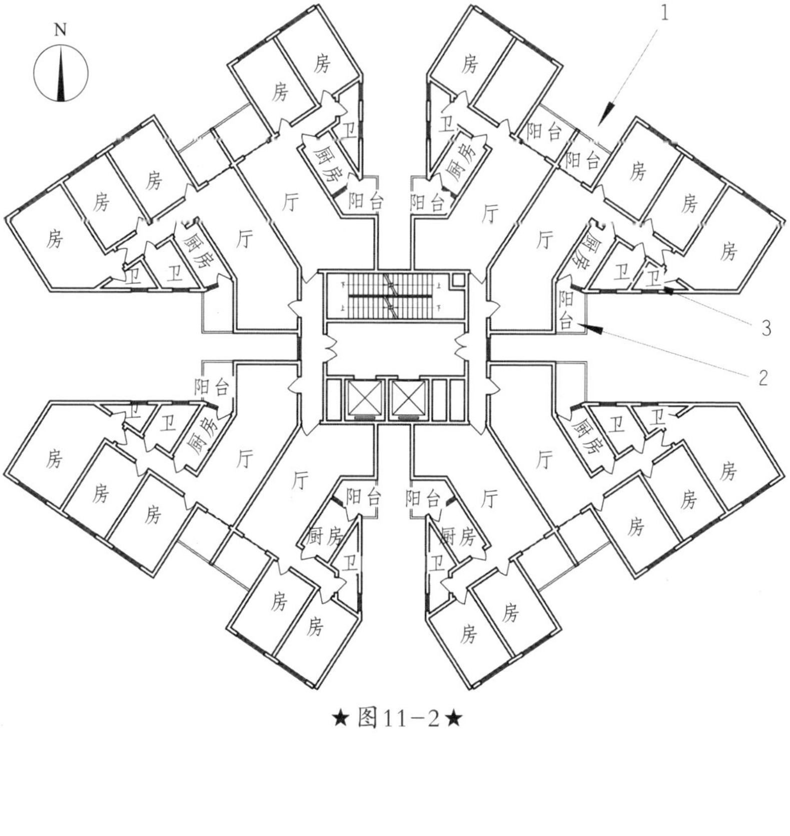

★图11-2★

3.蝶式设计观景最佳（见图11-3）

蝶式设计可以被看成是图11-2切成两半。这两种平面在使用方面大体上相同。这两种式样最突出的特点是：

（1）厅房都半面朝西（东），若南面景色不错，则在厅房阳台都可观赏。

（2）有锐角空间（见图11-2及图11-3标示3处）

蛙式、钻石式及蝶式这三种房型有一个共同的优点，就是改善了方盒子单调的造型，无论从哪个角度看，都有部分体型有透视感；体型凹凸多变化，立体感强，造型较为活泼；再加上用料及配色恰当，效果颇为悦目喜人。

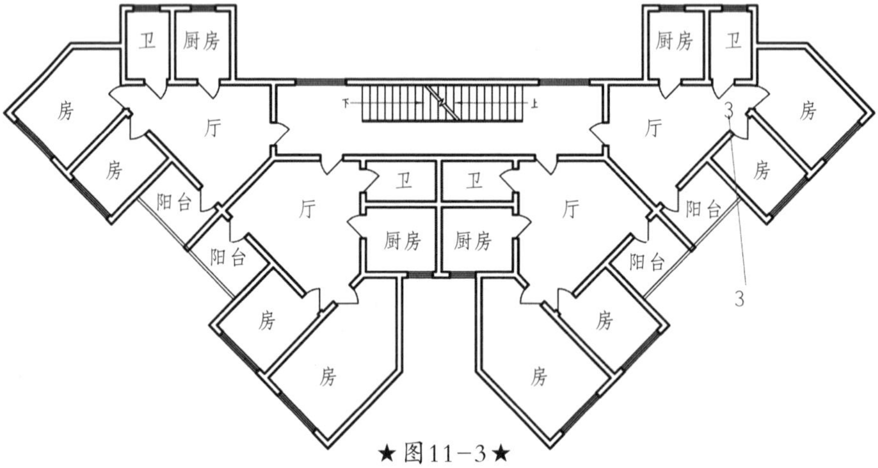

★图11-3★

（三）高层住宅单体平面的要求

高层住宅建筑的单体平面同样也要满足多层住宅平面的要求。

（1）平面布局合理紧凑，在好用的前提下实用率高。

（2）无黑房，厨、厕、浴及楼梯间等皆有自然采光；厅采光良好、无暗区。

（3）开向厅的门不超过三个（组）。

（4）单元内只起交通作用的走廊尽量短。

（5）无纯向西的厅房。

（6）平面与造型及结构相配合。

以上的要求也是居住功能最基本的需要，高层住宅自然不例外。高层住宅还有另外的要求：

（1）厅的视野不受阻挡，无管窥的感觉。

（2）厅要有阳台，视线不互相干扰。

（3）交通核心筒（内容包括楼梯、电梯、候梯厅与前室、管道井等）在满足使用功能的前提下，面积尽量小（楼梯电梯的候梯厅与前室两者公用同一空间的布局形式较为经济）。核心筒外的公共走廊尽量短（一般不超出核心筒的边长）。

（4）核心筒采光良好，通风、排烟顺畅，符合防火要求。

以上两种要求总共有十项，但日常见到推销的高层楼盘能符合这十项要求的设计并不多见，有几项难度较大。

（1）无纯向西的厅房这一条难做到。因为为了降低每户分摊的公共面积，围绕一个核心筒，户数越多越好。户数较多的井字形平面也只能做到八户（若再多，势必加长核心筒外的公共走廊，也不划算），其中至少有两户会出现纯向西的厅或房。钻石形平面有一半的厅房半面朝西。

（2）厅的视野不受阻挡难以做到。因为厅一般靠近门户的入口，贴近核心筒，厅被外围的房掩盖在内层，厅的视野常常部分受阻挡。

（3）厅无暗区难做到。因为厅在内层，能开窗的墙面不多，故此，窗常偏于厅的一隅，厅便产生暗区。由于各户的厅互相靠得近，视线互相干扰的问题，不尽如人意。

钻石形平面解决了以上第二、第三点难题，但又出现了新难题——锐角空间多。

（4）厅有阳台也不是那么容易办得到。因为两户的厅就在直角位上，一家做阳台占了另一家的位，若两家都做阳台，人一出阳台则面面相对，因此常常把阳台设置到卧室外边去。这样做虽然很不适用，但也是无奈的做法。

（5）平面与结构配合有难度。因为一般高层住宅首层居多做商店或公共用房，地下室用来做车库，柱的位置适合上层的住宅平面时，往往不适合地下室的车位用，调整到互不妨碍时可能又出现新问题——梁的跨度过大，不但用料剧增，而且梁的截面粗大会影响开窗的高度，一个部位不恰当就要全幢住宅屈就。此外，高层建筑着重抗震，不规整的平面不利于抗震。加大构件尺寸达到结构的要求时，就变成了肥梁胖柱密剪力墙，立面造型及室内空间便难以潇洒了。

以上难点，若不顾其他各项，专门去解决其中一项并不难，难的是又出现新问题或影响到某些项。当然也不是绝对的，也有基本上达到以上要求，产生的新问题影响不大。下面笔者提供一个单体平面（见图12）供参考。

购楼者明白以上道理之后，心中便有把握去拣楼了。笔者向你建议：

（1）根据自己的具体情况，单元存在的缺点影响不大就可买。求全责备可能误时机。

（2）一幢楼要做到全部单元都能满足十项要求是很困难的，但也有一部分单元，是可以满足要求的。一幢楼总有些单元是较令人满意的。例如东西向布置的条形单体平面，全部厅房不是朝东就是朝西，但末端单元是朝南或朝北的。所以，购楼者第一时间赶去，便有机会选到你满意的单元。

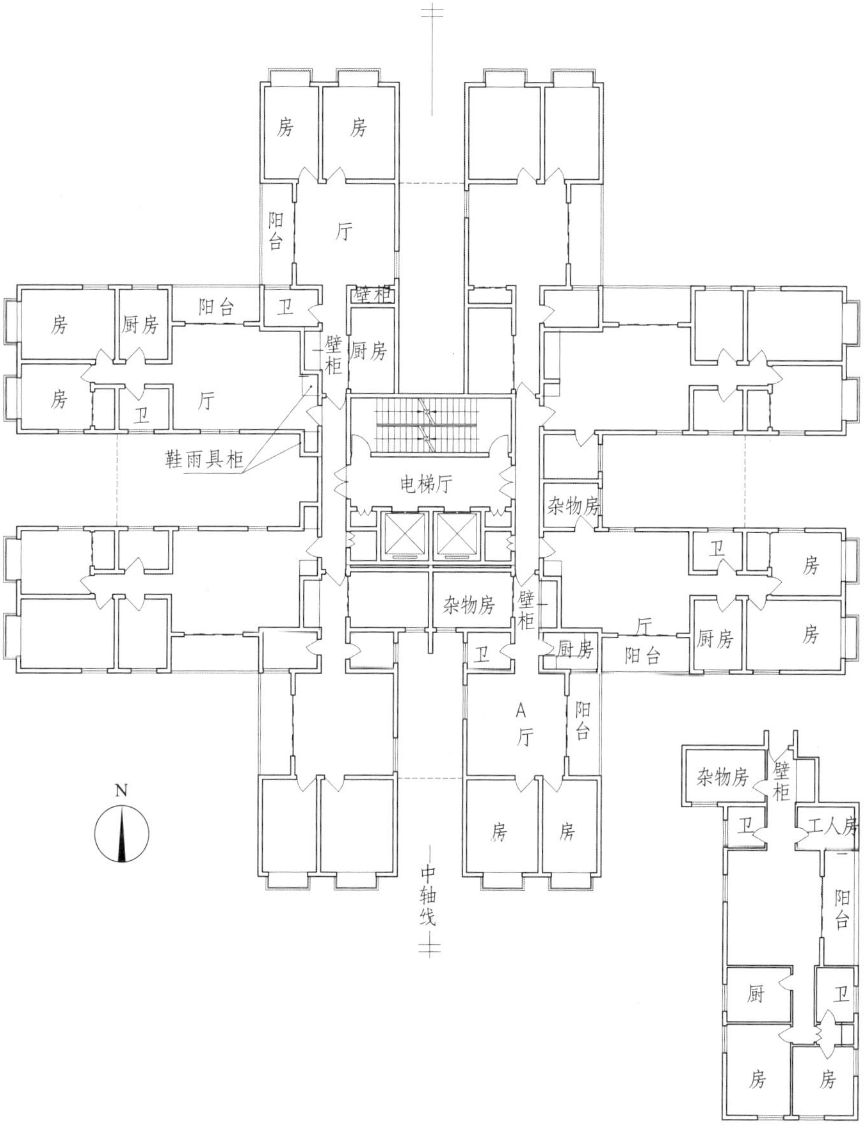

单元A的另一方案

★图12★

（四）普通人家拥有别墅也不难

一栋别墅三层，分为两家。一家占二楼及地面花园，另一家占三楼及天台花园，各有完整的花园。首层架空做两个车库，各占其一。由于首层车库的层高只有2米多一点，因此做一个短短的外楼梯可直上二楼（见二楼平面图），这个层面才作为首层。升高了的首层，其居住条件比地面优越——干爽，不受路上行人视线干扰；坐在屋中观赏地面花园视角正合适，观外景阻挡少；观路人，视线恰好超越其头顶，居者有高人一级的自豪感。住一般的二楼以上者无此感觉，因为相隔较远，而且俯视角度较大，失去可比性。

两家人虽然同一栋楼，但各家的出入口安排在不同朝向的墙面，有不同的出入路线，互不碰面，互不干扰，各自有完全的独立性（见图13）。

这种别墅，因充分挖掘了各种可利用的因素，所以成本较低。用浅显的说法是，在市区买一个普通单元的价钱就可以在近郊买到一座这样的别墅，故称为经济实惠的别墅。它对普通人家很有吸引力，圆了他们的别墅梦。这个设计的真正意义是：低造价也能做出高质量的住宅。

一般的楼房复式单元即使楼顶做花园也无别墅的感觉，因为它无独立的出入口，与一幢楼几户人家同一出入口，缺乏独立性；在高高的楼顶上，与传统的低层别墅毫无相似之处；整个外环境都是楼房，绿化少，形不成园林的环境，也无别墅区宜人的气候。词典里对别墅的定义为：在郊区或风景区建造的供休养用的园林住宅，所以本文介绍的住宅可称为别墅。

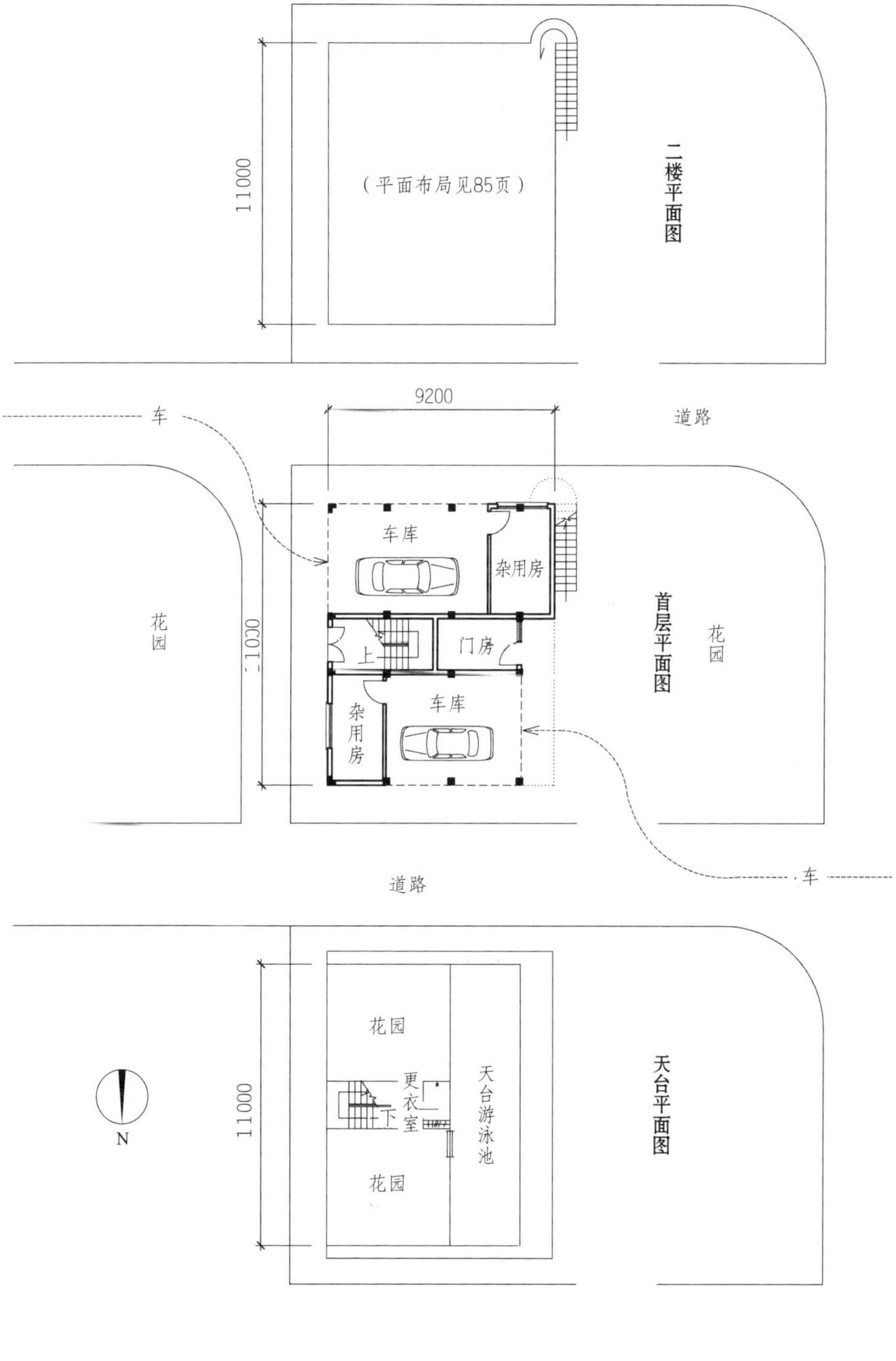
11000
（平面布局见85页）
二楼平面图
9200
车
道路
车库
杂用房
花园
上
门房
杂用房
车库
首层平面图
花园
车
道路
11000
花园
更衣室
下
天台游泳池
花园
N
天台平面图

★图13★

（五）怎样挑选经济实惠的别墅?

别墅也是住宅，首先要满足作为住宅的基本功能，诸如好用，实用率高，各室采光、通风良好，厅无暗区，无纯向西的厅房，走廊短，开向厅的门不多，结构合理等等。如图14所示，该平面满足了这些要求，较出色的地方如下。

（1）大厅有豪宅之气势，采光、通风极佳，空间完整，室内容易布置，怎摆怎好，同一套家具及陈设可以摆出多种好方案，隔一段时间移动一次又出现新面貌，常变常新。

（2）走廊不仅短，而且还兼有其他用途，比如做过渡空间玄关或阳台用，可提高走廊的使用价值。

（3）该平面适应时势的发展要求——对房间数量增加的需求，随时可间隔出多1个房间（图A，把原来的1房变2房）；甚至还可增加2个房间，把饭厅移出，在该位置加以间隔便成。巧妙的是，增加了房间的数量，没有增加走廊的长度，也没有增加开向厅的门的组数。所增之室其采光、通风良好，各室的配置仍然成为一个有机的整体。

（4）为什么厅的前面不按照常见的做法配置一个长长的阳台呢？这个问题的实质是研究阳台怎样设置才恰当。首先，我们先要弄明白阳台的作用，即观景、休闲及晾晒衣物。由于厅的前方有邻屋，无景可观；在生活阳台（即厅的阳台）晾晒衣物不雅观——有服务阳台及天台可供晾晒衣物及活动。既然无景可看，倒不如自己造景，厅做长长的花槽种花，一来为厅的外边造景，让花形枝影摇曳窗前，姹紫嫣红，绿意盎然，坐在厅中便可悠然观赏；二来可遮挡与邻屋的对视；三来可丰富立面造型。此外，留下一个短短的弧形阳台作为观赏西边园林山水风景之用，就圆满地解决了几项功能的需要。本例只想说明一点：有景引景，无景造景，因地制宜，不落俗套。

（5）在设计细节方面值得一提的是，向西的阳台外面安装窗扇，不是为了做封闭阳台，而是为了遮阳与兜风。镶有色玻璃遮西晒及装饰立面。每片窗扇都是单扇，而且皆朝南张开，可兜风入屋，一举两得。

（6）建筑与结构配合得当，柱列整齐，纵横方正，有利抗震，方便施工。

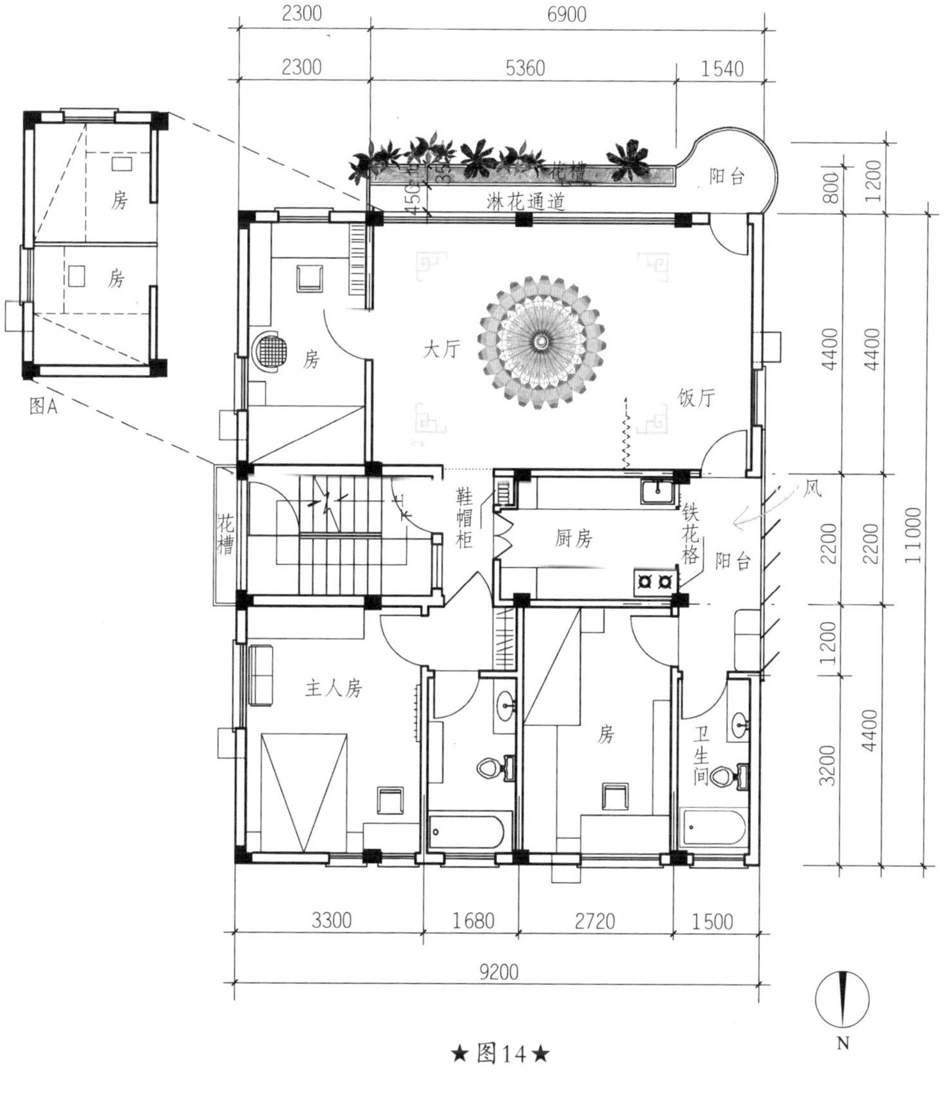

★图14★

（六）以水为材造环境——住宅建筑中的理水诀窍

居住单元以能望见水（江、河、池等）为佳，水是室内外环境的一个重要组成部分。水景的美是园林美中不可少的创造源泉。如何安排水体，在园林建筑设计中称为“理水”。

下面谈谈理水的诀窍。

（1）建筑旁边有较大水体，形成开放空间，水面衬托建筑空间向外伸展，开阔视野，同时使庭院空间生动活泼。建筑以水面为背景衬托的建筑空间轻松明快。

（2）利用对比产生美感：水体与建筑形成虚实、刚柔的对比；水体的动势与建筑的静态形成动静对比；水体的水平与建筑的竖立形成对比。

（3）水体可成为建筑空间构图的主要因素。喷泉或水池（游泳池不宜）可成为各建筑围绕的中心，组织在一个完整的水面空间中。在组织园景方面，以水池为中心，辅以溪涧、水谷、瀑布等配合山石花木和亭阁，形成各种不同的景色，是中国人造园林的一种传统手法。

（4）利用水体作为内外空间流动沟通的媒介，建筑空间因水流动显得自然生动，通过水体的组织，展示庭院空间的层次与序列。

（5）用水体分隔空间及界定范围，比用围墙或栏栅更自然，又无损空间环境的完整。

（6）有能力处理污水者，可循环使用，为人工河流提供不竭的源泉。

（7）在庭院的水体中，即使是单一的水池布局，亦要造成水有源头的样子，而且还把源头隐蔽起来，这叫藏源。切忌方池一块，使人一览无余。此外，藏源能引起人们寻流追源的兴趣，成为展开水景庭院序列空间的一条线索。

（8）水体形状宜自由，不可死板。水体形式自由，可使建筑环境更为委婉多姿。

（9）若水面较宽阔，可在水池一端适当位置（或窄处）架桥或做墙垣、洲、岛，使水面空间割而不分，增加空间的层次和变化。桥面贴水而过，桥面越低越好，只要水不漫上桥面便可。这种做法既便于游人观赏花、鱼，又因降低视点，使人感到水面更开阔些。

（10）在水池周围点缀若干石头（湖石为佳）、花木藤萝，再在池中养鱼、种植睡莲等，增加生活气氛。池岸边不可全部围植高大树木，把水池密密封蔽，否则会使池更显其小。池边植两三棵垂柳便可，有姿态有倒影，效果更佳。

（11）水池的池岸与地面齐平，使水体更有亲切感。

（12）池面装饰小品是构成水体细部景观的组成部分，能起到点缀空间环境和活跃庭院气氛的作用。

（13）池底可做镶嵌画，运用池底灯光，使水景在夜间得到奇妙变化。

（14）瀑布下面设一水潭，作用在于加大溅落时的回响，壮大声势。有瀑布就有山石，可在岩石间引滴水，增添幽窟迷洞的深邃感。

（七）小区娱乐设施需巧做安排

现代的居住小区不是古时隐士的庄园。现代人崇尚健身娱乐，少不了娱乐设施，如游泳池、网球场、羽毛球场等等，如果安排得当，这些设施可成为一个景区。

娱乐健身场地周边配置些坐凳、凉廊、树木绿篱，使这些娱乐设施的人工美融入自然美中，增添小区生活情趣。如果安排不当，场地周边光秃秃，风一刮灰尘飞扬；周围只有围栏铁丝网或僵硬的铁木架，甚或涂以大红大绿刺眼的原色（红、蓝或黄），与周围环境格格不入，那就大煞风景了。有的小区把游泳池置于楼群正中位置，毫无遮拦，无异于把游泳者坦露于展览中心，在众目睽睽之下，一举手一投足，背后有众多人在评头品足，游泳者安能游得舒服自在？

生活用的游泳池不同于体育竞技用的游泳池。生活用的游泳池的安排，其奥妙之处在于既要让人见，但又不让人全见，宜处于一种隐约可见的状态中。这就要设计者费思量了。一些景物宜显之彰之，一些景物宜隐之蔽之——这是造景、组景的手法之一。

（八）让买家住得舒心——环境是卖点，庭园是要素

小区环境的主要内容就是小区的庭园。商品房是否好卖、能否卖得起价，庭园的作用举足轻重。

要搞好庭园，首要条件是建筑密度要低，舍得提供地方。无米是不能成炊的，但有米还要讲究烹调。下面谈谈庭园的营造法则。

庭园路径的安排。园林的路径是园林的脉络，脉通人活，路通园活。把各景点串连起来，使人们在游览时犹如看一幅连续的画卷，景点的安排要与线路相互配合。

把小区划分为若干个景区。每个景区有自己的特色，每个景区布置不可雷同。譬如可以假石山为题、以“水局”为题、以“品石”为题、以“赏花”为题、以古树或果木为题，甚至以“赏声”为题，如流水叮咚声、婉转鸟鸣声、林涛声、雨打芭蕉滴答声等都是很有趣的。

造景组景。组景就是组织视觉中心。常以山石、泉水、盆景、花木、题刻、亭榭、假石山、雕塑等等作为视觉中心。景不在大，也不在多寡，只要有情趣、特色，能使人从中获得美的享受，都可成为庭园中的佳作。

艺术意境与使用功能要巧妙地结合起来才能取得良好效果，譬如有的

景石也可当凳坐，有的建筑小品如亭子可在其中下棋、打扑克，也可坐靠休息。

善于利用园内园外现成景物，巧于因借是造景常用手法。“因”是因地制宜，“借”是借景。能望见的园外景物也等于成为自己园景的一部分，这叫借景。譬如，某小区在公园附近，就可设法做一高架回廊，人们信步其间可望见公园美景。回廊在小区既有降低多层建筑连续爬楼梯的用途，又可成为小区一景，与公园遥遥相对望，互为景观。对开发商而言，这是最好不过的热卖点了。

将诗情画意应用到庭园中去，构成的景物自然就不俗。换言之，诗情画意是造景之魂。

造景组景是艺术创作，因此要有立意与主题。需知景是为主题服务的，并非凡是好看之物都搬来用。景物再多，若简单地罗列堆砌绝不会产生整体美感，只能使人觉得是个陈列园。

（九）套间布局有讲究

常见的楼盘平面大多数是一进门先到饭厅，然后到客厅，这不合生活常理，若有客人到，就显得不方便了，对交际频繁的人更不方便。客厅对外，宜在前，饭厅对内，宜在后，道理浅显，一言便明，但在设计单元布局时要做到这一点并不那么容易。

饭厅也应有充足的自然采光，能见到外景更佳，这也是提高居住质量的一个方面。

客厅的门多则面积的利用率低，因为客厅的家具靠墙布置，但饭厅门多却不影响使用，因饭桌往往居中布置。利用这个特点省下的走廊面积再添几平方米面积，就可成为一个饭厅了，但饭厅要约有3.2米宽，座位背后四边能宽松地通过一个人才好用。

浴厕间最怕别人从外面望进来，但并不是非开高窗不可。其实，开高窗最不实用，需要照明的区域得不到充足的光线。可以照样开同卧室窗一般高，但窗可分上下两截。下半截为固定窗，安装花玻璃或磨砂玻璃（透光不透视）；上半截为可开启的窗，安装普通玻璃。这样既避免了外界窥视的问题，又解决了浴厕间的通风与采光的问题，两全其美。

卧室的窗口不应开在墙面的正中位置，而应偏向一边。如果窗口开在墙面中央，床头封住了半个窗户，那么书桌上只有半个窗的光线。

面积稍大点的房间宜开两个窗，两个窗尽量相隔远一点。这是因为：

（1）两窗拉开距离，房间光照度均匀些；

（2）穿堂风吹过的面积大些；

（3）便于房间家具布置；

（4）住户人多时，随时便于间开两个小室。

（十）剖面设计也有可为

成功的建筑设计多表现在平面上（如风车形、钻石形、蛙形等）或立面上（如欧陆式、宫殿式、巴洛克式等），或表现在立体造型上（如风帆状、飞鸟状、荷花状等）。因为在这些方面有很大空间任由设计师的想象力去驰骋、翱翔。但在剖面上，创新余地相对来说较为狭小，很难在这方面玩出什么花样来。通常建筑设计，平面与立面一旦确定，剖面便自然跟随而成。其实，剖面设计创新虽难，但并不等于无所作为，成功者总是在看似无路处辟出蹊径来。下面介绍在这方面取得成功的例子，这个设计曾获得国家建设部主办的“新户型时代”精品户型设计竞赛“综合大奖银奖”和“优秀空间利用奖”两个奖项。这个设计是当期比赛中广东唯一获奖和整个大赛唯一独揽两项奖的作品。设计者是广州某公司。

设计思路是这样建立起来的：现时的住宅层高一般为2.8~3米，层高一旦确定，单元里的厅、房、厨、厕、贮藏室及走廊等各室的层高全部相同。这种做法笼统且粗糙。若研究一下各室的功能需要，就会发现各室的层高可以不同，甚至不同反而更恰当。譬如，客厅是一家的主室，除了满足观瞻方面的需要，显然应比其他各室的层高更高才恰当；又譬如，浴厕无需与卧室同等高度；走廊和贮藏室可以降到略高于人的高度也未尝不可，等等。

可能也曾有人意识到这类问题，但把这个认识变为现实，这便是设计技巧。每三层为一个空间组合单元，也即是说三层厅的高度可做五层其他各室，这就是这个设计成功的关键。

这个设计的优点是，既能使各室外的层高恰如其分，又节省了空间，本质上是使一件产品变得更物美而又更价廉，这即是研究现代工业产品的共同目的，商品房亦不例外。

剖面设计也属室内空间设计的问题，因此得奖的名称是“优秀空间利用奖”。至于该设计所得的另一奖项——“综合大奖银奖”的内容，笔者另文介绍。

下面另外举三个以剖面设计为重点的例子。

见图15-1-标准层平面和图15-2-环形剖面展开图，这是一栋住宅楼。平面形状有点像风车，从平面看来好像是一梯四户，但也可以说是一梯一户，每户都不在同一个楼层上，每户的平面标高都不同，每户各自独立为一层，说不准这栋楼是几层楼，如果按四层设计，那么也可以说它是十六层楼。这种设计有什么优点及特色呢？

（1）每户占一层，有邻居，但不在同一个楼面上，这样各自独立性强，减少互相干扰。比如说，当放垃圾出门口时不会发生互相指责扔过了界；在家里说话的声音不会传到对面邻家去，隐私性好；清洗门口外面之地时不会互相推诿；出阳台不会互相对视尴尬……总言之，避免诸多日常

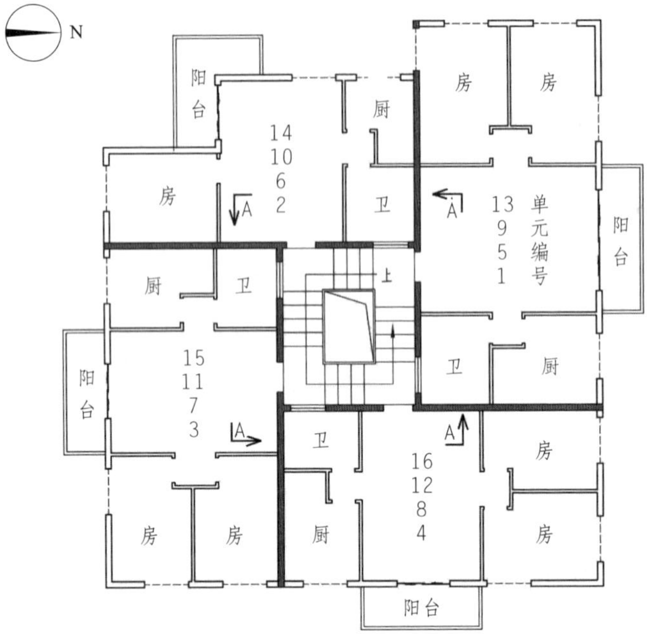

★图15-1-标准层平面★

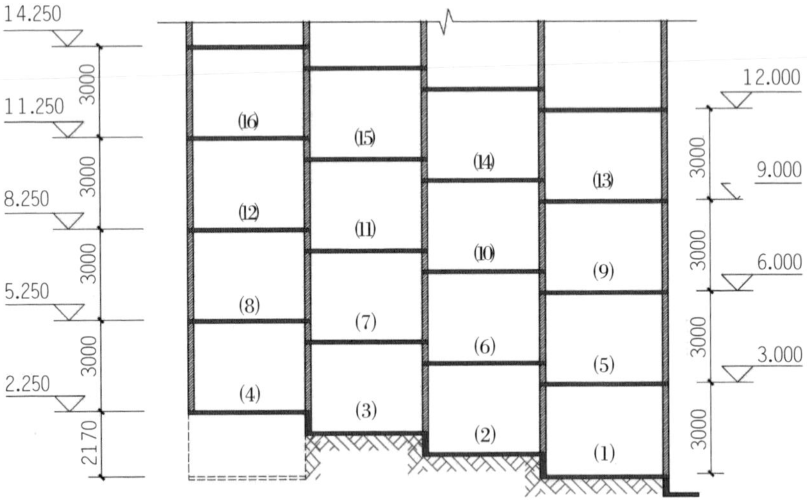

★图15-2-环形剖面展开图★

生活上邻里摩擦，无须谁迁就谁，符合现代社会的人际关系。

（2）减轻上楼梯的疲劳度，上这种楼梯没那么累，每上四五级就有一个平台缓缓气。

（3）梯中央有一竖井，楼顶上有一横梁预埋吊钩，方便吊升家具，挂上滑轮组，很重的东西也可人工拉上来。

（4）楼梯顶上采用透明胶板做采光井，另外在楼梯四角安装竖直导光管。

（5）卫生间虽然没有直接采光，但开向楼梯间的窗通风是良好的。中央竖井直通楼顶上的天窗，拔风能力非常好；由于有十几米高的气压之差产生的自然抽风超过人工抽风机，这种通风叫作烟囱效应。

卫生间里可开正常高度的窗（无需开高窗），窗台高度一般为1米，外面的高度已是1.75米左右，超过人眼的高度，不用担心被别人看到。

（6）外立面，体型独特像螺旋，窗户螺旋式环绕渐升，使人无法分辨楼层，破凡脱俗，颇为怪趣，引人观赏。

（7）这种款式特别适合两种情况：

①适用于地形复杂高低起伏的地方，有利于土方平衡，挖与填能做到大致上相抵，减少余泥外运费用。

②适合于建筑工业化生产，每种单元预制成一个个立方体，集装箱式吊装上去连接焊固便建成一栋楼。

在此一提，所示的平面皆为小户型，但也可向外扩张做成大户型。

见图15-3-平面图、图15-4-剖面图，这个楼房未专指何用途，可以是办公楼也可以是教学楼或其他；小室可以做卫生间，也可以做贮物间。这个设计主要是用来说明当有大室小室时，除了从平面立面考虑之外，勿忘了剖面也有文章做。当大房每两层时，小房可做成三层，一举两得，即增加了面积而又更恰当。道理如下：一个房间的面积与其高度是有关联的，不能单一孤立存在。面积的大小与相应的高度要有适当比例；面积大就要高些，面积小就要矮些，这样才相配。比方说，住宅层高2.8～3米，大家觉得很恰当。但如果把房间的面积扩大到一个礼堂那么大，高度还是3米，此时人们就觉得压抑了。同理，如果礼堂6米高，把礼堂的面积缩小到一个厕间那么小，高度依然是6米，你进去就觉得像进去烟囱一样不舒适。所以图15-4-剖面图所示大室4米高，小室2.6米高，不但小室的面积多了一层，观感上也更恰当。这就是从剖面设计所得到的好处。剖面设计的要领是要习惯于空间思考而不单只是平面思考。空间如果弄不清往往会出现这样的笑话：平面明明标示出了有个室，但无法进去用，或者平面的室标示着有门口，但这个门口实际上是吊在半空中。举个例，见图15-1-标准层平面和图15-2-环形剖面展开图，第1单元与第4单元从平面上看似乎是隔壁相连，如果买了这两个单元想打通它共用那就上当了，平面上相连但空间上相差2.17米，几乎一层这么高，怎么打得通呢？从剖面看就一目了然，即使你打通了也只能像个狗一样才爬得过去（高度只有83厘米，净空只有73厘米左右），还要在室内再做一个长长的梯子才能上下。

上面介绍了两个例子，还有第3个例子在哪？

答：在第184页图41-8，就是一个典型的剖面设计。组合房的空间利用得如此完满，都体现在剖面设计，请看该篇介绍便明白。

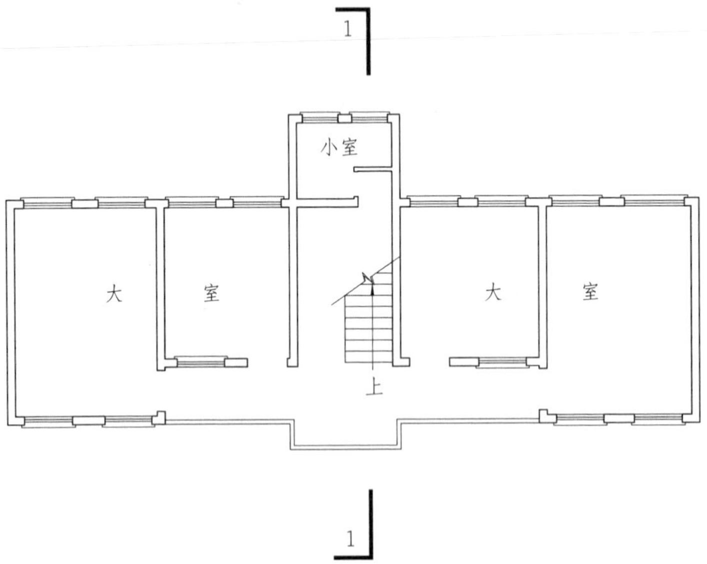

★图15-3-平面图★

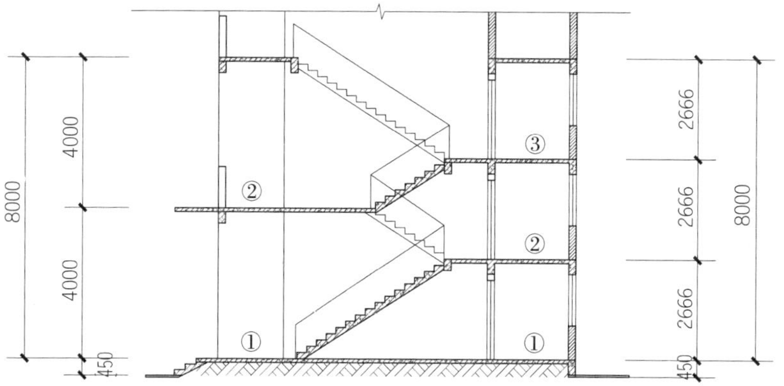

★图15-4-剖面图★

（十一）罗马广场与柱廊

在小区若能恰当运用广场及柱廊有好处，既可以展示小区的重点景观，同时又能为建筑群增添光彩，丰富环境景观，增加游兴及方便休息，但设置广场及柱廊要具备一定的硬件及软件。

（1）小区建筑密度低，除了满足绿化用地之外还有余地。

（2）柱廊要有艺术性。柱廊在空旷广场中必然要充当主角，同时成为一件观赏物。罗马柱造型精致、端庄、典雅，当然好看，但如果直接搬用它，与现代建筑不般配，缺乏现代感与新意。罗马柱是无数艺人及大师经过四五个世纪这么长的实践对它的琢磨、推敲而形成的，它的型制及造型已达到非常完美的境地。如果对它乱做修改，往往会弄成不伦不类的东西。古罗马柱是石柱，现代的柱廊柱子是钢筋砼柱子，材料强度高得多。由于柱廊的负荷不大，柱子仍然密排着，抛弃了柱子的功能性，光剩下观赏性，把柱子变成花瓶，这种形式本身已不大合理，犹如用钢筋砼仿斗拱结构一样，这种做法不应仿效。人们欣赏与赞叹罗马柱，是因为它的功能性与审美性如此完美地结合。如果光为了观赏，又何必用罗马柱呢？换上花杆柱、花瓶柱或美女塑像柱等等也未尝不可。所以住宅小区广场里孤立的罗马柱廊是否美，尚可存疑。再说，现代人的审美观已进化了，一条柱子支承一幢大厦，以古代审美观看来惊恐不已，不可思议，但我们看惯了，觉得它是稳固的、好看的。当我们举目环顾小区建筑时使用的是现代的审美观，看小区的广场时又回复到了古代审美观，在一个小区里古今风格大杂烩，就失去了统一性。

综上所述，用古罗马柱难以做出有价值的现代柱廊。现在我们再回头看第一点。在广州市，有的小区建筑密度很大，本来绿化地已经不多了，还占一块地用来做硬地，夏天晒得发烫，有的柱廊又是露天无顶盖的，人无处停步，只可快步通过，避之唯恐不及，更谈不上在那里休息或观赏了。更有甚者，住宅楼围成的一块不大的空地，本来是楼房之间应有的间距，用作绿化地还嫌少，但却用来做所谓罗马广场，热气蒸腾，人来人往，使居住环境恶化。诸如此类的罗马广场，只图名义上有这个设施，其实际意义并不大。

（十二）公厕建造有讲究

城市少不了公厕，有人指责公厕建造得比住宅还漂亮，有点过分。但拉撒同吃喝一样在人的日常生活中非常重要，家中的厕所每平方米装修的造价就比卧室高。但公厕首先要讲究造型。

（1）单体建造要配合整体环境。建在不同场所的公厕应该有不同的造型，建在公园里的公厕比住宅还漂亮并不奇怪。建在不同的主题公园或同一公园的不同地方，公厕的造型都应有所不同。建在街道的公厕，相对周围都是楼房，即使两三层高也不会显得过大。但在景观陈旧的建筑物当中，把公厕建造得花里胡哨或比别墅还豪华，而成为街道的视觉焦点，这就很不恰当。

（2）公厕不应成为观赏性建筑。公厕不应成景，也不应碍景。把它建造得美观是环境的需要和社会文明的需要，但它再美观也不能引人观赏。至于公厕装饰的程度取决于环境、公厕功能和经济能力的需要。

凡建筑都有类型性格，造型要符合建筑性格。厕所要有一定的隐蔽性，它宜离人群聚集区或活动区稍远一点，但又须不太难找。这段距离既是使用者的需要，也是外界人的需要。公厕不宜敞着开向路边，即使不得不靠近路边或人群时，也应用树木、矮墙等加以隐蔽，出入口有一定的转折迂回。而前室（洗手间）是公厕的过渡空间，无论在使用功能上或空间感上都需要。

厕所的功能在于走向多样性，譬如对身体健康状况的自动检测等（至于公厕里兼设有阅报室、小卖部等是人为凑合，并非公厕功能的必需）。功能改变自然导致外形改变，如果普遍应用室内机械通风、人工照明、空调等，公厕的外形也可做成全封闭的模样。

现时有的公厕建了“花瓶门”、“漏花窗”、“花池”和使用琉璃瓦等，这些都是不太恰当的。如“花瓶门”是园林建筑属游览的“词汇”，用在厕所则不当。可以把厕具尽量做得好看些、精致些，但从来没有人试图把厕具做成工艺观赏品。这类东西只有形式美，不存在艺术美。“花瓶门”进出也不方便，不符合公厕的使用功能。

（十三）设计的竞争说到底是文化的竞争

文化是建筑创作的核心、品牌的灵魂。建筑的文化内涵与建筑的文化品位决定建筑水平的高低。建筑设计的竞争说到底就是文化的竞争。

提高建筑的文化品位，增加文化内涵是搞好建筑本身的重要因素，并不是把其他任何文化生硬地堆砌上去，否则即使镶金带银、贴词加赋、张灯结彩也无益。当然，建筑是文化的载体，可以而且需要别种艺术文化扶持和烘托，但只有在有助于对该建筑的性格或意义的表达，并且成为建筑（包括实体及空间）有机一部分的前提下才可取。

首先，“以人为本”不要停留在喊口号上，要充实文化来体现它。

现在经常谈到以人为本，凡是某设计不够完善就说它不是以人为本，教导别人以人为本进行设计才好。有的商品房为标榜自己好，就说这是以人为本设计的。

怎样才是以人为本呢？无非就是，房子处处考虑到是人使用的，处处要方便人。这种说法乍听起来很好听，其实说了等于白说，像过春节的祝愿词一样。难道设计者设计时是处于休眠状态，连住宅的用途都不知道，经你一说以人为本他就如梦初醒了马上设计得好吗？

为了说明这个问题，不妨举个例子。有一种高档住宅，一家一幢，占地数亩，填湿地，筑假山，草地如茵，河涌改流入自家之地，水流淙淙象征财源滚滚而来。何需出门远游寻山水，本宅就在风景中。厚实的院墙上还竖起铁丝网，私家宅道直通家门，自家车一到，电子门禁自动启闭，莫说旁人难以接近与住者打个招呼，甚至连其背影也眺望不着。住宅如缩微的城堡，处处为住者的安全与舒适度着想，物质及精神享受美美满满。这样的设计该是以人为本的典范了吧？殊不知，这恰恰是社会的隐忧所在。一是违背人的本性，自我禁锢于与世隔绝的一方小天地中，邻里亲情丧失殆尽，人人相见形同陌路，最终导致社会冷漠。二是破坏生态平衡，强改自然环境，把天然屈从于个人意志。设计者创造了虚假的天堂，实际上是把人与自然分开，把人与他人分开。我们不仅要关注居住的方便、安全与舒适，更要关注人的生命活动的全面发展与完满，探讨人类如何才能合理地生存才是头等大事。

设计得好不好不是简单的一句话，想要设计得好还须多了解些生态学、伦理学、社会学的知识以及人与自然同构的理念。与其空空洞洞地谈以人为本，倒不如努力充实建筑文化知识，这才是真正做到以人为本的最有效办法。

其次，缺少文化的所谓“创新”难以立起来。有的人做建筑设计，首先想到的是设计出新奇的立面来，翻尽所有的古今中外建筑款式，或拼凑或改接或抄袭欧美最新潮流的款式，样貌不离奇不罢休。其做法总走不出从形式到形式的小圈子。这样设计出来的东西充其量只是个怪物，令人诧异或愕然，并无多大意义。盲目追求外观形式而忽视反映内涵，必然导致假与空的后果，换言之，建筑的形式与内涵取得一致才会产生美的感受。

不要把创新看得太狭隘，创新的含义及手法应更为广阔。创新可以是外形的新，也可以是内部功能的新、结构新、技术新、艺术手法新、意象新、理念新等等。美可以来自外观，也可以来自内秀，后者更为重要，优秀的建筑本身的形式就具有一种美感。建筑与人相似，素质美才算真正美，千万不要金玉其外，败絮其中（但也不主张内美外丑）。设计者明白了这一点之后就不会再一门心思全用去寻奇形觅怪状。

怎样才能达到新呢？答案仍然是须在文化上下功夫。建筑是多种综合的产物，深入研究与建筑有关的各学科，融会贯通，所得的成果自然会出新意。事实上不少人已在这样做，吸收人文科学、自然科学、技术科学的新成果，融入到建筑中去，绽放的花朵何止新，简直给人以眼前一亮之感。这种创新有广阔的天地，源泉不竭。由于各人研究侧重面不同，方法不同，所得成果百花齐放。至于水平，当然由建筑文化的深浅所决定。

七

怎样提高楼盘素质？

（一）策划篇

近年低质量的商品房大量空置，商品房的销售竞争激烈化，“房地产策划”这一行当应运而生。有的楼盘滞销，一经策划，立即畅销。例如，与名校合办分校打“教育”牌，请名医院来办分院打“保健”牌；此外，还有打“江景”牌、“田园”牌、“山水”牌、“生态”牌、“外墙贴金砖”牌、“空中花园”牌、“社区文化”牌等等，这也叫作概念营销。个别策划者一夜成名，于是乎头脑发热到竟认为楼盘好不好、畅销不畅销不在于地头，似乎他能点石成金。那好，那些烂尾楼，那些已长萋萋荒草的楼盘你去替它策划策划，使它能卖出去；或者未建的楼盘，你去策划策划，然后由你包销，行吗？

其实，策划不仅仅是出个点子，策划必须建立在设计的基础上才能起作用。一个设计得很差的楼盘（如地头偏僻，造价成本高，总体规划迫仄，单元布局闭塞，施工质量粗劣），你怎么策划也卖不出去，起码要达到一般水平，点子才能起作用。一段时间以来的所谓的房地产策划，实质上是弥补设计上的不足。这里包含两个意思：第一，有些本来就是规划设计分内的事，如选址问题、特色问题、发掘地段潜力优势的问题等等，但设计上没有做好；第二，建筑师的技能本来包括对市场营销、地区民情及社会经济发展状况的了解，可是我们的“跛脚”设计师只管建筑设计，不懂楼市。商品房虽不同于一般商品，毕竟它也有商品的属性，离不开市场，有时产品缺了这一环，好好的楼盘可能会瘫痪在那里。有的开发商被策划者哄得晕头转向。那么策划重要不重要呢？当然重要，但重要到什么程度呢？打个比方，就像一个零件与一台机器的关系。缺了一个零件可能整台机器转动不了，但也不能因此就说，这台机器能转动全靠这个零件，而且零件也有重要与次要之分，具体案例要具体分析。

在开发公司里，凡商人出身的老板最重视三件事：销售、策划及绘制效果图。他认为做房地产生意赚钱主要是靠这三个因素，而主管楼盘质量的工程人员反而被认为只是例行的配置而已，主次颠倒。

其实，设计才是生产力，老板对这样的概念理解甚为简单，有的老板甚至连什么是绘图工作、什么是设计工作都搞不清。也有这样的老板，他说，现在有了电脑这么先进的东西，设计有何难？买几台电脑回来，请几个会用电脑的人，三五下“手势”就搞定。南郭先生类的设计人员也乐意遇到（或者说专找）这种老板，反正有图纸交货便可收设计费，无需顾忌对设计水平的要求。老板也乐于图纸出得这么快，有了一份经有关部门盖了章的合法图纸便可快快建楼，皆大欢喜。

这样的楼盘素质如何，可想而知。最后可能是喜尽悲来，楼盘筹建进程至一定时候，烂尾是必然的。焦头烂额的老板一向把希望寄托在营销与策划的身上，可在这种局面下，又有哪个策划高手能为他排忧解难呢？这样的楼盘终将会被竞争激烈的房地产市场淘汰出局。这种社会现象颇耐人寻味——老板喜欢炒雇员，市场却喜欢炒老板。

（二）售楼篇

在开发公司各部门中，开发商最宠爱销售部，他认为楼能否卖出去全靠销售人员，对售楼小姐的重视甚于对工程师，销售部经理的地位与报酬高于总工程师。有的开发公司设计图纸甚至要销售部签批才能最后定案。这种现象的产生主要是由于老板是商人出身，不管他以前是开制衣厂，卖衣服起家还是搞贸易起家，都把做生意靠“把口”（耍嘴皮子弄虚作假）那套方法搬用到房地产行业来。商品房虽然也是商品，但性质上不同于任何商品。有的开发商对这一行的特点（制作决定销售）认识不足，常犯这样的错误：

（1）人员设置不恰当，与产品制作无关的人员过多，以致加大产品成本。

（2）主攻方向不明确，妨碍和干扰产品的制作，既影响产品质量，又使生产程序复杂化。

对以上的论述，可能还需做些答疑：

问：楼盘不是靠售楼人员卖出去吗？

答：表面看来是经售楼人员的手卖出去，但他们只是办办手续而已，能否卖出去不是靠他们“把口”，而是靠楼盘质量。如果楼盘质量不好，不管他们多么能说会道也不中用。售楼小姐有时叽叽喳喳使人心烦，说不定试用懂行的售楼大嫂对顾客讲几句实实在在的中肯的话，给顾客一个稳重的好印象，增强顾客买楼的信心，售楼效果会更好。娱乐场所靠靓女接待顾客才能旺市，但人靓对售楼作用不大，真心想买楼的人需要考虑的问题已够多了，无暇顾及，倒是那些无事就去逛楼盘消遣的人才有闲情去赏色。再说，真正优秀的楼盘无须设置堂皇的售楼部，酒香不怕巷子深，顾客自会寻到工地去，在工棚里已把楼售罄，此等例子已不鲜见。

问：那你认为售楼不需技巧了？

答：售楼当然需技巧，但必须建立在楼盘质量好的基础上才能得以发挥。这个道理类同于高明的演员最关注剧本的好坏一样。售楼的最高技巧就是能否充分展示楼盘的全部优点以及懂得顾客心理，这里包含几层意思。

（1）如果楼盘质量不好，售楼人员的才能无从施展，技巧变成无源之水。在干巴巴的剧情里，演技再高的演员也无所作为。

（2）楼盘质量好，但是售楼人员对它认识不足，售楼技巧肯定不高，技巧来自对楼盘认识的深度，挖掘出楼盘潜在的优点需要技巧。

（3）对不同的顾客能运用与之相应的适当表达方法，看人施讲，目的是让顾客更容易领会楼盘的优点，而不是用歪门邪道的手法去蒙骗顾客，这需要技巧。

（4）对单元能提出改善的装修方案，满足不同要求的客户，这不仅是技巧更是技术。

总的来说，售楼学问高着呢，远不只是脸蛋俊俏与伶牙俐齿者能胜任的，归根到底是提高售楼人员的素质问题，也是老板对售楼学问的认识问题。老板认识不高，何来起用高素质的售楼人员呢？

问：售楼人员懂销售，楼房设计出来最终是为了卖，叫售楼人员参与设计，楼就容易卖了吗？

答：这正是外行老板最容易走入的误区。销售人员可以对设计提意见，若说得有道理也应接受，但售楼部不可左右设计，掌握设计生杀大权更是有害无益。如果能广泛收集多个楼盘众多的销售人员的反馈信息，再加以分析与提炼，无疑是很有价值的资料，对设计是很宝贵的。问题在于某些公司里的个别销售人员往往以一孔之见当作普遍真理。例如，某销售说，近来顾客常常问外墙是不是粉红色的，粉红色墙面最好看，很多人喜欢这种颜色，一定好卖……有几个顾客要求把阳台改成圆弧形的，据说做生意的人喜欢这种样式……还有的顾客说厅里的正面墙不可开窗，开窗会漏财，这幅墙用来贴关帝像最吉利……果真按她说的去设计，恐怕她也不敢包销。销售人员有多大本事她心里清楚得很，旁人也清楚，就是懵懂的老板不明白。有的开发公司隔三岔五地招售楼小姐及总经理秘书，有时看它的招聘广告比看它的售楼广告更能了解该楼盘的真实情况。

下篇

装修要点逐个谈

一
顾大局、识大体

（一）为何要装修？

家居装修得光鲜亮丽满足了我们物质生活层面的需求，不过这只是其中的一种方式，除此之外，家居装修还有多种方式，如淳朴简约、自然恬淡、浪漫潇洒、古典雅致、乡土田园、返璞归真等等，都属美居的方式，这些风格的表现不一定亮丽，但一定要好看，这是肯定的，任何一种艺术都不能没有形式美。

室内装修（应称为室内环境设计）既有使用功能，又被纳入艺术范畴，一般人对这一点认识不足。建筑设计（包括室外及室内）是强迫人接受的艺术，电影、电视、绘画、音乐等艺术你可以回避不看、不听它，但建筑设计你必须看它，因为你住在其中，即使是盲人也要受其影响，他虽无视觉，但还有触觉（如感觉到材料质地的光滑与粗糙）、听觉（如感觉到冬暖夏凉）等等。建筑美是由视觉和这些感觉共同作用而转化为美感的。室内装修是人策划出来的，人塑造室内的模样，改造室内的环境，但反过来室内环境也改造及塑造人的灵魂，陶冶人的审美情操，提高人的精神境界。人的这种变化是在不知不觉中进行的，这是艺术教育功能的特点。高尚的艺术能使人感悟，尤其对青少年的成长有裨益，总的来说，室内装修可以且应该满足人的物质生活及精神生活的需要。

（二）装修，莫走入误区

人们迁入新居想到的第一件事往往就是装修。时下有两种装修心理颇为流行：一是以高档豪华为荣；二是盲目跟风，不顾实际情况。由于对装修的认识肤浅，不少人把辛苦挣来的积蓄，浪费在不恰当的装修上，委实可惜。

其实，“装修”一词远不能概括室内设计的含意。室内设计是为了创造出功能合理、舒适美观、符合人的生理及心理要求的室内环境，而不是以把房子弄得奢华为最终目的。

要创造科学美观、有艺术性的室内环境，第一，是通过平面布局设计。室内设计是建筑设计的延续和深化，是在建筑设计提供的基础上，进一步将单元平面布局搞好，使其符合使用功能，配合室内空间艺术。由此可见，室内设计离不开建筑设计定下的大局，购楼时若单元不好，将会大大影响到室内设计。

第二，是空间形象设计，即是对内部空间的处理，包括：在有限的面积内，划分出更多独立空间，使房间能专用。随着人们生活水平的提高，专用房将会增加，如工作室、书房、娱乐室、健身室、业余爱好室（画室、音乐室、无线电室）等。一个房间的使用功能是否专一，在一定程度上反映出生活水平的高低，如厅中放冰箱，是厨房面积不够所致，厅中放睡床，则反映住得挤迫等。对内部空间的处理，还体现在创造良好的户内外活动需要的环境，使居室能小中见大，简单中有变化，局限中有自由，封闭中见开放；创造私密感与安全感；满足居住者的特殊需要。住宅室内设计是住户个性的延伸，要能反映出主人的兴趣、能力、气质与性格等。

第三，是通过室内装修设计，即对墙面、地面、天花等的处理。

第四，是室内物理环境设计，包括对温度、湿度、采光日照、通风换气、遮阳防尘、防噪隔音、通讯、消防、视听等方面的处理。

第五，是室内陈设艺术设计，包括使家具、设备、照明符合科学性；

对陈设艺术品、绿化方面进行处理等。

由此可知，装修只是室内设计的一个内容，甚至算不上重要内容。把室内设计说成室内装修是片面的，把装修简单化为高档装饰材料的竞用更是错误的。装修是为使用功能及精神功能服务的，这就决定了它的从属地位，无论任何时候，它都应该是有限制的和次要的。

居住水准并不单纯取决于居住面积的多少，而更多取决于室内家具、装修、设备等，尤其是对空间的处理和利用。一个80平方米的套间未必比60平方米的好用，关键视乎该单元的布局及空间的利用。因此，好的室内设计能提高人们的居住水准，但仅靠装修却不能做到这一点。

（三）效果图的困惑

关设计师：

你好！我是《新快报》的忠实读者，非常喜欢看您主持的房屋设计栏目，经您设计后的房屋合理、实用，还有艺术感。现在我分到一套房改房，我对此房的布局很不满意，想请关设计师重新设计一下，要求如下：

1.把客厅放在南面。（因为南面面向江景，光线充足，而北面靠山，采光不足。）

2.三房两厅一厨一卫。

3.客厅进门口有鞋柜和放伞的地方。

原设计图一同寄去，需要说明的是此幢楼一、二层共四户，每户都享有一、二层，从三层开始，每户仅享有一层，我的房在第三层。

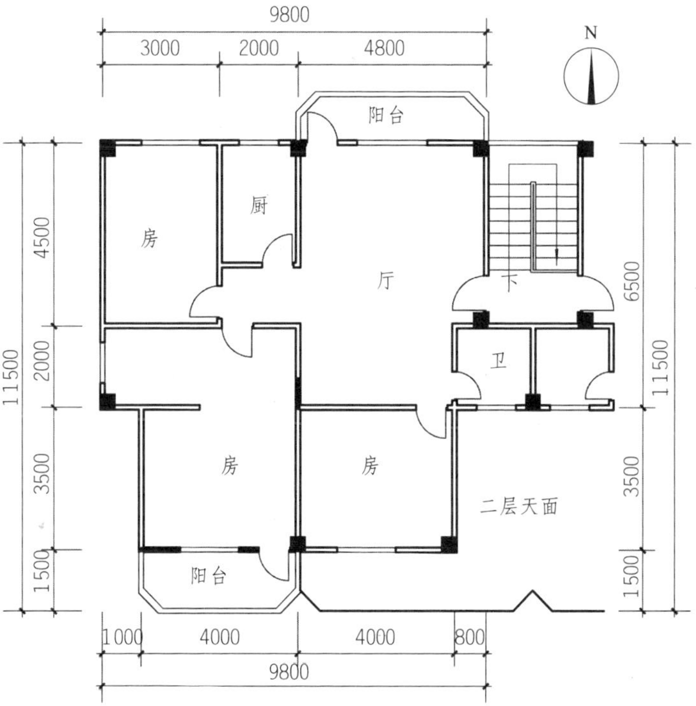

★图16-1-原状图★

一招搞定

其实，只需移动一幅间墙就能满足屋主的几项要求。可发挥二楼天面的潜能，将其用来做三楼厅外的大阳台。与邻居阳台的分界线不一定要砌一幅实墙，最好种花（如牵牛花之类），再攀上铁丝网，一来起分隔作用，二来免致屋面超荷载，三是既美化又文明。阳台的后半截（图16-2上标注A处）是活动少到的区域，可加以利用，比如用来做盥洗台等，但以不碍美观为限。

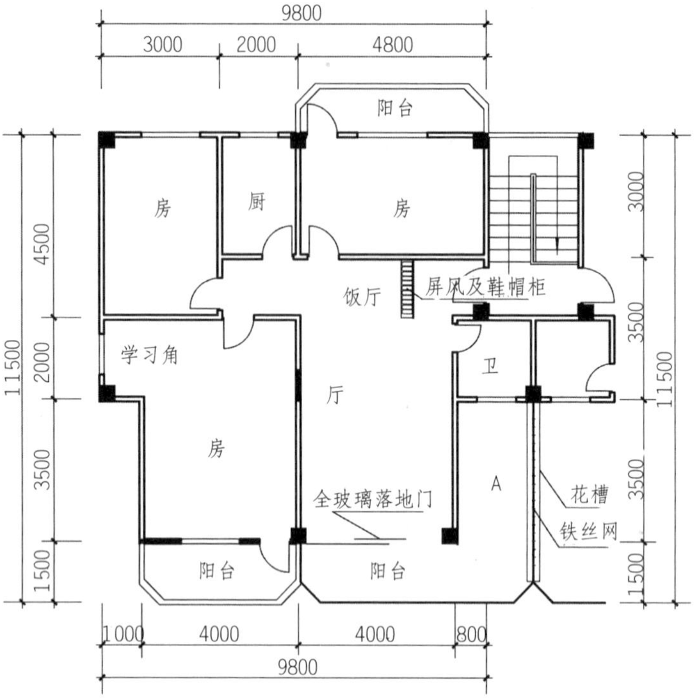

★图16-2-设计图★

效果图的困惑

之前的文章提及效果图，现在谈谈它。

做装修设计生意的人最重视效果图，一张漂亮的效果图往往能把客户吸引住。一般客户的空间概念是比较模糊的，不习惯看平面、剖面图，对施工图更不感兴趣，最喜欢看效果图，因为效果图有立体感，能形象地显示效果，而且色彩悦目。可是到头来装修之事往往就糟在效果图上，因此，对效果图的性质需要有个基本的认识。

效果图（包括室外的或室内的）在建筑设计中原来叫透视图或建筑图，有两种类型：一种是画给大众（客户）看的，常称为效果图；另一种是设计者在设计过程中用来表达设计意图，给自己看的，这种才是正统的建筑画。绘制建筑画的形象必须是设计方案的忠实体现者，画面的形象（包括形体、色彩、质感）要准确，严格比例，视点、视距正常，如实地反映实际情况。如果不好看，就再修改设计，再制作透视图，辅助设计直到设计方案满意为止。建筑及室内装修是一项工程技术，归工程部门管，不是归文艺美术部门管。建筑画同美术画有明显的不同。纯美术画光看其画面就能评定孰优孰劣，但建筑画要对照原设计，检验其准确程度，才能判别它是否可用。若建筑画与原设计相差太远，即使画得再好看也没有价值。

现在市面上的所谓建筑效果图基本上已商业化，失去了原来的意义。说它是纯美术画又缺乏艺术性，说它是建筑画又缺乏科学性，怎么好看怎么能引诱人就怎么画，玩弄技法，单纯追求画面的效果，哗众取宠，类似广告画一样。装修之事进展到这个阶段时，设计者早已忙他的第二、三单生意去了，客户只可向隅而叹。

二 装修不当会出事

（一）室内装修不能乱拆乱建

装修不仅是对居室表面的装饰，而且经常还要拆改内部间隔，若不懂得一些建筑结构方面的知识，可能会发生工程事故。下面谈谈装修中常见的错误做法。

（1）装修时要求水电线路走暗线，在楼板上刨出一条深约2厘米的槽坑以安装水电管线。这种做法会危害楼板结构。楼板的工作状态是：楼板厚度的上半部受压力，由混凝土承担；下半部受拉力，由钢筋承担。多层建筑的楼板厚度一般为8厘米，只有上半部的4厘米起作用，不要以为楼板有8厘米厚，刨去2厘米无所谓，其实这削减了一半的力量，楼板很容易在槽线上产生裂缝，贯通整块楼板。

（2）未装修之前，把云石、耐磨砖等材料买齐，一古脑儿地搬回家，堆置在临时空出来的房间里。这样做会把楼板压裂，甚至使楼板垮掉。不要以为钢筋混凝土结构的楼房就坚不可摧。楼房的承载力是按用途性质设计的，住宅每平方米的承载力为210公斤，即使有满屋的家具，再住上20人，也是足够安全的，但如果用来放置建筑材料，就危险了。每平方米承受力210公斤，只相当于房间里满铺厚度约12厘米的红砖，若密排堆置整箱的陶瓷板块之类的重物，负荷就会大大增加，其危险性不言而喻。如果把重物叠放，单位承受压力更大，其后果更为严重。

（3）在一面墙上打个门洞，安装好木门框之后，在门框顶上砌砖，用门框支承上面的砖的重量。这也是不允许的，虽说可能一时不会发生危险，但时间一长，门框因受压会变形，门便关不严实，更危险的是，门框上的砖体还会掉下来。

（二）混合结构如何装修

尊敬的关工程师：

您好！我一直很留意您对居室布局的设计，觉得您所讲的挺实在，但实例多为框架结构，可任意改动间隔。我最近因房改分得一套旧式混合结构两房一厅，总面积约45平方米（图17-1-原状图），夫妇二人居住。此单元厅小房大、厨房大厕所小，因是混合结构，间隔不能改动。由于厨房面积尚可，除放冰箱、洗衣机外，我想在厨房设个可伸缩的小饭桌，不知这种想法是否可行？恳望赐教。

读者　张小姐

读者张小姐对自己的住房表示不满：客厅和厕所小，卧室和厨房大。但因为她的房屋是混合结构的，所以对单元的布局没有提出改善要求，只试图对室内陈设提出一些设想，如在厨房做个可伸缩的饭桌，以期有点补救。

混合结构对装修的确有很大束缚，因为墙壁是承重构件，不能随便移动。尽管如此，并不等于混合结构的房屋就不能进行装修，比如可以在墙上开个门洞，抓住这一点点“自由”，开动脑筋，也还是有所作为的。该

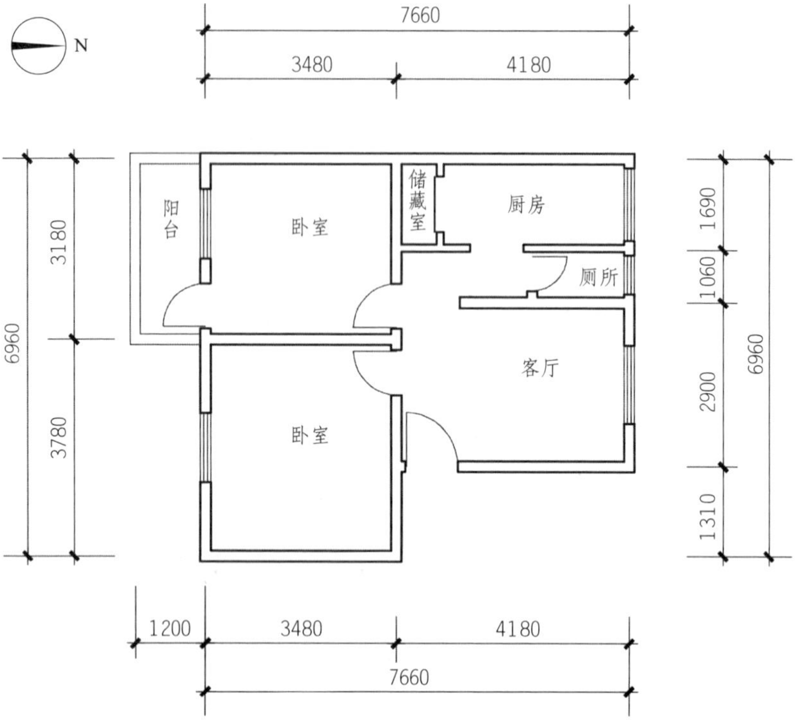

★图17-1-原状图★

单元只供夫妇二人居住，设计图基本上满足了屋主的要求，此外，设计图还做了以下几点改善：

（1）原状图中厨房与厕所门口那块空地得到了利用，做出浴室及贮物室来。

（2）充分发挥阳台应有的作用，使客厅也活了起来。

（3）有了小小的玄关及鞋帽柜。

对于混合结构的装修，笔者在此提出几点技术要求：

（1）墙壁开洞的宽度宜小于0.9米。墙壁开了门洞之后，若留下的墙壁太小（小于0.7米），要把它做成钢筋砼结构，因为上层的重量都集中传到此处。施工时应注意，门洞开在较大或较密的地方，对楼板要先做牢固可靠的支顶，以确保浇灌的砼顶紧上层楼板底，为此，最好在上层楼板面上（即上层住户的地面）钻个孔洞，墙柱浇灌完砼后，再从上层孔洞的漏斗状灌入砼，直至灌满上层地面，砼一定要振捣密实，若用微膨水泥代替普通水泥效果则更理想。至少要有一个月的淋水保养期方可拆模板及卸支顶（以上这些工作宜由信誉好的建筑公司的施工人员代劳）。钢筋按构造配置用φ6，每隔20厘米1根便可。

（2）莫在墙角处开门洞，门洞宜离墙角1米以上。

（3）打门洞时莫用大锤撞击，否则旁边需保留的部分砌体会被震松动，丧失支承力。

（4）混合结构的房子有些是老房子，如果年代久远，墙体有松浮，最好不要再去触动它。

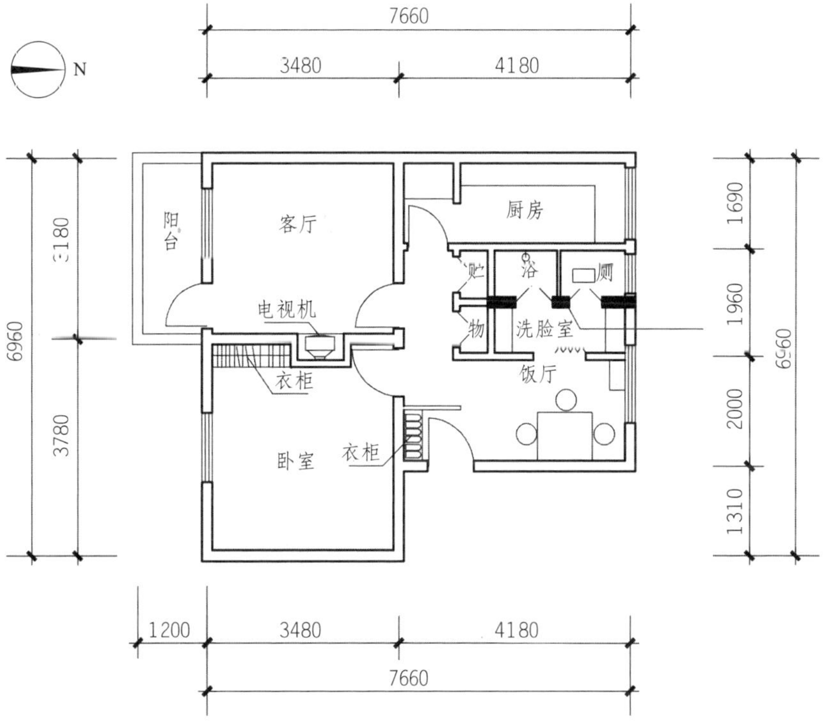

★图17-2-设计图★

三

局部怎样处理

（一）细部设计很重要

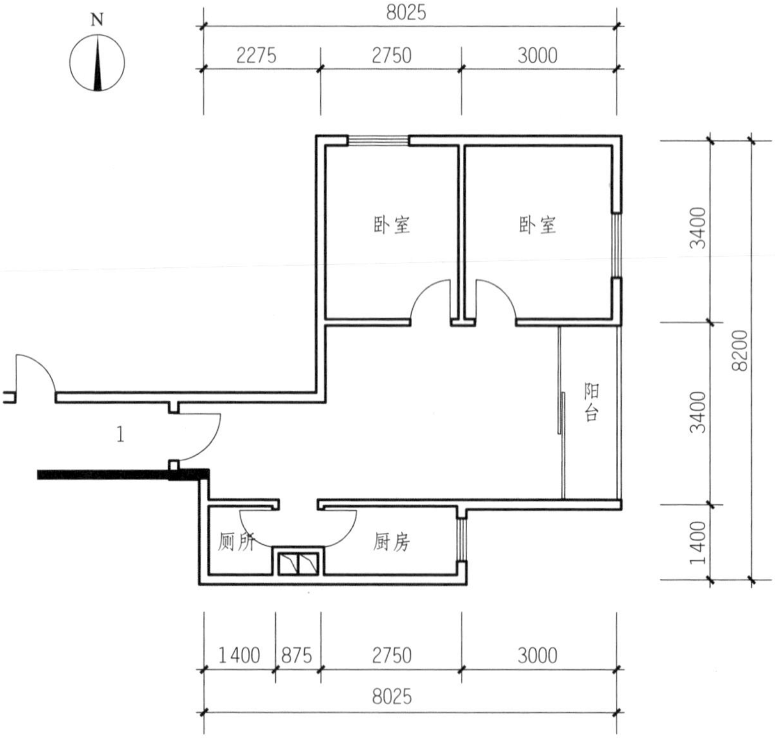

★图18-1-原状图★

有的单元大局已定，但是否好用，还要看细部的改善。本单元原状图（见图18-1-原状图）中，两个房的门口开向厅，卧室的私密性较差，也影响厅的装饰效果。更碍事的是，两个房门口占了厅的位置，使厅的角位狭窄，不足以摆餐桌，或者说，开饭时，坐到房门口去了，妨碍进出房门。针对图18-1-原状图中的所有细部（与图18-2-设计图上编号对照看），笔者做了一些修改，下面逐点评述。

（1）户门可以推出一些，对厅的隔音有改善作用。走廊高度2.1米即可，上部空间可做贮藏室。

（2）壁柜，下面两格为鞋帽及雨具柜，顶上一格为贮物用，中部一格

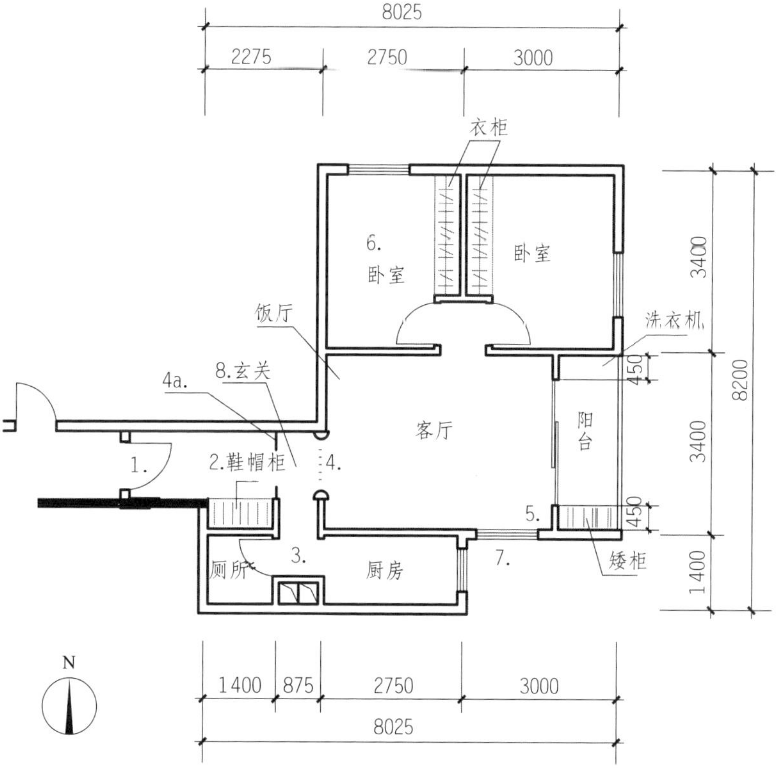

★图18-2-设计图★

为另一侧的卫生间使用，可装卫生纸、肥皂、内衣等物（见图18-3-鞋帽柜剖面图），若主人对卫生间的功能要求较高，不做鞋柜，把这个位置完全划归给卫生间用也可以。

（3）厨、厕的位置隐蔽性较好，所以厨房可以不安装门扇。不安装门扇的厨房容易布置些，面积无形中也可以变大。

（4）厅门做门洞状，但无门扇。门洞的两边可安装半圆形精致的罗马装饰柱（建材店有现成产品卖）。门洞可吊珠帘、纱帘等，以示空间分隔。若把厅门洞定位在4a处，厅的面积似乎会大些，但会有不好的影响，首先使厅的空间不完整，其次厨、厕的出入口会向着厅。

（5）最好小耳墙的窗台以下为实墙（见图中标示5处），窗台以上为玻璃窗（不影响厅的采光），窗台高80厘米。做小耳墙的目的是利用阳台的边角位，来安置洗衣机或矮柜，让弃之可惜但日常较少用得着的杂物有个藏身之处。

（6）若想将此单元改成一厅三房，可利用组合房（参见81页）的使用方法。

（7）这个位置若有窗，对单元的通风作用甚大，单元虽坐东北，却可变成东南单元，该单元价值会大大提高。

（8）有玄关为过渡空间，整个单元布局及功能分区基本完善，空间完整实用。这是一个好用的单元。

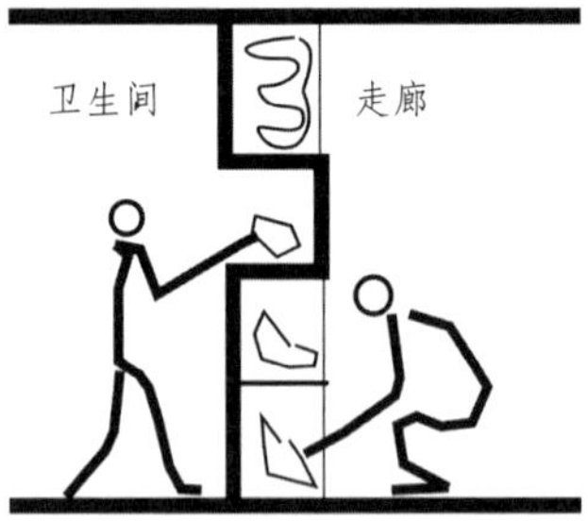

★图18-3-鞋帽柜剖面图★

（二）单元里的细部设计

1.门斗（进门处的一个小空间或短走廊）的空间利用

门斗的面积一般较小，与之相配的高度可以低一点。走廊的上截空间可用来做阁楼贮藏杂物（见图19-1-平面图及图19-2-剖面图）。门斗低一

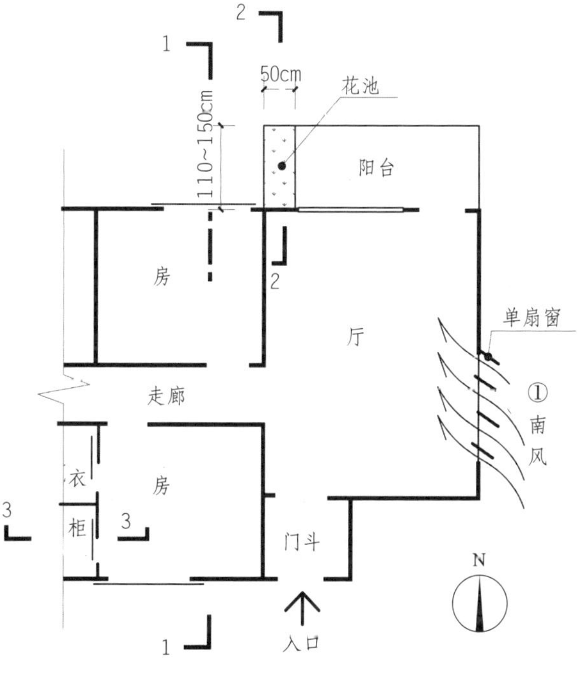

★图19-1-平面图★

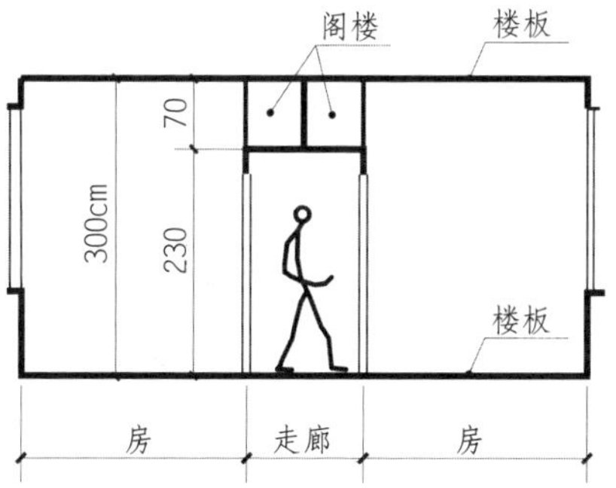

★图19-2-剖面图★

些还有另一个好处是人一进来，先通过一个小小的空间才到客厅，先抑后扬，使客厅显得更为宽敞。

2.阳台的空间利用

平时阳台用花盆种的花不会长得高大茂盛，因为土壤有限。若在阳台地面上做个花池又怕阳台产生渗漏，花池会占去阳台的部分面积。可以在阳台一端设计一个架空离地的花池。花池的底板是钢筋混凝土板，花池底板离地约70厘米高。花池装泥土的深度约为20厘米，以花池面不超过阳台栏杆为宜。花池的长度是阳台的深度，一般为1.1米至1.5米，花池的宽度约50厘米（见图19-1-平面图及19-3-剖面图）。花池下面形成的小空间可做小壁柜，贮藏杂物。

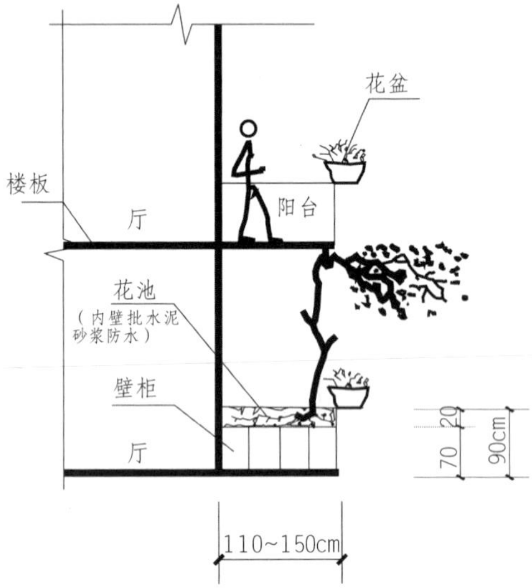

★图19-3-剖面图★

3.门窗的开法

（1）为方便搬家具出入，户门的宽度超过90厘米时，可做双扇门，一扇大（约75厘米宽），一扇小（约25厘米宽），平时出入只开启大的便可。这样做门可兼顾平时与特殊情况两用。

（2）浴室和厨房的门本来不大，但由于浴室和厕所里的空间不大，所以小门都要做双开门才更方便。

（3）西向窗、东向窗若做手开窗，每扇都做成单扇，背向北（见图19-1-平面图标示1处，利于夏天收集南风，冬天阻挡北风，一举两得。

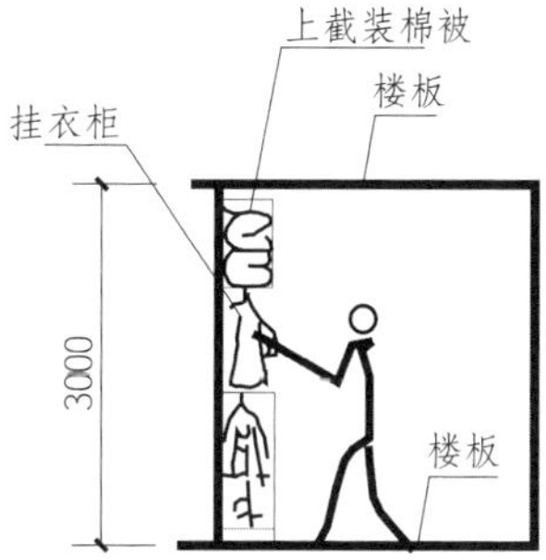

★图19-4-剖面★

（三）栋梁无辜——怎样处理厅的横梁

关工程师.

您好！我的新居在8楼，上有一层9楼，因为此楼是复合型建筑，所以最大的缺点是客厅和餐厅光线不足，餐厅的阳台根本用不着，客厅中间还有一根很粗的横梁，厨房边不远有一座十多层高的写字楼，因此这套房子可以说长年不见阳光。

但我不是专业人员，想不出什么好的办法，请您费心为我这套面积小且光线不足的居室设计一下吧。

谢谢您！

刘海萍

似乎有一种风气，有人一见到梁就不可容忍。这种观念夹杂着科学与迷信的成分：横向的粗梁会在天花上造成浓重阴影，仰视之必然处于逆光看暗处的状态，的确令人有不快之感；而纵向的梁顺光源方向，不产生阴影，但信风水的人又说它骑在头顶上，不吉利，于是乎发展成唯梁则憎。对梁的看法，笔者提供几点参考意见。

其一，一般情况下（当楼板的跨度超过3.5米时），厅房都有梁。如果梁的位置不是太偏或太粗（高度及宽度不大于20厘米左右），并不碍眼。对天花的要求，只要无碍于三感（轻快感、舒适感、统一感）便可，不必把梁看得太严重，不妨多个角度看待它。栋梁在，大厦方不倾，应视其为安全守护神。有的装修手法还特意暴露房屋的构件，作为结构美的特征。

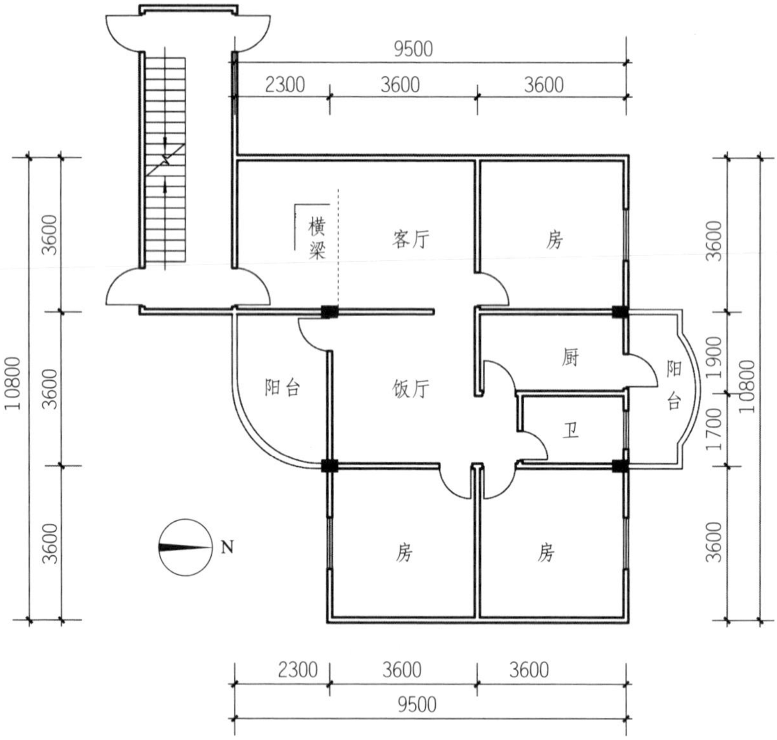

★图20-1-原状图★

其二，建楼时，如果非要消灭梁不可，也不难，可做无梁楼板。但它不划算，要大大加厚楼板及相应的受力构件，多耗费钢筋及混凝土，最终是楼价高了。各人可以权衡得失，只要符合自己的情况便可。

其三，如果厅里已有粗梁，处理办法一般有以下几种：

（1）吊天花来把梁遮盖住。吊天花后，层高净空要不少于2.5米。房间的面积与层高存在一定的比例关系（但不是正比），有足够的层高才有舒适的空间感，否则会产生压抑感或高旷感。举例来说，当面积在15平方米以内时，层高用2.5米，30平方米时用3.1米，50平方米时用3.55米。当然，这些数据仅供参考，概数总比瞎估强。

（2）把梁包装一下，使其变形成流线型或S形，改变其僵直的形态。

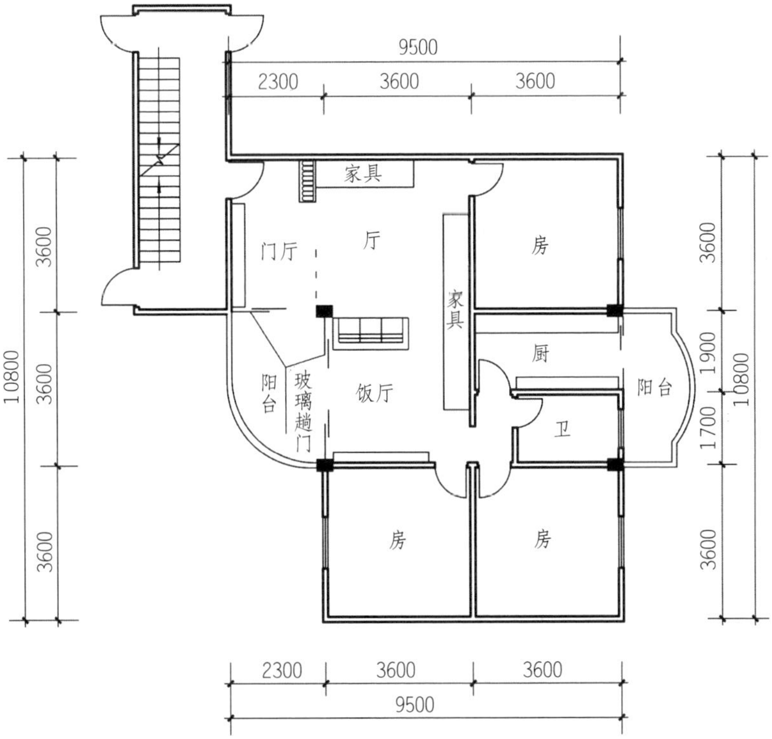

★图20-2-设计图★

（3）另再配置假梁，与原有的梁共同组成对称状或井格式的梁，使天花的形式有规律或呈图案状，改变原有单梁偏于一隅的状态。

（4）局部吊天花。原来的梁把天花划分为一大一小两半部，可以将那小半部吊天花，把梁包在里面。本例的门厅可用这一方法。

（5）结合具体情况适当处理。例如：降低天花的四边；吊天花只遮梁高的一部分，不全遮；梁底批荡成有纵向的凹槽；把梁装饰成花罩、挂落、花牙子等等。

（四）使其有用——对柱子的处理方法

关工程师：

您好！请为我这套多梁、多柱的房子重新规划一下。另外，我有一些其他的要求也请您代为考虑：

(1) 客厅较小，但希望能设一个小饭厅。

(2) 书房希望能设计成兼具客房功能的房间。

(3) 主卧室与女儿房中的两个柱位很麻烦，想有效地利用起来。

(4) 卫生间为蹲厕，靠近窗边，面积过长；厨房则过小。

(5) 主人房的原有壁橱，希望转过来给女儿房间使用。

谢谢！

徐小姐

屋主对设计提出了几点要求，第一点的难度较大。如果在图21-1-原状图A处标上“饭厅”二字，算是解决了这个问题。现在的设计图（图21-2-设计图）较为完满地满足了屋主的期望。完满表现在何处呢？

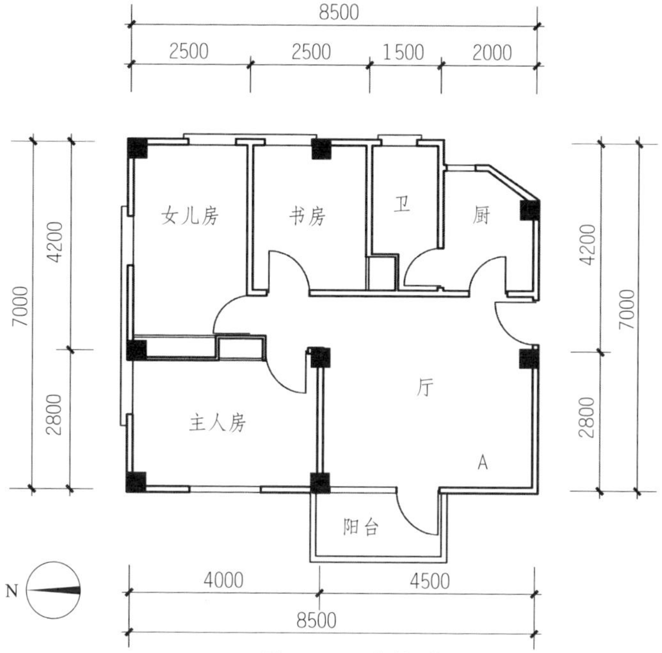

★图21-1-原状图★

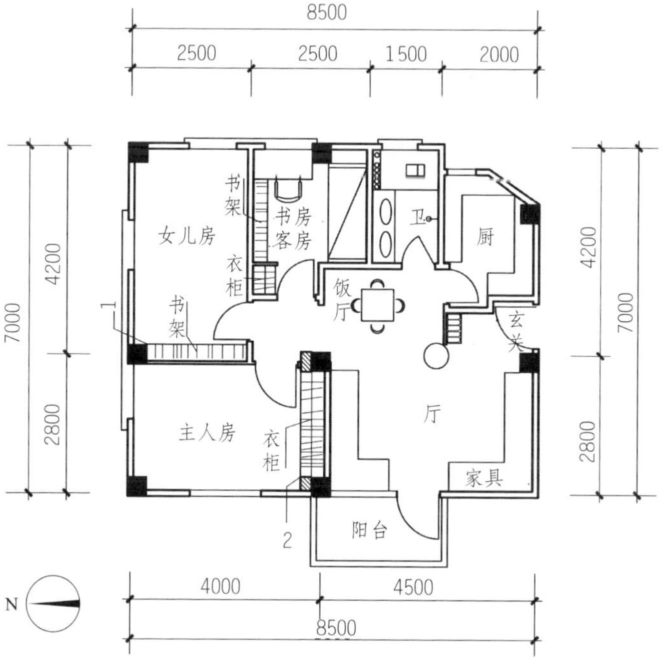

★图21-2-设计图★

（1）多出一个饭厅来。饭厅面积的来源主要是原状图上的无效面积（暗廊），巧妙就在此处。

（2）设置饭厅除了解决面积问题之外，还有饭厅的位置是否适当的问题。饭厅一不宜远离厨房，二不宜一进门先到饭厅后到客厅。饭厅的采光问题也得到了解决——饭厅恰好在客厅的大窗不远处（距离2.5米），光线充足。

（3）设置饭厅也连带设置了玄关，顺理成章。

这个单元柱子多，下面结合本单元谈谈对柱子的处理方法。

（1）柱子凸出墙面小（大概小于7厘米），不是很碍眼，可不加以处理。若一定要求墙面平整，可以砌侧砖将其填平。

（2）柱子凸出墙面较大时，可做壁柜填满（见图21-2-设计图标示1处）。

（3）柱子向两边房间凸时，可把墙壁平移到柱子的一侧，让柱子完全凸出于另一侧，在凹位做衣柜填平柱子。当衣柜的厚度超出柱面时，可把柱子包大，使柱面与衣柜面相平（见图21-2-设计图标示2处）。

（4）把柱子掩藏起来（见上文“细部设计很重要”中卫生间与厅走廊的改造设计方法）。

（5）当柱子不是附在墙面，而是孤立于厅中某一位置时，可根据不同的用途加以处理：

①用镜面或镜面装修柱子，把人们的注意力吸引到镜面上去，减轻柱子的碍眼程度。

②围着柱子做工艺品橱柜，展示工艺品，工艺品越珍稀越好。

③以柱子为界线，把厅划分成两部分，比如一部分为门廊或学习角、聚谈角等，使那小部分的地面或天花的高度与厅的大部分产生差异，形成两个空间感。

总而言之，对柱子的处理要因势利导，使它有用，而不是累赘。若能使人觉得该位置本来就需要一条柱子会显得更自然，从美学原理来说，美以善为前提，善就是有用，但凡事物（除少数例外），有用才会感到它美。

（五）装修天花要考虑的因素

天花装饰应满足人的三种感受：轻快感、统一感、舒适感。在做天花时，特别要注意以下几点。

（1）公共建筑或皇宫大厅的天花有很多复杂的花饰，它是让人欣赏的一个主要部分。但住宅的天花不宜有过多的烦琐装饰，因为小小的空间如果天花太过烦琐与豪华，会使人感到眼花缭乱。

（2）天花的材料会对音响产生影响，天花不宜过多地使用光滑而坚硬的装饰材料。

（3）天花能产生视觉误差，使人有向下堕的感觉，厅越大这种感觉越明显。因此，在设计天花时，最好中央稍微向上拱起一点（1~2厘米），看起来才会觉得是平的。

（4）若厅较大，功能较多，天花的局部（如饭厅或厅中间茶几的位置上方）可以稍降低一些，不仅能使空间有所变化，而且还能满足该区域活动的需要，使人在其中有亲切感及领域感。

（5）天花色调宜浅，以明亮为好，但不要反光眩目。

（六）永不漏水的厕所——蹲厕的厕台做法

厕所漏水最烦人，常常造成楼上楼下住户发生纠纷甚至交恶。人们往往让低技术的工人去安装厕所管道，只在装修层面才弄漂亮，这就是造成隐患的根源。其实厕所大有学问，技术要求颇讲究，下面介绍施工要点。

（1）横向排污管一定要有大于3%的坡度（每1米长降低3厘米），有条件者大些则更好。

（2）厕台的最底部（即是楼板面）批水泥砂浆，分两层批，每层平均厚度约15毫米，有条件者在批完第一层让其干透后，面上涂防水层（防水涂料有多种都可用，最常用的是聚氨酯，它是黑色浆状物体），防水层干透后再批第二层水泥砂浆，不但楼板面批，还要卷上去连同墙壁一起批，使厕台成为一个小水池状。批楼板面时要垫坡（约5%）斜向出水口，在厕台侧壁留一小孔出水，孔径20~25毫米，其作用是：即使厕台面有一点水漏下去，也能从楼板面排走，这叫作二次排水。如果是下沉式厕所，要在新设计时另加一小竖管直通至楼下，厕所完工后在小孔上轻轻塞上小铁丝球，既能让厕台积水渗出，又能防止蟑螂进去躲藏。厕所使用若干年后，可用铁条通进去，看厕台内有无积水。

常人认为防厕所漏水无非是使用大量防水涂料，这种做法其实欠妥，如果防水涂料质量有问题或者做工者涂得不够细致，只要有针眼大小的缝隙就前功尽弃了。而笔者这种做法是有涂料更好，不加防水涂料，照样可以。

（3）厕台内的排污竖管及弯头若是铸铁管，一定要用水泥砂浆包实，避免被锈蚀。

（4）砌砖支承瓷斗（大便器）不少于4个点（见图22-1），不能光靠填建筑垃圾支承瓷斗，应该要做到填不填建筑垃圾，人站上去都不至于坍塌。

（5）厕台内的填充物常规做法是填充陶粒，为经济起见也可填建筑垃圾，不过填法有要求：分层铺填，最底层的用大块，无须紧密，就是要有大的空隙；中层的填中块，把空隙缩小，然后填小块或石子，把空隙封口，上层铺大粒砂，面层再铺普通砂，用花洒适当洒些水使砂密实，若砂已是湿的则无需洒水。不能填含泥质的东西或生活垃圾，不能夹杂有可腐烂之物。分层填筑时每层都

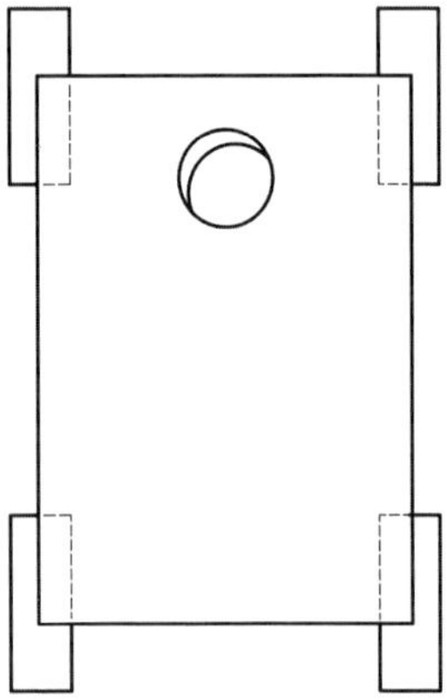

★图22-1★

要认真踩踏几遍，底层大块的虽不密实但要落实，人踩踏时无下沉或陷落的现象。不得马马虎虎一次性填满后大瓢泼水，拍平了事。分层铺筑的作用是：

①使底层处于半架空状态，能让漏下之水有水路流出。

②厕台面即使渗漏，填充物不会下沉，也没有泥浆污物渗到底下去堵塞水路。

③底层半架空可减轻负荷。

（6）在踩实的砂层面上批水泥砂浆。分两层批，每层约15毫米厚，两层共30毫米厚。批完第一层，也可以放置一些细钢筋或废旧钢筋，每隔约150毫米，方格，然后批第二层水泥砂浆。配钢筋的作用是：

①抵抗水泥砂浆收缩应力产生裂缝。

②防止厕台面因使用多年产生裂缝，裂缝是造成厕台不耐用的主要原因。几条细钢筋花费无几，所得效果却很显著。

莫等到装修贴面层瓷砖时才靠水泥膏垫坡，要在批第二层水泥砂浆的同时垫斜坡，使厕台面四边稍高，厕台面上的水流向瓷斗，厕台面不积水，也能防止水从墙壁边上渗下去。

在批第一层砂浆之前，把瓷斗周边的填砂挖成一条小槽，深度为60~70毫米，让水泥砂浆灌入瓷斗周边，防止水从瓷斗边渗漏下去。（见图22-2）

（7）安装存水弯（或叫水封，俗称“鹅颈”）时，用水平尺保证其放置水平，若不水平则水封不密，将来会泄漏臭气出来。

鹅颈的嘴部，其直径往往比接驳的管口的直径小很多，因空隙太大使接驳不方便，因此可预先（可提前一天）在鹅颈的外表面抹上一层水泥砂浆（即是加大其外径），到安装时再抹一层新鲜水泥砂浆，这样便于操作。否则，往往因一次性抹

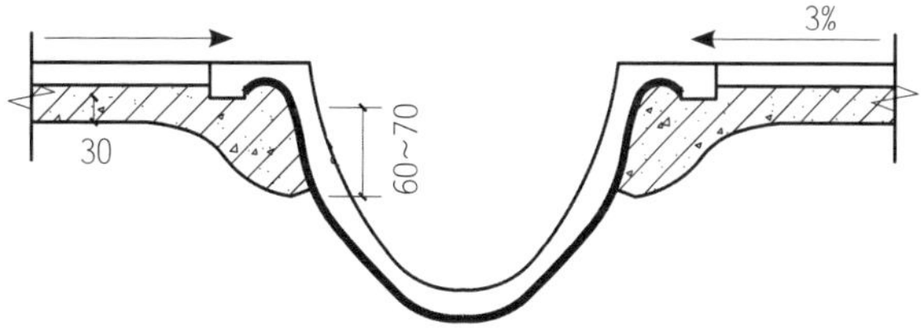

★图22-2★

得太厚，造成接口里面挤出一块多余的水泥砂浆挂在里面，干硬后便成为堵塞物，造成厕所使用时冲水不顺畅。接驳口的外面用水泥砂浆包实，最好分两层抹压，若条件方便，抹完一层之后轻轻捆上几圈细铁丝起配筋作用则更好，然后再批第二层水泥砂浆。不要图省事而一次性抹得太厚，否则砂浆会下坠或裂开口状。每逢接口处最好用微膨水泥（防水材料商店有小袋装卖），这种水泥干硬后不收缩，缝隙更密实。

（8）安装瓷斗之前（或提前一两天）把瓷斗反过来，在瓷斗底部批一层水泥砂浆，可使瓷斗更耐用，以免在日后使用时偶尔不慎掉下硬物打裂瓷斗，造成漏水。

防水原理分析：

①如果单靠防水涂料防水（柔性防水），厕台必然变成一个蓄水池，里面的砂石填充料饱含着一池经年不流动的死水、臭水，既不卫生又浸泡着水管，如果是铁水管则容易生锈，早晚会出问题，无需几年，厕台即使不漏水也要拆开翻修。另外，一池水的荷载会加快楼板变形速度，同时水压对楼板迫渗，合力作用下久而久之便穿透渗漏到下面去。还有，防水涂料有使用年限，十多二十年后终究会老化，也要翻修。

②笔者的做法是防加导，防又防得认真，导又疏导顺畅。刚性防水在温度无大热大冷的情况下，以及无外力作用下是经久不变的，这就是能保几十年甚至更久的主要原因。笔者曾做过的防水设施使用将近三十年，仍然完好如故。

到此，厕台的做法要点已讲完，下面顺便讲一点相关的知识。卫生间的地面，十居其九都有不同程度的局部积水，尤其是瓷砖规格越大块，做成的卫生间的地面越会出现这种状况。为什么呢？因为要使水能干净地排向一个点，其地面要不是一个平面或斜面，起码是几个斜面相交（见右图22-3），或者是一个曲面（如漏斗状）。若把

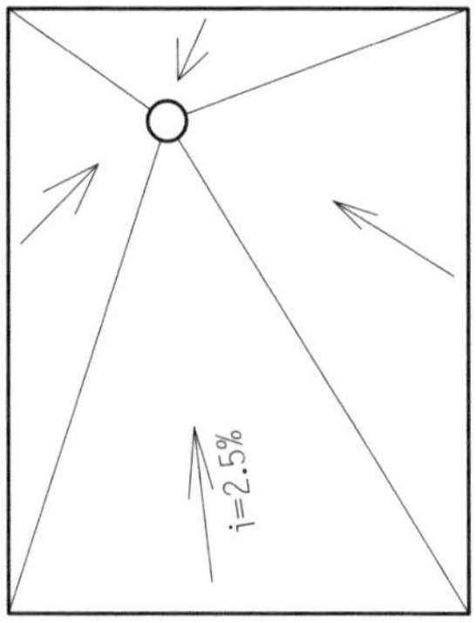

★图22-3★

它只当作一个斜面来处理，势必造成某处积水。因此，卫生间的饰面层，不宜用大规格块体，否则难以使其逐渐过渡成为折面或微曲面；块体规格越小越容易操作，通常用方粒的陶瓷马赛克（纸皮石），只不过一般人贪图堂皇大气而用大块体瓷砖，好看不好用。

四

走廊怎样利用？

（一）走廊的得失

评价单元布局优劣的一条原则是：单元内的走廊越短越好，甚至没有走廊更好。因为走廊会耗去面积，只起交通作用。但这是在单元好用的前

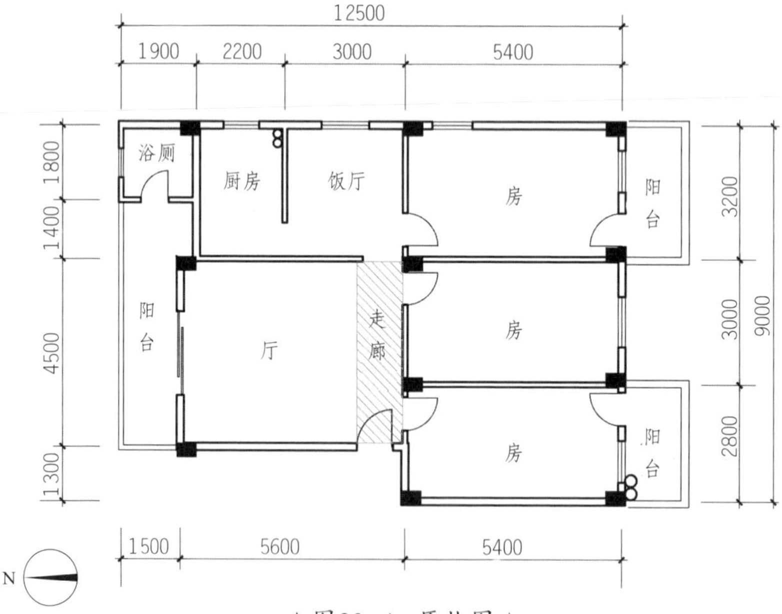

★图23-1-原状图★

提之下说的，如果不顾单元是否好用，只图使走廊更短或取消走廊，就适得其反了。

下面以两个例子来说明这个问题。

图23-1-原状图的缺点是各室的门都向着厅，表面看来厅无走廊，但却存在着暗廊（见图上阴影部分）；图23-2-原状图的厅表面上也好像没有走廊，但实质上已耗去走廊面积，还使厅显得混乱不堪，倒不如明确地划出一条走廊，这样一来，厅变得安宁了，各室也显得组织有序了。这样做的好处是：一个大单元，家庭人口较多，家庭成员中各有各的朋友及交际圈，各室的出入不需要经过厅，可免去不必要的应酬麻烦，更加方便。

可能有人问，暗廊虽无用，但留在厅中，厅的面积不是大些吗？也许看起来是这样，但实际上布置家居使用面积反而会小些，因为各室门口及附近不能布置家具；相反，划出走廊后，厅就有一幅墙面，家具可沿着墙边布置，墙面也可以挂画或做其他装饰。暗廊留在厅中，厅看起来大些，但厅的空间不完整，如图23-2-原状图的厅，形状凹凹凸凸，不规则，这

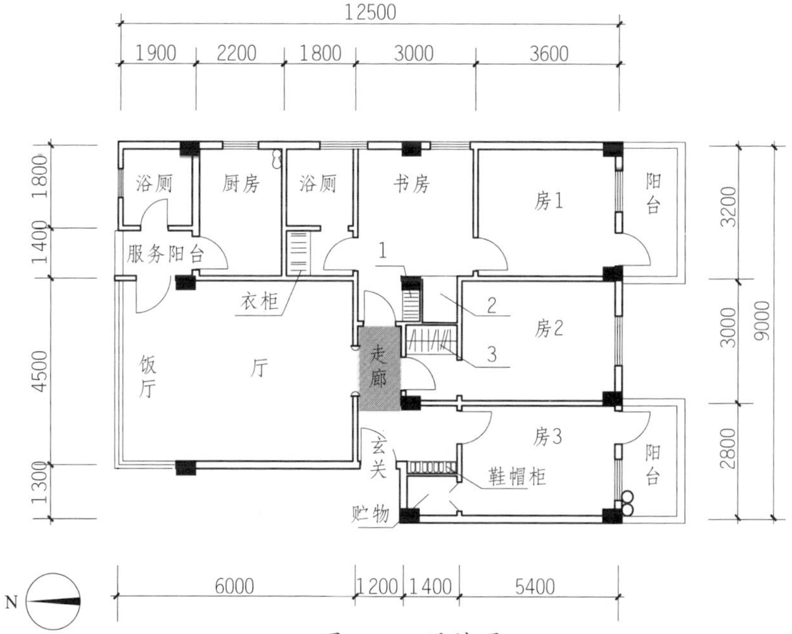

★图23-1-设计图★

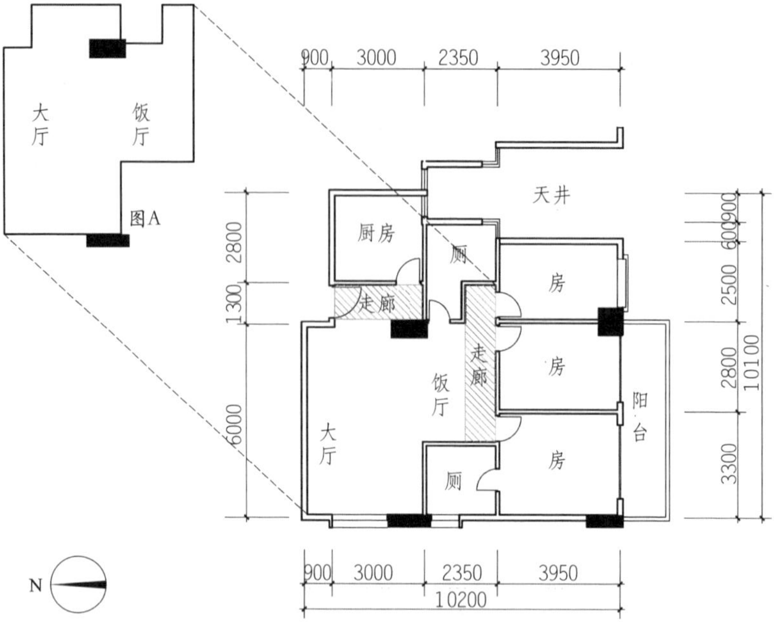

★图23-2-原状图★

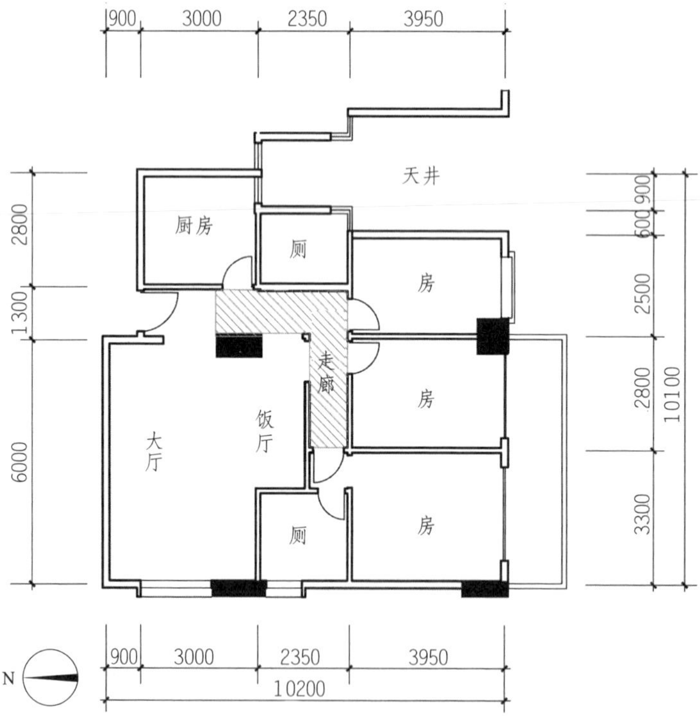

★图23-2-设计图★

样的空间大而不当，也不好看。

关于走廊的处理问题，有以下两点规律：

（1）一厅一房或一厅两房，没有走廊也好用，但一厅三房以上者，一般来说有点走廊是必要的。

（2）在必须有走廊的情况下，如何使走廊尽量短些，或者使走廊除了起交通作用之外还兼有其他功能，是需要一定设计技巧的。

（二）住宅走廊有妙用

单元房好不好用，走廊起很大作用，下面专门谈谈走廊。

（1）只起交通作用的走廊当然越短越好。走廊会占去面积，每一平方米都是用钱买来的，户内交通线路拉长还不好用。

（2）单元内没有走廊也不一定就是好，见图24-1。图24-1中的厅实际上变成了交通厅或暗廊，所以某些情况下有适当走廊也是必要的，见图24-3。

（3）如果走廊不单是用来做交通用，走廊旁边还有足够的宽度可布置家具（见图24-4），那么这样的走廊是很合算的。每一件家具的前面必然附带有空地，如果把这件家具摆到厅或房间里去，它也占据一定的空地，而且占的空地更大，就从占面积多少这一点而论，走廊两边布置家具所占的面积最少。因此，在单元布局省不掉走廊的情况下，倒不如把走廊扩大些，在旁边布置家具。

（4）把每一平方米走廊都利用起来。如果这一平方米的四个面都有用途，那么这一平方米走廊的作用最大，这一平方米面积的钱花得物有所值。图24-2的A处，这一平方米面积的左边是通往厅的门口，右边是去浴厕的门口，前边是壁柜（壁柜前面需有空地，这个壁柜才能使用），后边是去厨房的门口，就是说这一平方米面积有四个用途。再比较一下图24-2的B处走廊，这一平方米的作用就稍低了，只有三个用途。若它左边的墙面可利用来贴一张地图或挂点什么装饰品，那也算派上了用场，因为地图贴在任何一个地方，它前面总得有块空地才能让人靠拢去看得清。再比较一下图24-2的C处，这一平方的暗廊只有两个用途——进门与出门，其作用更低了。因此，我们可得到这样的结论：走廊面积越多，作用越小，应尽量避免这种情况。一平方米面积走廊如果有四个用途，这种走廊最相宜，它能同时起到连接房间的作用，作用非常大。这是一种行之有效的设计手法，姑且称之为“一平方法”。（另请参考167页）

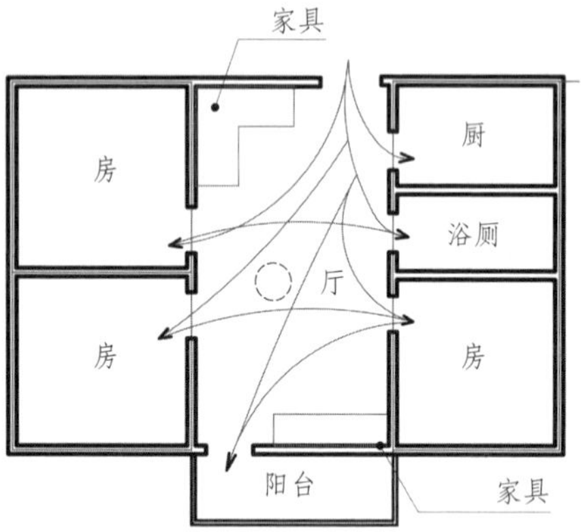

★图24-1★

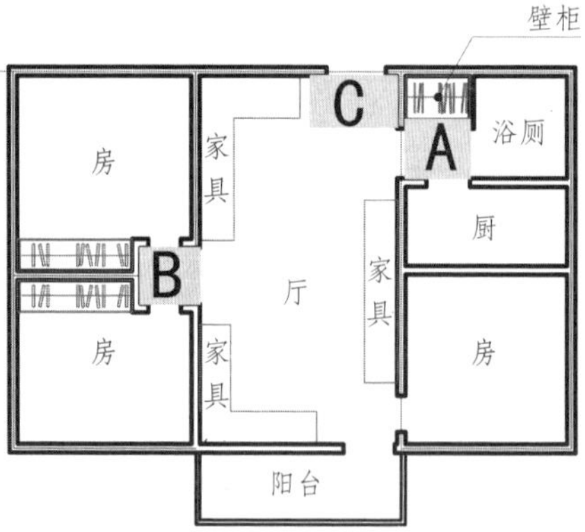

★图24-2★

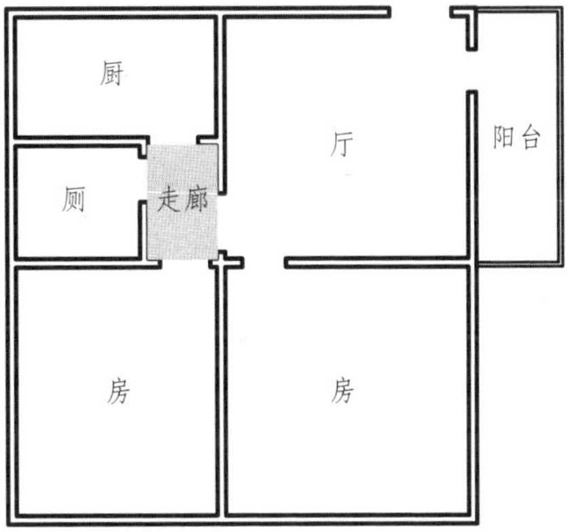

★图24-3★

★图24-4★

五
阳台的妙用

（一）阳台还是留下好

先看看一位业主的设计图（图25-2-业主的设计图），然后笔者提出一点意见。

（1）原厨房有门，设计者把它封了，意图之一是要在墙上做些装饰，使过道不致过长。过道长固然不好，因为它耗费了使用面积，但用过道做装饰仍不能改变其长度，即使看起来不长，也是自欺欺人。

一般来说，居室的门最好开向走廊，而不是开向厅或其他地方，其目的在于既可避免浪费厅的面积，又不妨碍厅的装饰，更能防止有人从外面窥视居室内部，保住私密性。

（2）末端的房间内连一个小衣柜都没有，家具布置不恰当；居室明廊接暗廊连续不断，从进门口到最末端的阳台，横贯全屋。居室面积这样使用，实属少见。

（3）把客厅的阳台封起来做餐厅，这是败笔，其一，厨房无直接自然采光及通风，违反设计规范；其二，使本来因窗口偏于一隅采光不佳的客厅的采光更差，暗区更暗。

笔者意见：把厅的阳台封起来的确能增加厅的使用面积，实际上，阳台面积不宜侵占，有条件者还应扩大为好。在城市里，人与自然界隔得远了，在家里总希望有个地方透透气，观赏一下屋外或小区的花草树木，哪怕一点也好，这是人的天性。现在把阳台封起来了，使生活更封闭枯燥，不符合生活需要。所以阳台还是留下好。

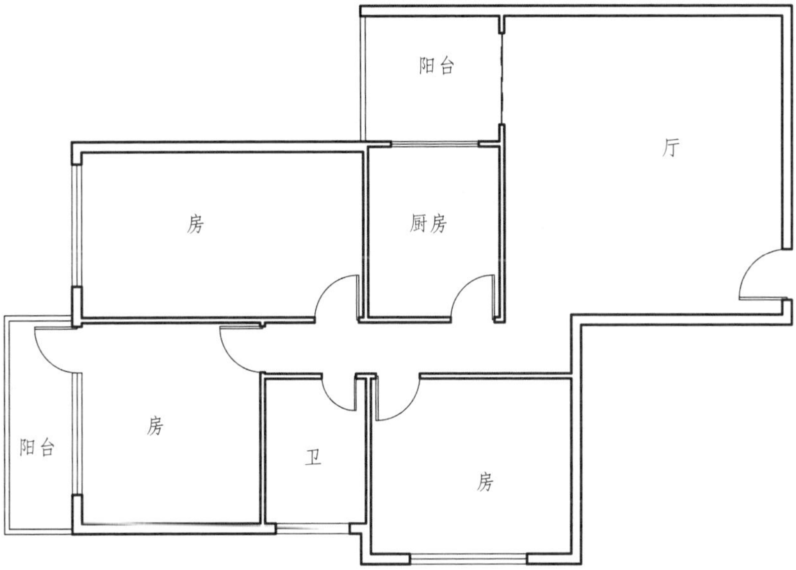

★图25-1-原状图★

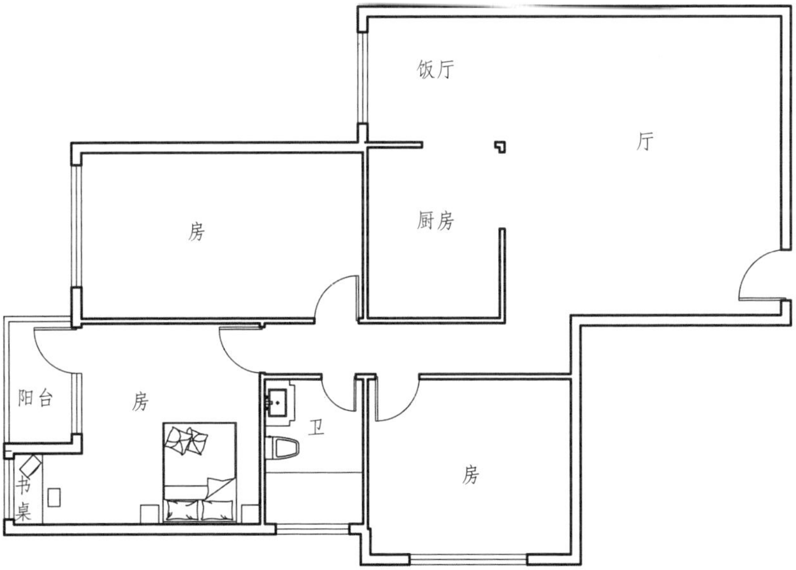

★图25-2-业主的设计图★

（二）阳台既要实用亦要美

关工程师：

您好！我校几个老师最近分到几套框架结构的两房一厅，面积分别为70.4平方米。房子设计不很合理，客厅采光很差，又没有一个合适的可供就餐的地方，希望您能帮我们设计一下。

谢谢！

林小姐

屋主虽分得房子，但因间隔不好，令人烦心。笔者对原状图加以修改之后（见图26-2-设计图），满足了屋主提出的要求，厅的采光解决了，餐厅有了合适的位置。屋主未提到的不如意之处也得到了改善，玄关有了，厨

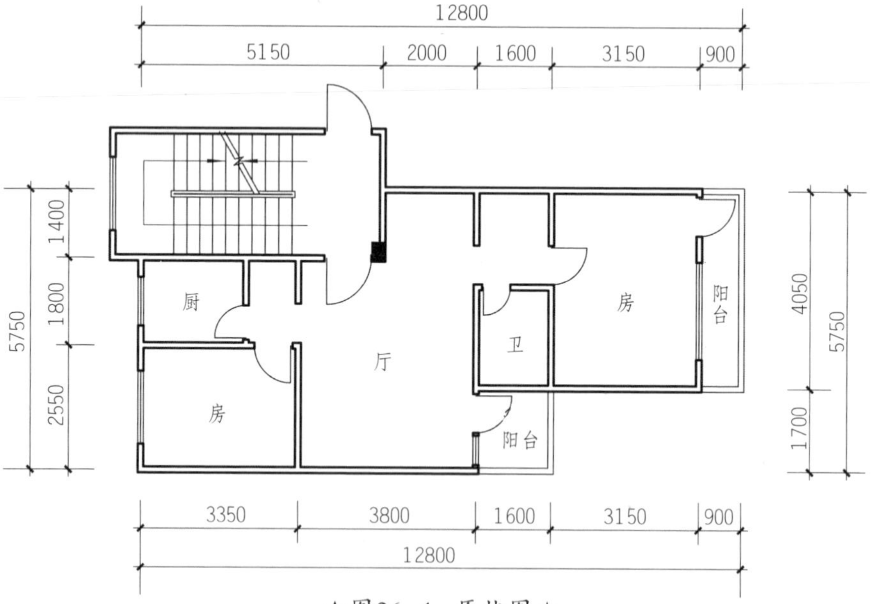

★图26-1-原状图★

卫扩大了，各项使用功能都妥妥当当。装修优点是：卫生间门头上有气窗，气窗的高度直开到天花底，以利于透气与采光，家居设计在满足使用功能的同时还多少体现了一点艺术功能。

本例值得一提的有两个地方：

（1）厅外的主阳台。它是一个颇有趣的空间，同时具有多项功能、性质与特征。

①这个阳台处于关键位置，连接各空间，有了它，这个单元活了起来。

②单元虽不大，但这个主阳台赋予了空间的含蓄性，使这一组空间有藏有露（露者为客厅，藏者为主房与卫生间），空间层次丰富，达到小中见大的效果。

③它使空间转换中有节奏感。空间的主轴流线为：玄关——客厅——主阳台（走廊）——主房——小阳台，空间过渡自然。空间美在于流动、节奏与对比。

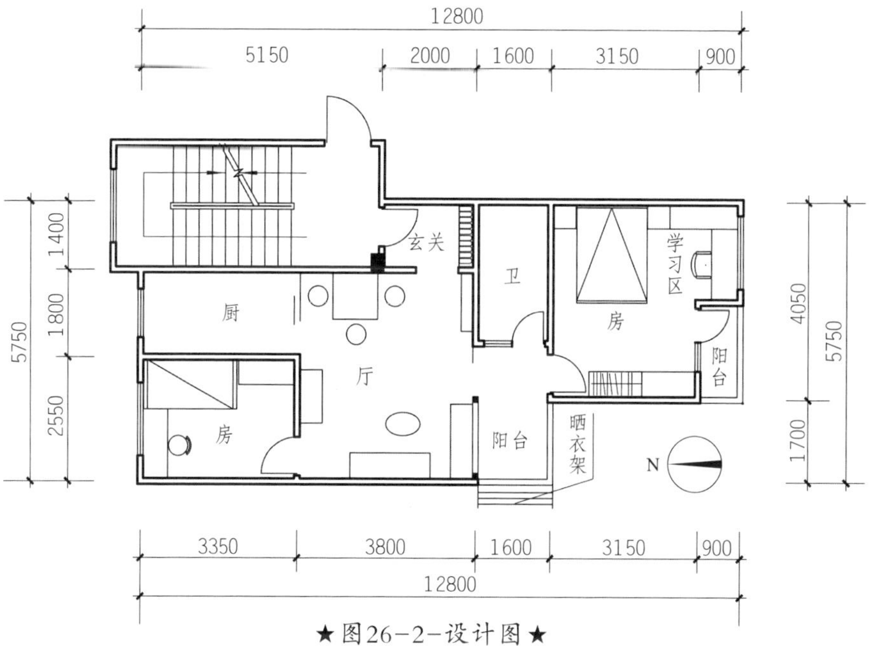

★图26-2-设计图★

④这个主阳台一半为凸阳台，一半为凹阳台，有模糊空间的作用。它同时又具有穿插空间的性质：阳台的一部分与走廊重叠，走廊和阳台融汇在一起，从而提高了空间的利用率。功能空间与审美空间结合在一起，密不可分。

（2）附在主房的小阳台。之所以把原状图的阳台截短，有使用功能上的原因：附在房内的狭长阳台（只有90厘米宽）有使用价值的只是其中一部分，另一部分是闲置的。截短它也有视觉审美上的原因：它是空间序列的尾声，不宜喧宾夺主；在视觉上，半虚半实还可丰富住宅的外形轮廓。截短阳台，若不能砌墙，可用铝合金窗。

（三）阳台不可少

关其方工程师：

您好！本人半年前购得一房，现附上家居原状图，烦请关工程师抽空为其设计。此外本人有如下问题：

(1) 厨房、卫生间面积太小，如何改造？

(2) 冰箱、洗衣机如何安置？

(3) 小面积居室如何布置？

邓小姐

这个单元的原设计（图27-1-原状图）有几点不如意的地方：

（1）无阳台。

（2）厨房太小（不到4平方米）。

（3）以三室户（即一厅两房）的单元来说，厅太大了（将近30平方

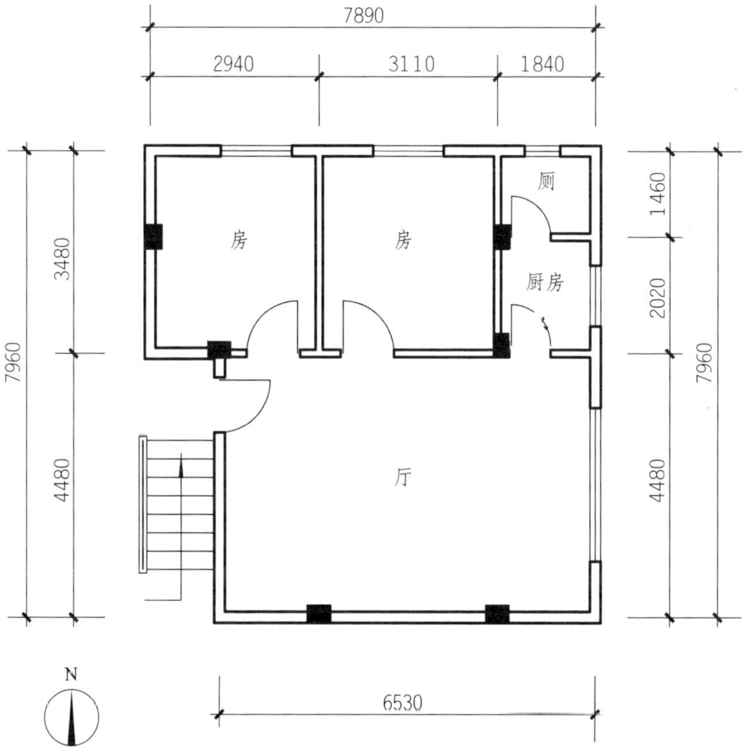

★图27-1-原状图★

米），比例失调。

业主提到的前两个问题，关键在于设置一个阳台，阳台可使其他问题迎刃而解。阳台不仅可以观景，美化室内外环境，还能用来晾晒衣物；此外，还可利用阳台边角位置安放洗衣机及杂物柜。

一般的住宅单元是有阳台的，但有的人喜欢把阳台封闭起来归入厅或房使用，这种做法是因小失大，实不相宜，除非阳台多余或设置得不合理。

下面谈谈开辟阳台的具体做法。

（1）把原来的窗拆下，因为窗扇既遮光又妨碍通风。

（2）阳台与厅之间用无框全玻璃趟门来间隔。

（3）砌15~20厘米高的墙脚作为踢脚线。

（4）阳台地面要做0.5%~1%的去水坡，把地面水导向厨房的排水口。为了避免雨水流入厅里，在阳台门口做一条薄薄的门槛，1.5~2厘米高。

这个单元的设计，除了改善了原状图的几点不足之外，还改善了户门与房门交汇处的狭窄感，解决了冰箱、洗衣机和鞋帽柜的设置问题。

业主还咨询了一个问题：小面积的房间，家具怎样布置，面积才够用。

居室最经济的利用原理是：

（1）沿着外围，在其三边布置家具，空余面积是个不到一平方米的袋形。

（2）若是长条形面积，可在其两边布置家具。举个实例，这个单元的小房，其家具布置见设计图。

以上方法只适合于经济型的家居，若是富裕型的家居，家具所占面积不宜超过该室面积的45%，否则在观感上会显得拥挤。

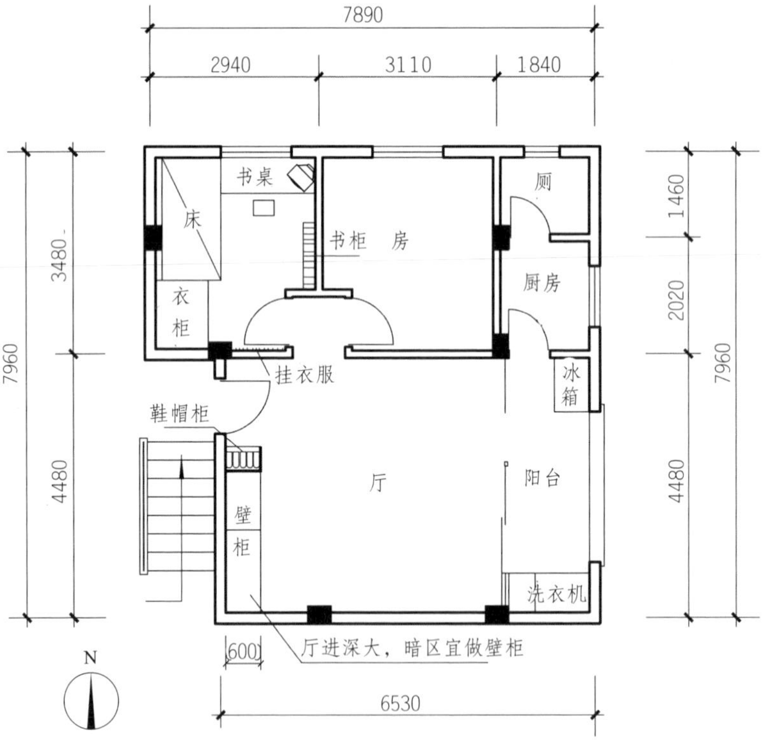

★图27-2-设计图★

六 装饰材料的选择

（一）材料贵贱不是标准

很多读者来信希望谈谈装修中有关装饰材料的运用、色调搭配、陈设布置等问题。这里先谈谈装饰材料的运用。

（1）材料在价格上有高低贵贱之分，但在实用及效果上不一定与价格成正比。以地面材料为例，大阶砖比黄土地面好，水泥地面比大阶砖好，花阶砖比大阶砖好，纸皮石（马赛克）又比花阶砖好。在较低层次上，无疑，材料以价高者为好，但再往上数，釉面砖、耐磨砖、云石、木地板、地毯等等，是不是也一级比一级好呢？未必如此。比如，云石虽高贵，但用作地面材料，其耐磨性还不如陶瓷马赛克；柚木地板虽高级，但在创造室内明朗气氛上比不上釉面砖。现代人的装修已处于较高层次，好用、美观，有助于创造室内环境艺术性的材料就是好材料。有人以用料与他人比高低，以昂贵为荣，以炫耀为目的，这样便失去了装修的真正意义。

（2）一味追求时髦，多以败兴而告终。装修材料的产品日新月异，装修款式不断变换，今年流行的装饰材料，也许明年就会沦为明日黄花。装修花费少则两三万元、多则一两百万元的也大有人在，而装修又不同于买时装，可以过时了就扔掉，因此，装修不能以“时髦”取胜，以“光鲜亮丽”为唯一目的。有的“港式”装修使人厌倦也是这个原因。

应该怎么认识装修呢？首先要做的，就是提高对装修的认识，莫把室内当作紧追潮流的场所，要把重点放在运用材料上。材料是为室内环境服务的，装修效果最终体现着房主的文化修养，一套富有文化气息的家居场所，才能使人住得舒适。

图28-1-原状图中存在三个问题：

（1）厅的采光不足。

（2）厅门太多，有6个，厅里无一合适的地方摆放家具，能摆家具的地方又是暗区（见图示阴影区）。

（3）厅的空间感较差。

房主希望解决两个问题：

（1）开门不要一览无余，最好有个玄关。

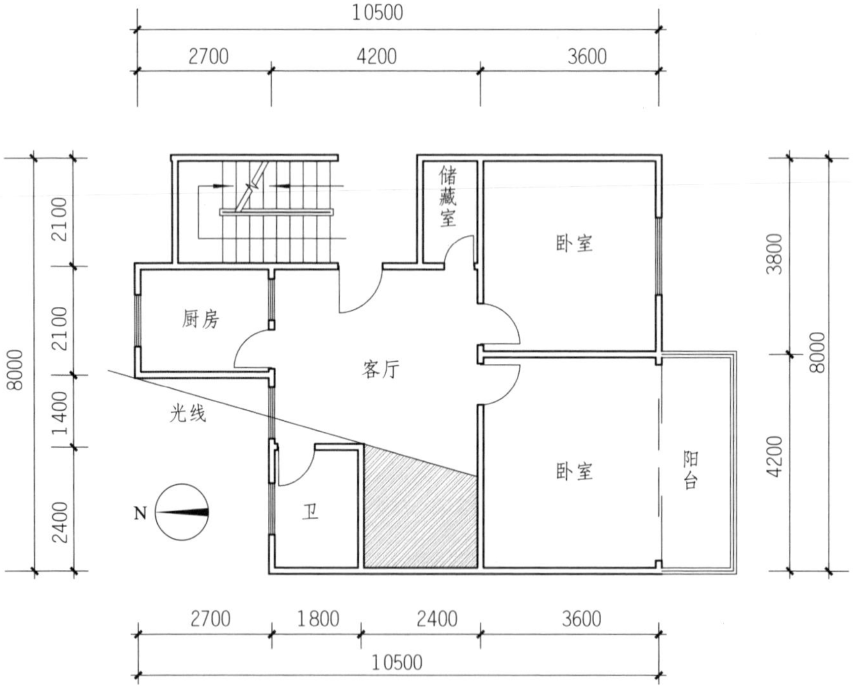

★图28-1-原状图★

（2）卫生间大些。

上面各个问题在图28-2-设计图中全部得到了满意的解决。此外，还设置了大衣柜，有足够的贮藏空间取代原来的贮藏室。

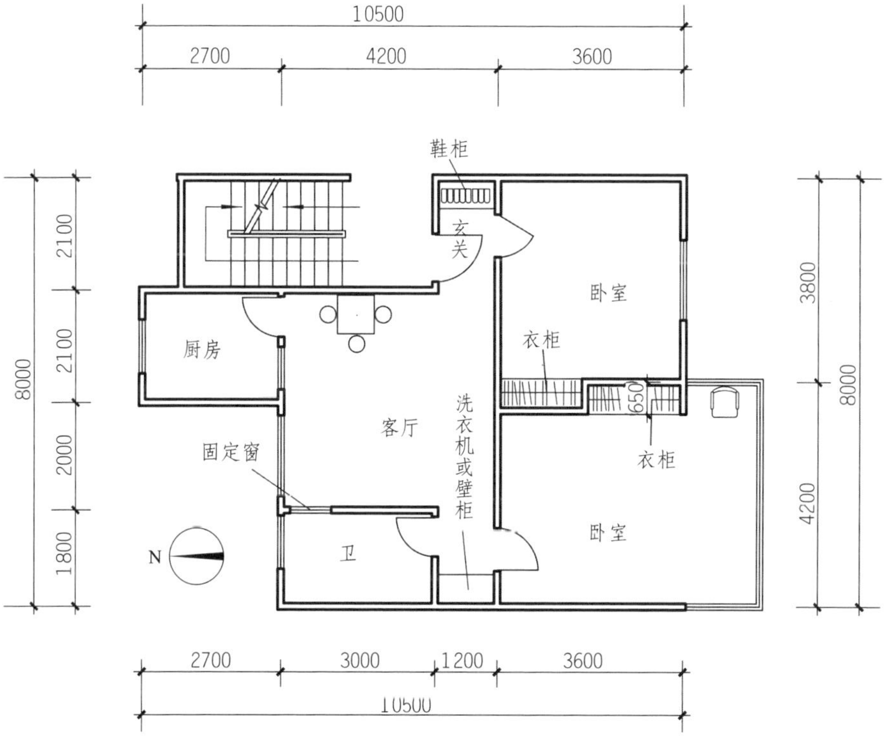

★图28-2-设计图★

（二）适当运用材料

屋主对此单元提出的要求是：

（1）要有一个书房（4~5平方米）。

（2）保持三个卧室。

（3）保留阳台。

（4）尽量提高走廊的利用率。

图29-2-设计图基本满足了屋主的要求。

此外，笔者再提供几点意见：

（1）阳台向西，作用不大，故此截取用不着的一部分做贮藏杂物之用；向西阳台的南端不封闭，利于引南风入室。西向可以做立旋式有色玻璃窗，起遮阳作用。

（2）原状图中的两个卧室都是纯向西的房间，如果愿意大改动，把东向与西向的房间对调则更为理想。

（3）客厅的西窗不必开这么大；相反，东向窗尽量开大些更好。

（4）书房与主卧室之间不必砌墙，而用书架做间隔，上半截留空，以改善书房的通风。

前面谈到室内装修不要片面追求新颖材料，而是要把功夫放在对装修材料的运用上。如何运用呢？应注意以下两点：一是不赶时髦，但求尽善

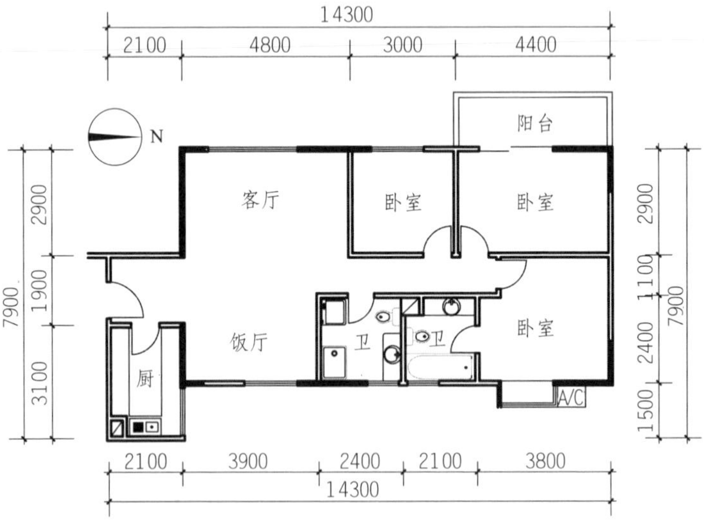

★图29-1-原状图★

尽美；二是注重材色、材质（材料的质感）的搭配，使其协调。根据材料的特点充分发挥其作用，创造室内环境的特色，有特色才有个性，有个性才能吸引人，给人深刻的印象，这就是艺术的魅力。普通材料只要运用恰当，往往能取得高级材料的效果，甚至取得高级材料达不到的效果。

下面举几个运用材料的例子。

（1）玻璃幕墙的镀膜有色玻璃（一般为绿色、蓝色、茶色等）如果用于常规尺度的窗口，会使室内光线暗淡，因为它的透光率不如普通白玻璃。

（2）有些位置（如出入口处）使用大理石未必比无光耐磨砖好。大理石既不耐磨，又难以保持镜面状态，即使保持镜面状态，在频繁走动的地方，地面太光滑也容易摔倒。有时为了防滑，在大理石上再铺地毯，大理石被掩盖了，等于是白费功夫。

（3）金砖（表面镀或雾化真金的瓷砖）虽名贵，但如果厅里的墙壁、地板全部铺贴它，并不见得就高贵，反而还可能很糟糕，因为这种做法违反了形式美的规律——到处是重点等于没有重点。

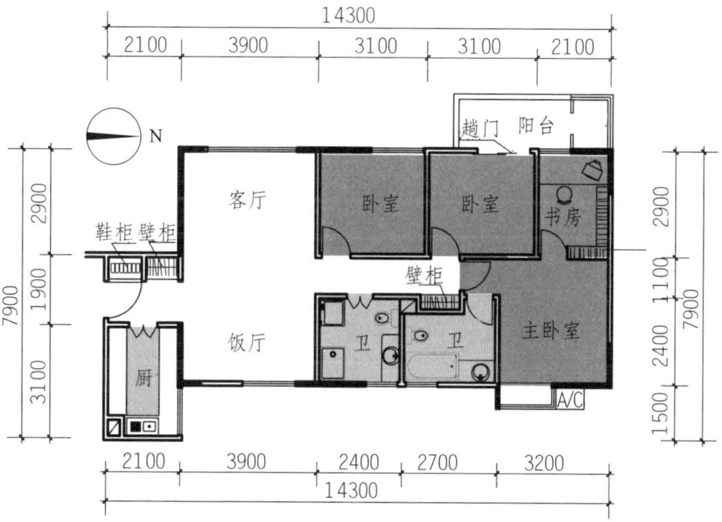

★图29-2-设计图★

七

家居装修中颜色的处理

（一）色彩跟着潮流走

关设计师：

您好！我一直是“为您设计”栏目的忠实读者，我准备装修一套新屋，还望赐教。

我的房子建筑面积是84.06平方米，15楼，屋的北面距离铁路约40米。

我的设计要求是：

（1）简洁、舒适，能充分利用空间。

（2）基本保留三房两厅格局，带西向阳台的卧室为主人房，并在阳台处间隔一个浴室。

（3）大房做小孩房，小房做书房。

由于进入卫生间要经过厨房，厨房利用率低，若靠大门一侧作为饭厅，则客厅很难布置，饭厅与客厅如何间开，两厅之间的横梁及柱如何装饰处理？大门开时，视线直接见主人房，如何避免？由厅进入房要经走廊，感觉上浪费空间，但无走廊又如何开设房门呢？

最后还想问一问，家居装修如何处理颜色？谢谢！

刘小姐

图30-2-设计图对图30-1-原状图做了几点改善，具体意见如下。

（1）阳台设在浴厕间的窗前不大妥当，原因有三点：一是阳台的使用率低，家庭成员很少在此区域活动；二是在浴厕间窗前有人影晃动，会使里面的人心理不安；三是现有的阳台数量已够用。因此，应把这部分阳台归入浴厕间，扩大其面积。

（2）厨房的服务阳台也是厨房的入口，一物二用，从本质上提升了面积使用价值。

（3）厅的生活阳台与厨房的服务阳台之间设置花铁栅分隔，再种植些攀藤植物（如牵牛花等）就更理想，坐在厅里也有景看。

（4）小孩房的南面墙应开窗，充分利用自然资源；西窗缩小一半（可在窗内侧遮挡），避免强烈的西晒。

下面谈谈屋主提出的最后一个问题——对家居颜色的处理。先谈谈色彩的性质对家居的作用，为了简明实用，故分点列出。

（1）经过科学的测试，人眼对世上万物的感知，第一印象是先看到物体的色彩，然后看到物体的形状，其次是物体的质地及细部构造。色彩是最为突显的造型要素。在家居装饰中，最为经济、最有效果的是对色彩的运用。家居装修的好坏，不完全取决于造价，有时花钱不多也能做出好看的家居装饰。

（2）人们虽然喜欢色彩，但切勿走入误区，莫以为五颜六色就是好的，越是色彩繁杂越不耐看。色彩的这个特性给了我们几点提示：

①在家居装饰中，无需运用太多种颜色。

②彩度高的颜色要经常变换才不会使人厌烦。流行色的产生也是出于这个缘故，一种色彩的兴衰期大约只有几年。因此，家居装饰若颜色种类多及彩度高，可能隔一段时间就要更换。如果你有这个兴趣及充裕的时间，这样做也未尝不可。

③黑、白两色有持久的效果，人们唯有对这两色不易产生厌烦。对家居装饰来说，若你对颜色运用无把握，可用浅淡的色彩，甚至用白色也不会有多大问题。至于黑色，由于不反光，会使室内光线暗淡，通常较少被采用，不过在少数位置使用一点（如窄窄的踢脚线等部位），也能提神醒目。

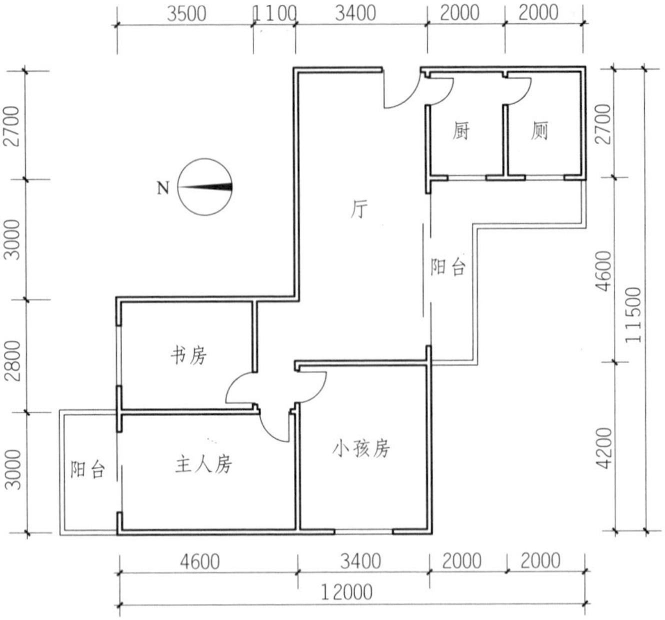

★图30-1-原状图★

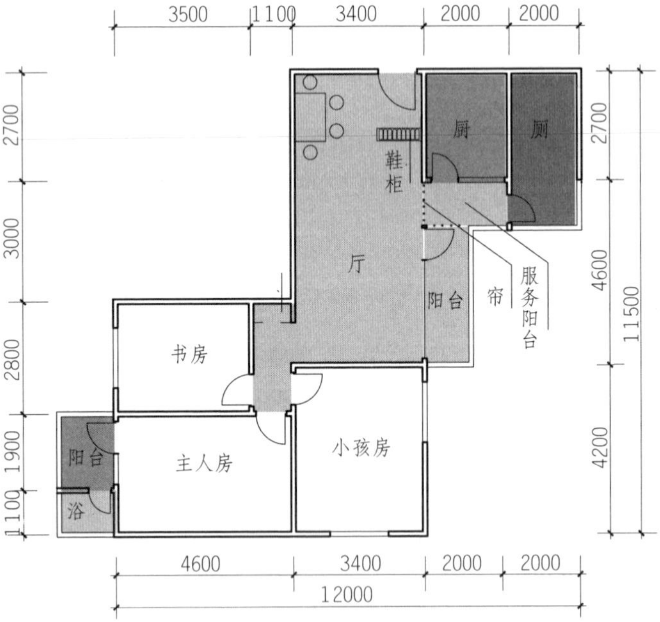

★图30-2-设计图★

（二）装修有章法，却无定式

图31-1-原状图所示的这个单元布局基本合理，只需做小小修改，便可变成一个很好用的单元。

（1）单元尽端可安多一个外门（见图31-2-设计图标示1处）。这样一来，走廊可兼做阳台。这种格局的单元在使用上很合算：首先，户门与阳台门合二为一，可减少一个厅门；其次，阳台兼做走廊，还能起到类似玄关的过渡空间的作用。

（2）餐厅右边门口加一短墙，餐厅的使用面积更有效，而且避免卫生间的门正对餐厅（见图31-2-设计图标示2处）。

（3）柱或梁造成的边角凹槽甚不雅观，其外观可装饰成附墙柱，里面做成宝物箱，安装多个格屉，用来放置不常用的小件东西（见图31-2-设计图标示3处）。这种格屉的制作工艺要求较高，应尽量不要显露缝隙。

对装修、材料及色调问题，笔者有如下意见：

（1）因为餐厅的采光主要来自厨房的窗口，所以厨房与餐厅之间的间隔最好采用玻璃趟门，厨房与阳台之间最好全幅墙面开窗。

（2）客厅与餐厅之间可用花格或精雕木镂花、有玻璃底衬的屏风间隔，使两个空间隔而不绝，隐约可见，增加空间层次与深度。再在屏风上开个扇形漏窗，在窗口上放置典雅古朴的盆景。盆景是有生命的立体画，可以使室内洋溢自然气氛，体现艺术美。漏窗也有助于空气的流通。

（3）天花、地面、家具或陈设都要作为一个整体来看，风格不可杂乱，不过格调统一并不是清一色，统一中有变化才好。

若对色彩无把握，可选用浅色，适当用小部分深色点缀空间，比如线状或点状物可用深色调。此外，家具也要有主调，在选用冷色（如蓝、绿类）或暖色（如红、黄类）为主调后，可用小部分杂色进行陪衬，这是形式美中的调和与对比规律。家居装修中最忌以个人的偏见、偏爱为定式，以众人说好才算好，起码家里人都认可。

装修有规律可循，却无固定的套路，否则，就会显得僵化，设计风格也将消失。

在此顺带说明一下，附图上的设色，因为结合了版面及图画的表达需要，所以只在若干程度上反映出该单元的装修色彩。

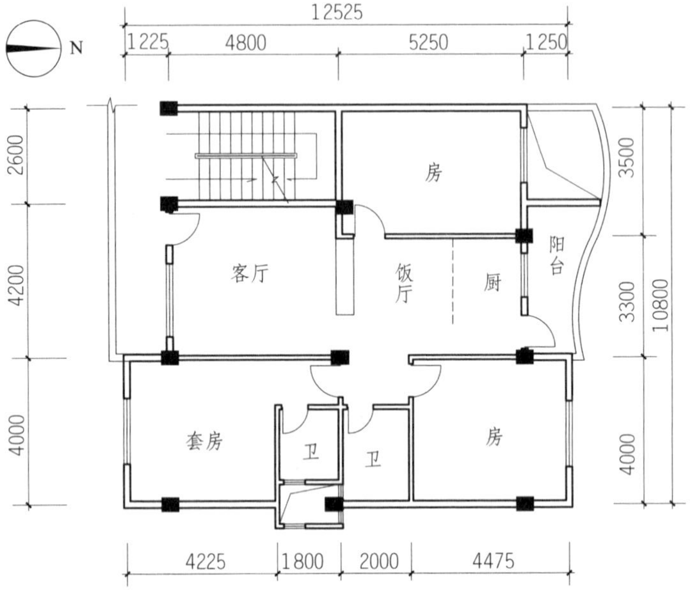

★图31-1-原状图★

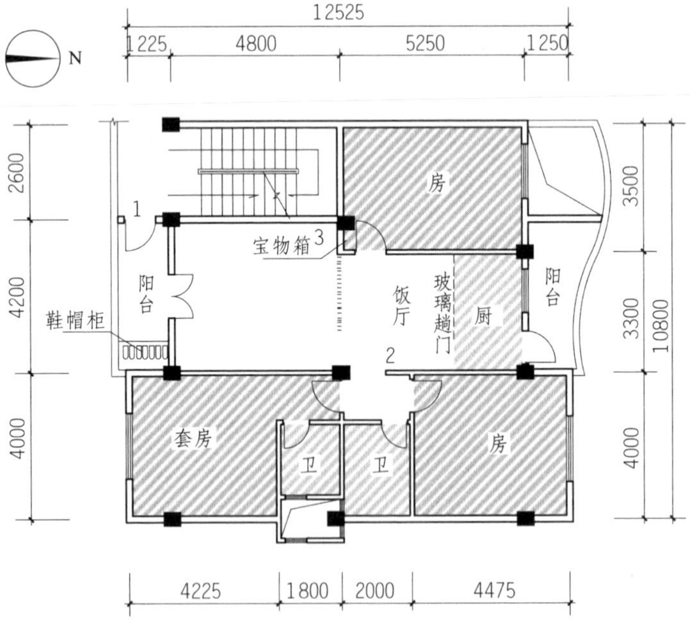

★图31-2-设计图★

八

实用率的奥妙

（一）确有其事，实用率可以退为进

住宅实用率高一定好？未必。业主有时还应自动降低实用率才好。

有时实用率高的住宅不一定好。实用率高即是净面积多，但如果净面积当中很大部分是走廊的净面积，而厅房的净面积不多，住宅就不好使用了。如果把走廊除外，光算厅、房的净面积，这样的实用率高就好用了吧？也未必。原因是：

（1）虽然没有走廊，但却有暗廊，交通线路紊乱，如图32-1。这种情况既不好用，也不实用。

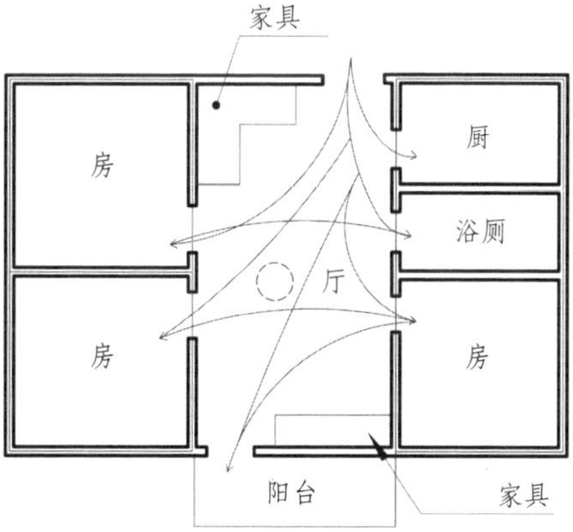

★图32-1★

（2）门口安排不当也不好用。若把图32-1改变布局，如图32-2，就好用多了。图32-2的厅能摆家具的地方比图32-1多得多了，关键在于门口的安排。图32-1的厅一共有7个门，图32-2的厅虽然有5个门，但集合成3组，可以算作3个门，使图32-2的厅有效使用面积大大增加了。图31-1与图31-2的面积是相同的，尺寸并无变动。由此可见，同等面积都存在着好用与不好用的差别，甚至差别很大，比如你买了80平方米，其实只相当于60平方米的用法，换言之，你花40万元，实际只得到30万元的货，而且是劣货。图32-1可用面积少了，厅的门口太多也不雅观，站在图32-1的厅中央环顾四周，全家各室被一览无余，还有什么隐私和居住趣致呢？若这个单元用来做考场，只要一个监考官端坐中堂就能“搞掂”了。

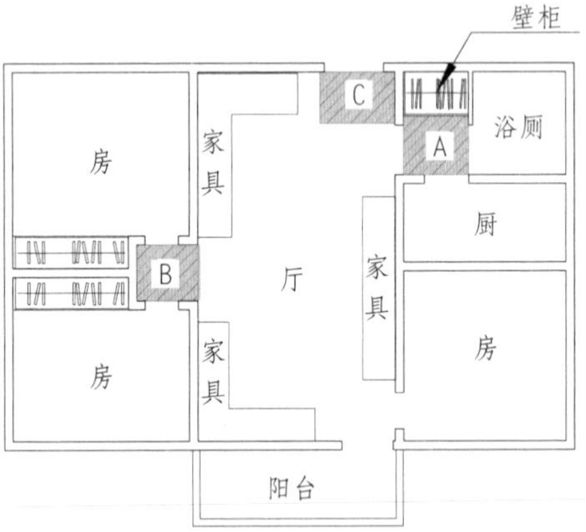

★图32-2★

（3）住宅好不好用与房间的形状也有关。试比较一下图32-3与图32-4，两者的建筑面积相同，但有效面积不同，图32-4能摆得下9米长的家具，图32-3只有6米长，原因是什么呢？家具一般靠墙布置（较阔大的厅才有条件把家具布置在中央），因此房间的周长（四壁的长度）越长越有利。同等面积的各种规则图形，除了圆形之外，正方形的周长最短。有些人在实践中已感觉到四四方方的房间不好用，但不明白其中的原因。当然，长方形越拉长越有利，不过长到什么程度才合适呢？这要考虑两点：若作为走廊用时，净宽至少有90厘米才好用；若作为房间用时，则长度以不超过宽度两倍为宜。一般来说，长宽比趋于黄金分割（1：0.618）叫作比例恰当。

综上所述，住宅光是实用率高还不能说明问题，要在好用的前提下，实用率才越高越好。

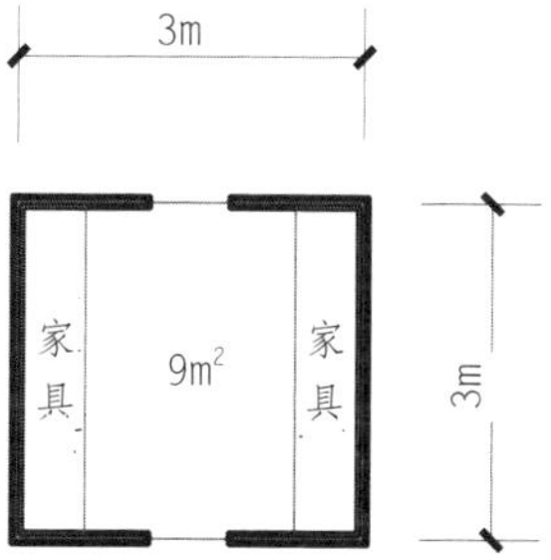

★图32-3★

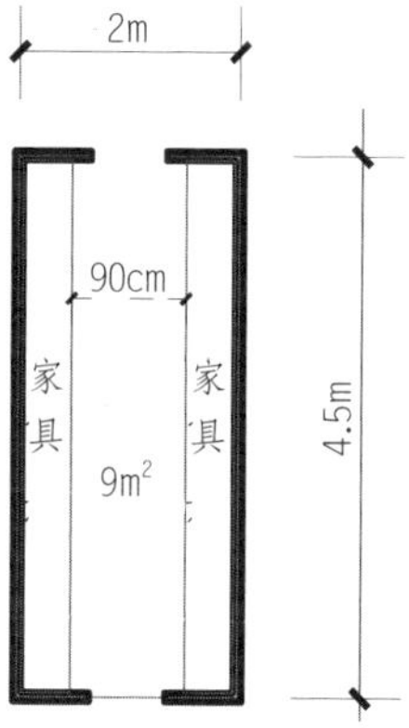

★图32-4★

（二）花1平方米做走廊来隐蔽厨厕

厨房、浴厕间要有一定隐蔽性。如果是一幢大的公共建筑（如宾馆、写字楼等），当然有很多回旋余地让厨厕得到隐蔽，对于几十平方米的居住单元来说，在厨厕的隐蔽性上有时会存在一定的取舍难度，不过应尽量在力所能及的范围内使其保持隐蔽性。图33-2花1平方米做走廊，效果就比图33-1大为改善了。

带浴厕间的主人房（见图33-1）浴厕的门宜改在侧边开，占用1平方米的走廊很有必要（见图33-2）。这1平方米不但改善了浴厕间的隐蔽性，且避免了厕所正对房间的大床，使房间更舒适。

明白了以上的原理，如果你是买家，你就会选楼了，若你买了个毛坯房或买了一块地，就能自己试试单元布局了。

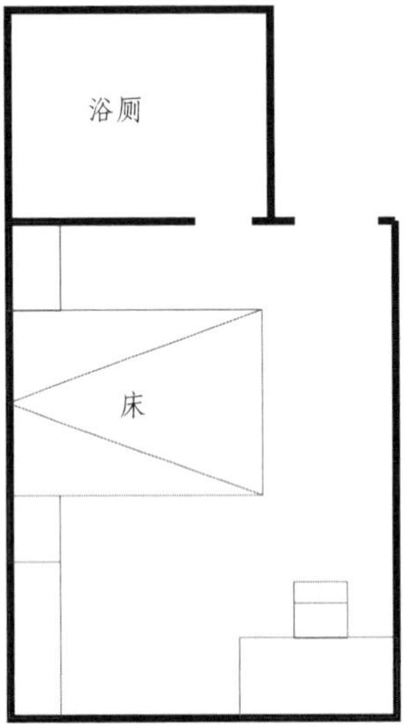

★图33-1★

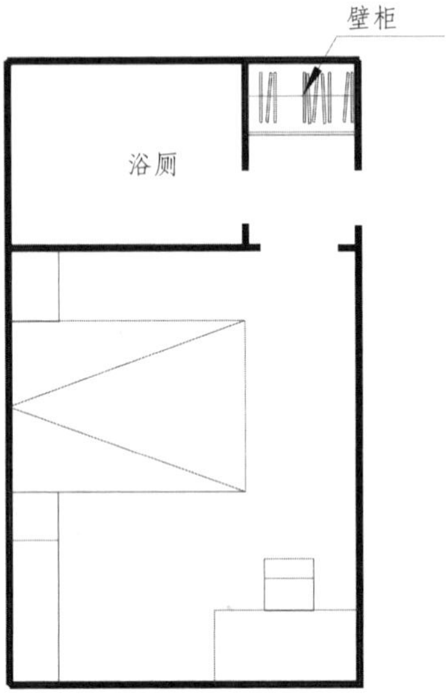

★图33-2★

九
正确认识建筑面积

（一）面积大不等于住得好

关设计师：

您好！近月本人购买了一间新居，两房两厅，我想对其进行装修，以备结婚，望给予一点建议。

该套间建筑面积为114.37平方米，实用面积约为93平方米，原为两厅两房，窗不能改动。

设计要求：

(1) 因常有亲戚来，想在原厨房位置改建一间房，改为三房两厅式。

(2) 设开放式厨房。

(3) 保留厅外的阳台，用来晾衣服。

(4) 保留客厅的厕所，因想合理利用空间，可拆掉浴缸及原坐厕，改为蹲厕。

卢小姐

无需费多大的劲就可达到屋主的要求，效果见图34-2-设计图一。不过，这套房依然存在很大的缺陷：

（1）那个所谓的客房不能住人，因为它密不透气，而且空间较小，关起门来，它的空气量不足以供一人一夜之需。设计规范规定不容许有黑厅、黑房，所以这个房只能做贮藏室。

（2）有约16平方米的面积没有多大的使用价值（见图中阴影部分）。这个地方，难以布置家具，只能做出两个房来，房也并不大。为什么会造成这种局面呢？究其原因，主要是设计者与购楼者（住户）都存在同样的错误观念，认为家居面积大就行。其实，构成家居质量有多项指标，面积只是其中的一项，更重要的还在于如何安排。

笔者再提供一个设计图供参考（见图34-3-设计图二）。

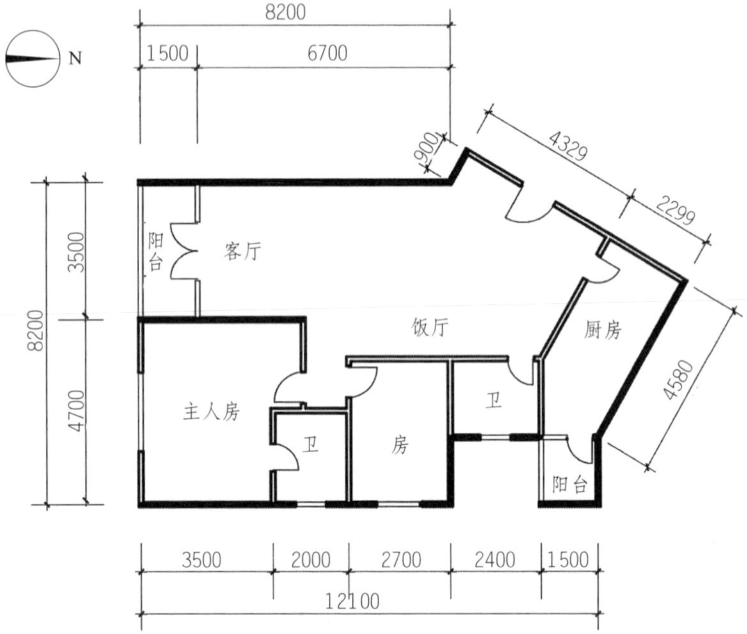

★图34-1-原状图★

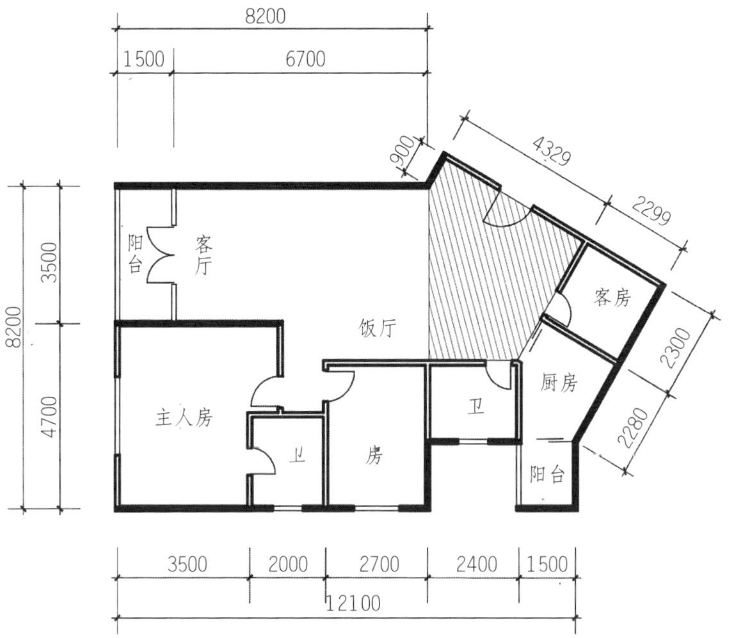

★图34-2-设计图一★

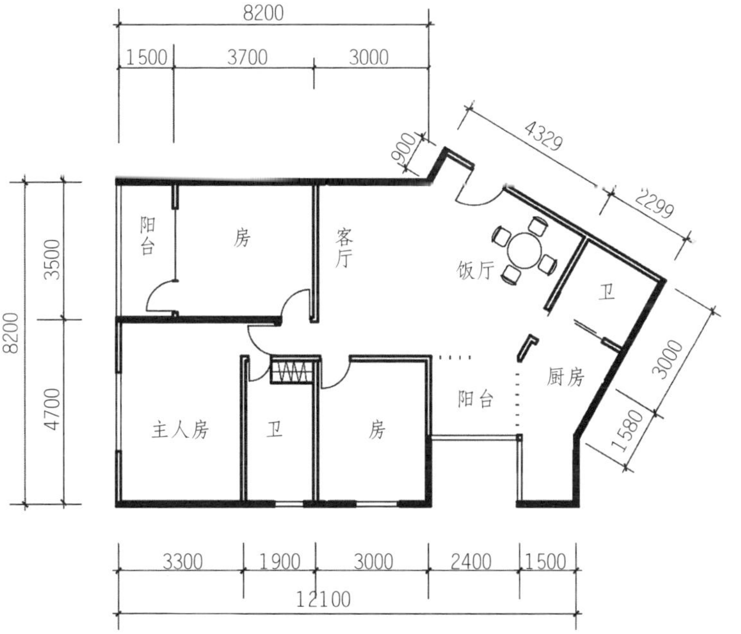

★图34-3-设计图二★

（二）提高居住质量——面积多了怎么用

关设计师：

您好！

去年底，我分到一套新房，现在正准备装修，希望您能为我设计。

建筑面积105.7平方米，屋坐北向东南，光线充足，一家三口居住。

设计要求：

（1）简洁、舒适、实用，能充分利用空间，有家的感觉。

（2）保留两个卧室，设一间带卫生间的主人套房（关键考虑排水问题），设一间小孩房，设一间不少于8平方米的书房（必要时做客房），在适当的地方设壁柜，做储物用。

（3）我想请教一个问题，复合木地板和柚木地板有什么区别？哪种柚木材板较适合粤北气候，且价格适中、质量可靠？

恳请附上设计效果图。

谢谢！

清远市 郭先生

在面积紧巴巴的单元里，想挖掘出一两平方米是很难的事，面积宽余的单元怎样把它用得其所也并非易事。前一问题已谈过不少，本文着重谈谈后一个问题。这需要做好两点：一是仍然把每平方米利用好，不要因为面积宽余就随便使用。以本例来说，提高了走廊及厨房的面积利用率，挖掘北阳台的潜能，使其发挥更大的作用。二是提高居住质量、品位。结合本例谈两点。

（1）如果一览无余地展示空间，那么即使大空间也不觉得它大，还可能给人形状单一、空旷呆板的感觉。想要显示空间大就要加以分隔，空间越分隔感觉越大。分隔时要注意使其仍然有一定程度的连通，让空间能流通与延续，间隔不到顶部就可获得这种效果。对间隔的高度是有讲究的，不同的高度产生不同的气氛：当隔体的高度为0.3米时，可区分不同的领域感；0.6~0.9米开始产生两个空间的感觉；1.2米高时，可起到分隔空间的作用，两个空间仍然连续；1.8米高时，会使空间有一定的封闭性；1.8米以上时，空间就会完全分隔。想要采用哪种高度，也即是空间被限定的程度，视空间的用途与性质而定。本例的饭厅与客厅之间的间隔以1.2~1.8米高为宜。在这个幅度内又如何取向呢？可将垂直分隔结合水平分隔考虑，两个厅之间的门洞若开得大，则取幅度内的高值，开得小则取低值。间隔体可用开漏窗的花墙，也可用隔扇、帘幔、格栅、玻璃、列柱、栏杆、摆设、家具、高差、花罩、灯饰、盆景、花草等等。本例的厅中，主要采用

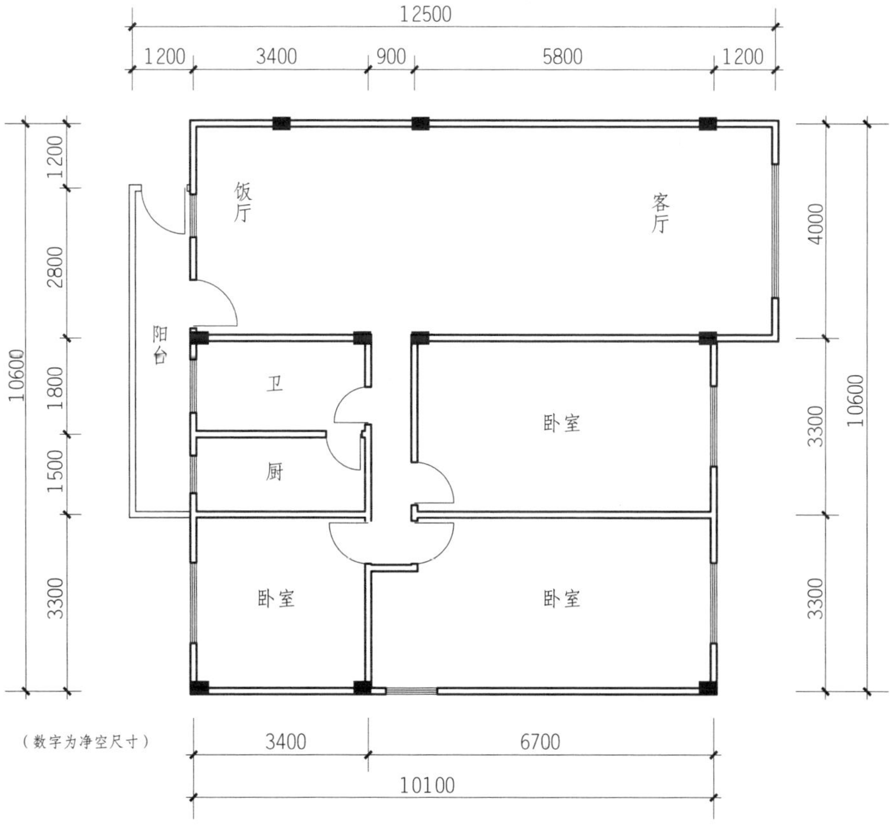

★图35-1-原状图★

花草作为间隔。南阳台用格栅及半截玻璃分隔。

（2）人们向往大自然，厅房的绿化在一定程度上能满足人们这一需求。绿化还可以美化室内空间，增加房间生动活泼的气氛，绿化有净化空气的作用，调剂人的精神，使人感到舒适与安慰。绿化体也可灵活移动，使两厅打通成一体，便于开家庭派对或方便小孩子嬉戏游玩，使之更有家的感觉。

到此，图35-2-设计图已全部满足屋主的要求，厨房已能摆得下洗衣机，而且还有图中标示1处的位置供备用。主人房卫生间排水及阳台开辟的方法，前文已详述过，在此不赘述。

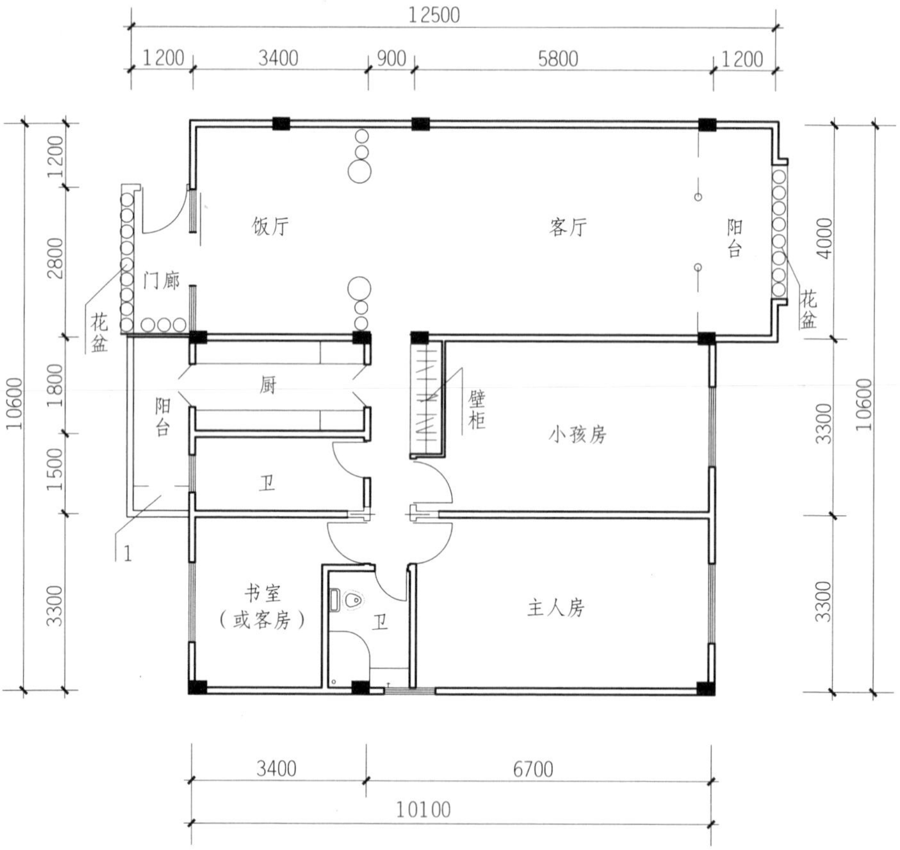

★图35-2-设计图★

（三）单元扩大了，装修怎么搞

原来的单元只有一厅三房，现在从其两旁的单元共划出三间房和一个阳台，并入这个单元，把这个单元扩大了。重新设计扩大后的单元，受其旧框架的限制，装修难度更大。如果只扩大一个房间，封掉这个房间原来的门，在另一边重新开一个门便完事了，要扩大几个房间，就不只是开几个门的问题。单元面积大了，住的人多了，原来的厨房、卫生间以及客厅都要相应扩大，才能与之配套及合乎比例。下面谈谈此单元设计的巧妙之处。

（1）原状图中房门全部开向厅，私密性不好，而设计图大大改善了这种状况：原来的厅有四组门（两个或三个门靠拢在一起叫一组门），扩大了的单元增加了房间的数量，却没有增加厅门的组数，仍然是四组门，门更隐蔽了。

（2）设计后的单元在实用的前提下走廊很短，走廊还兼有其他用途（使用壁柜）。两厅四房的大单元能做到这一点不容易。

（3）乍看这个单元的外轮廓，斜角及拐角多，估计里面少不了有尖尖窄窄的房间，出乎意料的是，设计后的单元竟然无一室有锐角（钝角不影响视觉及使用）。

（4）入户门后，先到客厅，然后到饭厅，这是合乎生活规律的。客厅对外，宜在前；饭厅对内，宜在后。而常见的大多数单元难以做到这一点，多是入门即见饭厅，图36-2即属此类。

（5）卫生间安排在户门的背后，隐蔽性较好。笔者就住着类似的单元。说来有趣，有时客人进来坐谈半天，他说，这个单元就只有这么几间房，但总瞄不着卫生间在何处，难道你没有卫生间？原来客人进来时，主人打开大门，自然同时把卫生间的门掩盖着，客人进屋后，主人把大门关上，此时客人已坐到客厅的别处去了。在此顺便补充一句：如果是公共建筑，因使用人数繁杂，两门靠在一起会碰撞，在住宅单元里，这种情形一般不会出现。

下面点评另一个扩大单元的案例，以做对比（见图36-1及图36-2）。

（1）虽然单元扩大了，但是厨房没有扩大，相反还占用了半个门口的位置。即使居住人数没有增加，但设施及陈设多了，规格要求高了，原厨房也就难以满足新要求。

（2）进入该单元，必须经过一条长走廊才能到客厅，让客人先看到了全家各室，功能分区倒置，私密性也就较差。

（3）一入户门就有一条走廊，接着是厅的暗廊贯穿全屋，直冲阳台外（见图36-2所示箭头），直肠直肚，无回旋、无层次，使人感觉乏味，从风水角度来看更是不宜。

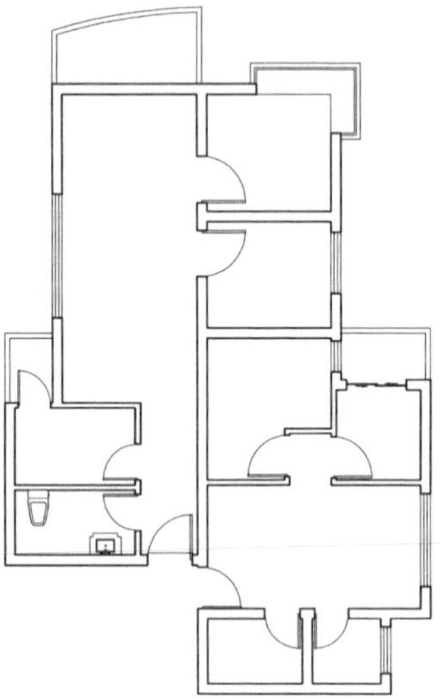

★图36-1★

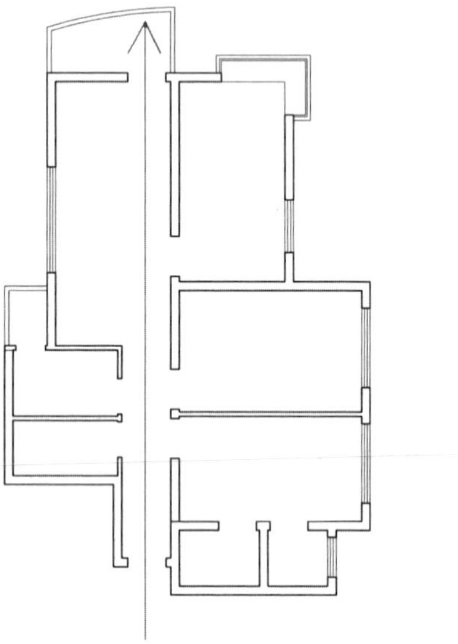

★图36-2★

十

巧妙装修能增加有效面积

（一）家装擅用“1平方法”

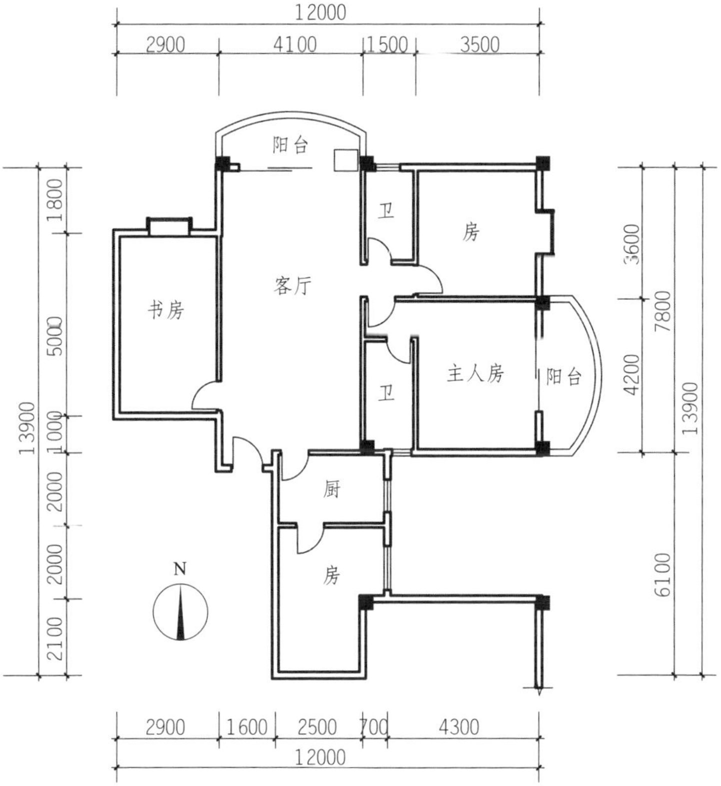

★图37-1-原状图★

此单元有三处值得考虑：

（1）图37-1-原状图的厅太长（7.8米），后半部处于暗区，而且户门附近实际上是暗廊，很难利用。此处是需要着重改善的地方，即提高厅后部的使用价值。利用这个地方做玄关及厕位很合适。

（2）一厅三房以上的大单元，有条件者可将浴室与厕所分开。

（3）书房太大，划出一部分做贮藏室很有必要。只要把原状图主房的门稍微移动一下，就可腾出一个壁柜的位置来（见图37-2-设计图示2处）。

大单元房多、室多、陈设多，如果它们都围绕在厅的周围，门口都开向厅，这个厅势必变成“交通要道”，也就丧失了厅的功能；如果用一条走廊来串连各个房间，走廊就需要很长才行。这两种方法都不划算。如何缩短走廊及提高走廊的使用价值，值得我们研究。

笔者发现这样一个关系，这里姑且称为“1平方法”。“1平方法”的意义在于：住宅走廊的宽度约1米，走廊缩到最短时约1米，门的宽度加上格头约1米，人能自如地转动所需的范围也约1平方米。若这1平方米的四周都能派上用场，就算是发挥了最大的用处；若有4个用场为最大效益；3个则次之，以此往下。如图37-2-设计图所示，图示1处，1平方米空间的左边是贮藏室的门，右边通向厅（也算是门），上边是书房的门，下边是壁柜，这1平方米就发挥了最大的效用。图示2处的1平方米也有4个用场。图示3处，约占1.5平方米，有4个用场，效用稍低。图示4处约占2平方米，有5个用场，它的效用又低些；如果它的左边即门背后的墙面能用来挂点什么，也算派上一个用场。在家居设计中，如果平均每平方米走廊有3个用场，已算是有很高的效用了。

运用一平方法组织家居或衡量家居设计是否紧凑实用，不失为一个好方法。

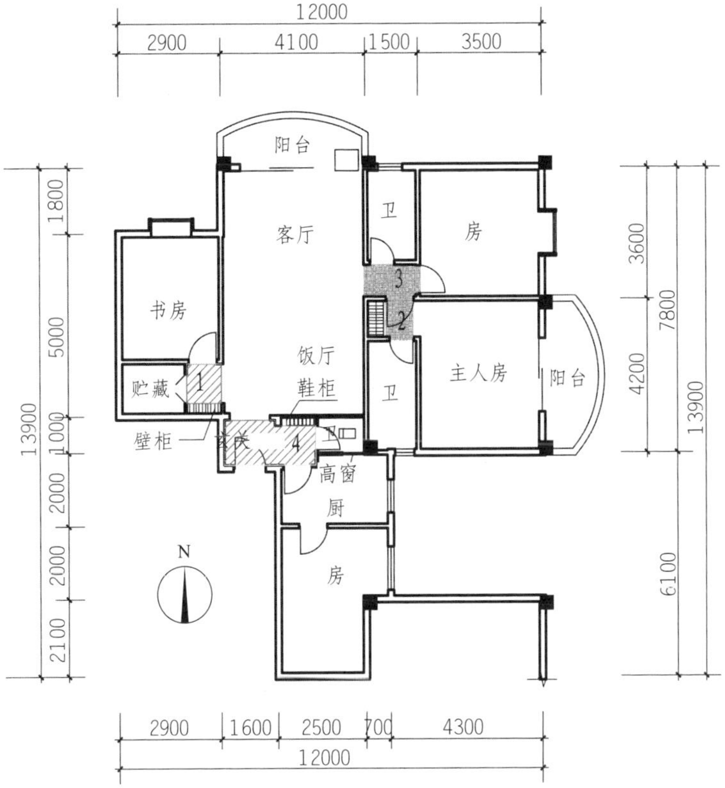

★图37-2-设计图★

（二）改善1平方，房价能增值

关工程师：

您好！我们单位100多户集资房去年年底前交楼，并进行了房改，我们每户准备花2万~5万元进行装修，为了少花冤枉钱，把家居搞得舒适大方，特向您请教。大家都祈盼着得到您的帮助。

读者 彭景强

读者彭先生的单位建了100多套这样的单元（见图38-1-原状图），如果每个单元能挖潜改善1平方米的面积，那么100多个单元就等于多了100多个平方米。经过设计之后，其他方面的改进姑且不论，单说进门处，就挖掘出2平方米面积（见38-1-原状图标示1处的阴影面积），100多套就有200多平方米的效益。假如每平方米按6000元计算，总价值可达120多万元了。

下面谈几点有关家居设计方面的问题。

（1）客厅怕门多，因为客厅的家具是靠着墙边布置的，门多了，家具

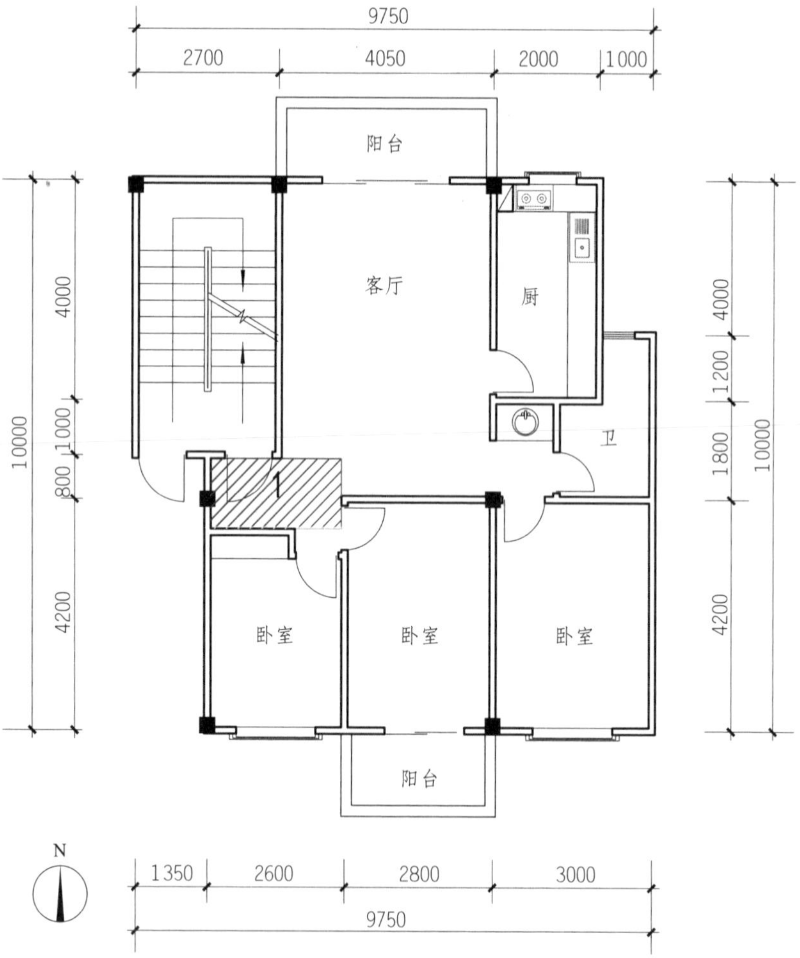

★图38-1-原状图★

无从安置；饭桌是安置在饭厅中央的。掌握了这个特点，就好办多了。

①把门组织到饭厅来，客厅的门自然会减少。

②饭厅既是吃饭的地方，又能起到过厅的作用，这是家居设计中消灭或缩短走廊的有效方法。走廊包含在饭厅中，等于提高了面积的使用价值。

在此提示一点，饭厅的尺寸要掌握好。开饭时，凳子拉开，此时所需的总宽度约2米（尺寸见图38-2-设计图中标示）。凳子背后至少要留35厘米的空隙，让人能侧身通过；不开饭状态时，凳子推拢靠近饭桌，两边走道应各有70厘米的宽度，才能顺利通行。

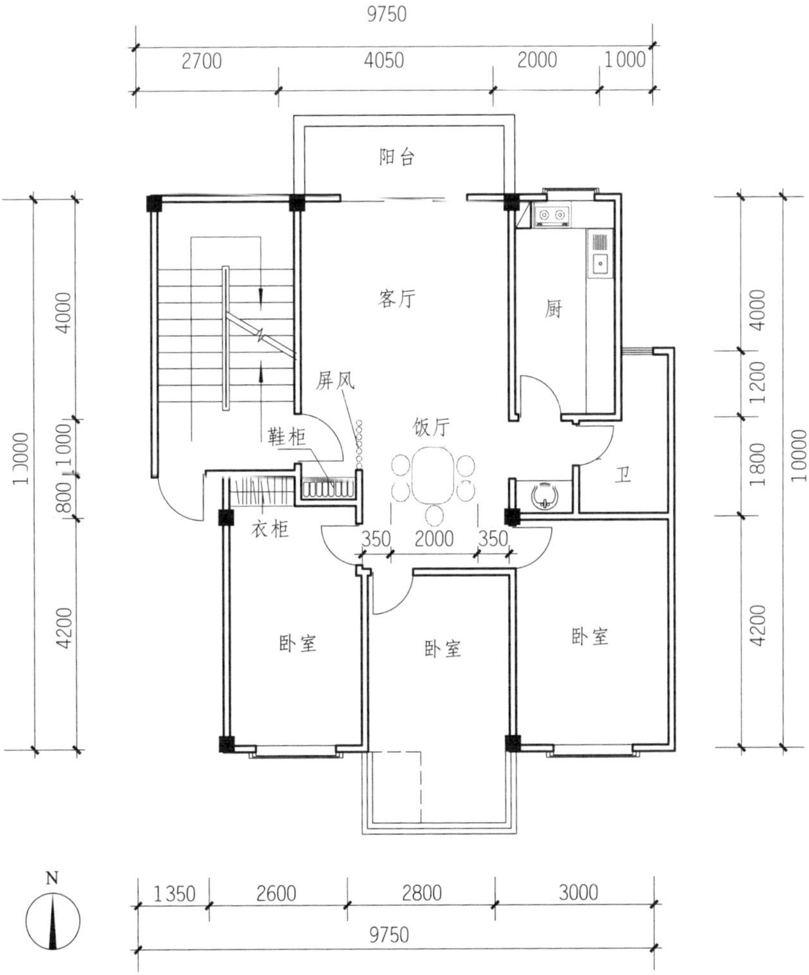

★图38-2-设计图★

（2）饭厅与客厅的地面既可以相同，也可以运用不同颜色或不同材质，以示空间感与领域感。值得注意的是，分界处要有一条过渡界线，才显得自然。

（3）屏风的做法丰俭由人，可以做得艳丽，如刻蚀玻璃彩画、雕木镂空，也可以做一壁素色墙，外裱一幅迎客画或山水摄影作品，价格虽低廉，但时换时新也颇有趣味。屏风的豪华程度要与整个单元匹配，不可孤立对待。

（4）厅的阳台玻璃趟门宜开在中央（如图示），使厅有两个角位可利用，容易布置家具。

（5）房的阳台可有可无。如果这个房是闲房或客房，宜把阳台留下，如果是大人房，留半边（见虚线）或不留皆可。全留阳台会使卧室面积显得太小，不见用。

（三）装修要方寸必争

关工程师：

您好！拜读了您在《新快报》的多项设计，本人敬佩之至。本人最近购有一单元，现即将收楼，准备装修，今冒昧呈上以下问题。（并附该单元的平面图供参考）

(1) 想设玄关，不知设在何处最好?

(2) 怎样提高进大门后的位置利用率?

敬请多提宝贵建议，不胜感激。

杨宇澄 敬

下面这个实例原状图（图39-1-原状图）的单元布局基本合理，图39-2-设计图所做的是继续深化的工作，把每一寸地方都用好，使其更完善。

来信中所提的两个问题，都属于进门位置处理的问题。居住单元是一组空间，包括有厅、房、厨、卫、阳台等空间。建筑是空间艺术，讲究序列。设计好进门处的要领如下。

（1）进门处是系列空间的前奏、序曲、引子。如果是一个大单元，在有条件的情况下最好设置一个门厅，条件稍逊者设一个小小的门斗或玄关，次者设屏风。若进门处只能做走廊，也应使其起到类似玄关的作用，提高走廊的使用价值。本例就是这种情况。走廊的净宽（不包括批荡层）最少要有0.9米，判断这个位置的面积有无被充分利用，可运用笔者介绍过的“1平方法”。

玄关是个过渡空间，用途是：

①方便进出门口时生活上的需要，诸如换鞋及放置雨具、手提袋等等。

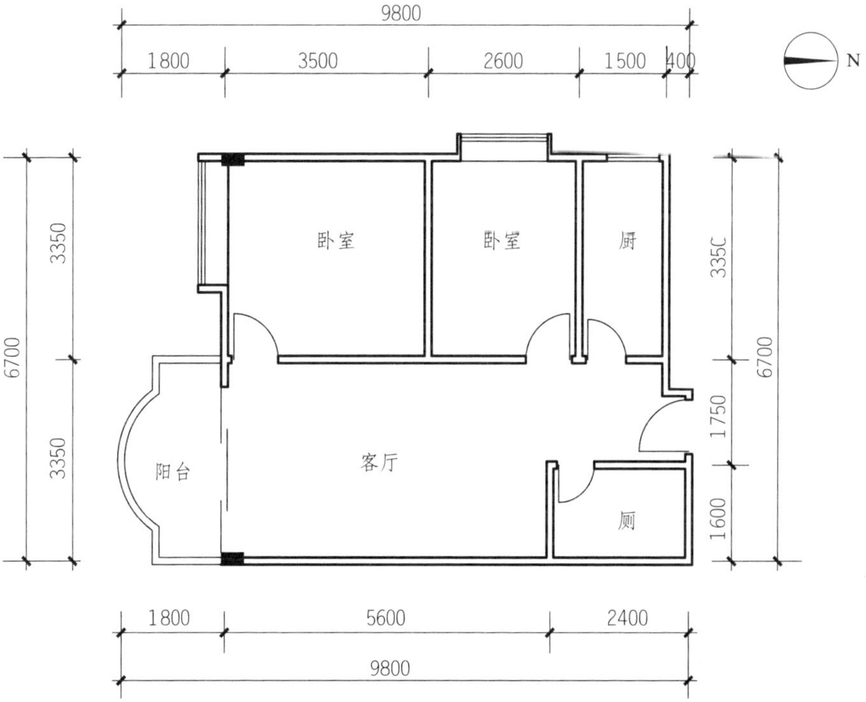

★图39-1-原状图★

②避免开门一览无余，使居住处所增加私密性。

③可隔声，避免客厅中的谈话声传到门外去。这个过渡空间在精神上及视觉上的作用是预示主空间（客厅）即将到来。

（2）门斗无需太高，举起手触不到即可，约2.3米。它作为次要空间，可烘托主空间。入户的人经过这个小空间后进入客厅，先抑后扬，会感觉客厅更大，制造类似于豁然开朗的效果。门斗的上部空间还可用来贮藏东西。

（3）进门处起导引与提示着后面一系列空间形状的作用，它的身份决定了它的大小及装修性质。

①要给人第一个好印象。

②它是整个单元的一个组成部分，风格上要与单元统一，不宜对它做过分装饰，以避免它与整体环境格格不入。

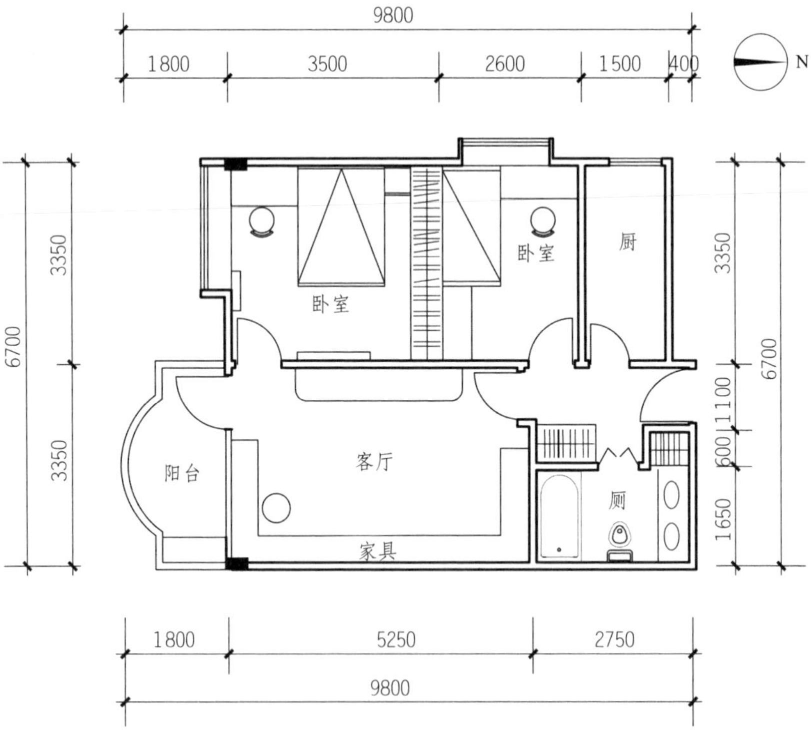

★图39-2-设计图★

十一 扩大室内空间的各种方法

（一）如何使室内空间变大

对经济不宽裕的工薪阶层来说，购买经济适用的住房是他们的目标。经济适用住房，一般面积不太大，那么在装饰中如何将这个本身较小的房子通过合理布置而变大呢？下面介绍几点方法：

（1）对角置点法。把两件物品互成对角进行摆设，因为对角线最长，空间对角线更长，人们的视线在两对角之间来回穿梭，便会产生房间不小的感觉。

（2）搞活死角空间：可在空间的死角处布置一景，如复式住宅可在楼梯下的小三角位置置一浅水池及点缀一些阴生小植物，使之成为微型景观。无用的空间变得有趣了，自然会让人觉得整个空间变大了一些。

（3）制造层次。天花周围向下降一点，相对来说天花中央部位向上凹，这种手法使人觉得天花高些，有了这个级差，灯具也好藏身。

（4）增加室内空间的层次。一个单间，只有20多平方米，一眼便看完。但如果把它间隔为小厅、小房、厨、厕等，那么就有几个空间，会让人感觉到它是一个套房，而不是20多平方米的单间，印象中空间变大了。

这个原理是，空间越细分感觉越大。当然，细分要以使用方便为原则。比如一个厕所面积不能小于0.9米×1.2米，一个门洞不能小于0.65米

×2米等等。

（5）抬高某个位置的地面。如厅比周围高一级，可打破空间单调局促感，这也是扩大空间感的原则。

（6）适当降低窗台的高度。一般窗台的高度为90厘米左右，小房间窗台可降至70~80厘米。小房间配低窗台会带来舒适感，同时减少空间封闭的感觉。

（7）贴镜法。镜子的反射可产生一个虚拟空间，将空间扩大。这是因为镜子把人们的注意力引开了，不过这个方法不能滥用，镜子贴得太多会使人晕头转向，不分虚实，有时还会发生危险。

（8）保持墙面光洁。墙面不做任何线脚（如挂画线、踢脚线、墙裙等），如此可避免产生墙面低矮的感觉。如果要做，不妨做垂直线条，垂直线条有提高墙面的功效。

（9）打破常规，加宽门窗。加宽门窗可使内外空间渗透，突破封闭性与局限性。宽敞的门窗还有另一个作用，就是借用室外景色，从而扩大室内空间感。

（10）使用空间流通法。间隔只做大半截高，不到顶，使空间隔而不断，这样的空间有延伸感。

（11）运用墙画扩大空间。

①整面墙面贴大幅视野开阔的风景画，画的视平线接近人眼睛的高度，使人有身临其境之感，若画的背面配置灯光，效果更佳。

②用层次较多的风景壁纸装饰墙面，使空间显得深远开阔。

③将壁画主要形象或视觉中心安排于上部，或者提高画面上部色彩的明度，这种方法在视觉上可达到升高空间的目的。

④用带有浅色的小花或有菱形图案的墙纸装饰墙面，可使人感觉空间大些。

（12）运用色彩效果法。

①室内的天花及最里面的墙面的色调用冷色调（如浅蓝、浅绿色等），因为色彩是有距离感的。实验证明，当人眼到物体表面距离100厘

米时，如果该物体表面是橙红色时，人会感觉该物体的距离近了，只相当于95.5厘米；若该物体表面是蓝色或绿色时，就会觉得远些，相当于102厘米。利用色彩的距离感改善空间的形态，效果很显著。

②室内的颜色宜浅及单纯；相反，颜色斑驳杂乱则会使人产生局促感。

（13）借鉴一下各流派的室内设计手法来扩大空间感。

①最少主义派。室内没有任何细部线脚，连多余的家具也没有（在满足使用的前提下尽量减少家具），只有单纯的墙面、天花板及地板。

②白色派。室内唯一色素是白色，这样做有干净利落的感觉。

（14）采用合适尺度的装饰材料及家具。

①家具体积偏小，样式统一。家具形状尽量不用正方形，多选用玻璃家具。

②在一面无窗的墙上做组合家具，大小占满一面墙，其好处是能发挥房间面积及空间的最大效能，既满足实用的需要，又腾出较大的室内面积及空间来。

（15）使室内光线充足明亮。亮的房间有膨胀感，暗的房间有收缩的感觉。

（16）在适当地方做些遮挡。一览无余不利于空间展示，有藏有露才会产生空间扩大感，如门上挂珠帘就是一种好方法。

（二）采光好，屋自大

这是一位大学教授新分到手的单元平面图（见图40-1-原状图），有几点值得探讨。

（1）按理说，90多平方米的房屋只住三口人，应该感觉宽敞实用，但图40-1-原状图中连个饭厅都没有。

（2）原状图的厅有很大的暗区，若将此处做用餐区，会觉得索然无味；若把厅的阳台封闭起来做餐厅，厅就会变得更暗。

（3）阴暗的区域不好使用。摆沙发，人们不愿落座；摆其他东西，可能会看不清，只能放置些可有可无的杂物。

由此看来，这套居室尽管面积不小，但却不好使用。

对原单元设计及装修，主要应解决采光问题（见图40-2-设计方案一、40-3-设计方案二）。屋内亮堂了，处处都可充分利用，何愁无饭厅？

如果主人喜欢交际，需要堂皇的大厅开家庭派对，用图A的厅很合适。之所以能做出这么大的厅，是因为将走廊缩短了，把一部分面积节省出来归入了厅。

下面谈谈阳台的设置问题。

（1）原状图厅的阳台是深阳台，设计图把它改浅或取消了。深阳台是

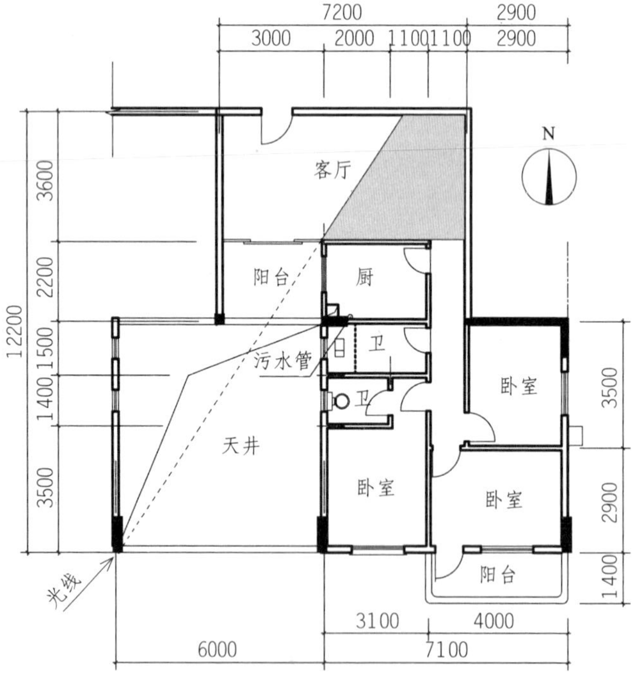

★图40-1-原状图★

不是不好呢？不是。如果厅面向开阳，做深阳台是有必要的，但现在厅朝天井，无景无观，深阳台反而减弱了厅的采光。

（2）阳台设置在房间里不好，这样不仅降低了房间面积的利用率（因为要留出通道及门口），而且因为要出入晾晒衣物，对该房产生了干扰。

鉴于以上原因，设计时做了一些改动：方案一（图40-2）把阳台并入女儿房间（屋主指定该房给女儿用）；方案二（图40-3），阳台还设在房间里，不过此时的阳台是主人房的阳台，反正主人也是主要家务劳动者，不存在干扰的问题。

装修说明：

（1）饭厅与客厅之间最好不加间隔，若要间隔，以虚间隔为宜，可用吊顶、挂帘、花罩等形式（方案二图上用虚线表示）区分两个区域，使空间可分可合。

（2）玄关（见图A的图示1处）宜用磨砂玻璃，再加彩色刻蚀花图

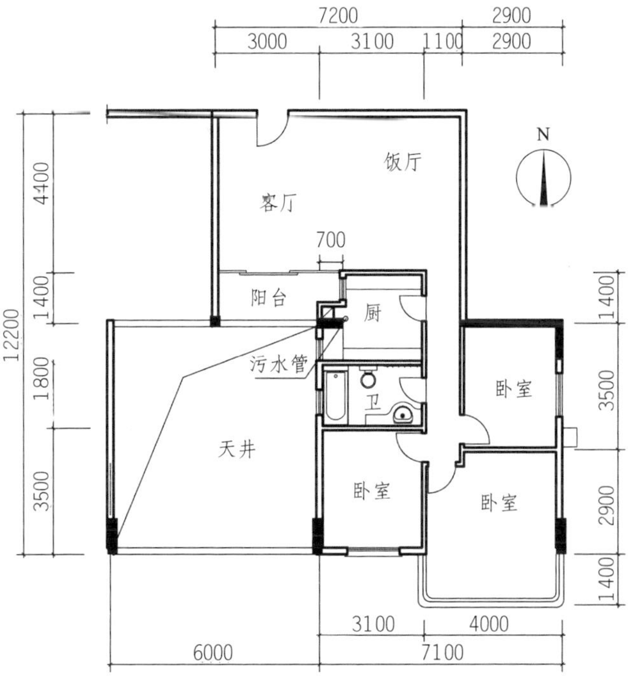

★图40-2-设计方案一★

案，既起装饰作用又能透点光线，且不会透视。

（3）房间间隔改动了，墙体材料要用轻质材料，如膨胀珍珠岩空心砌块（容量小于500公斤/立方米），间隔厚度10厘米；无门洞口的间墙可在墙角处做一反梁承重。

注：

（1）容易做室内布置的厅或房，图上不再表示家具布置。

（2）因提供资料不详，厨房污水管若不在图上所表示的位置，则要另行设计。

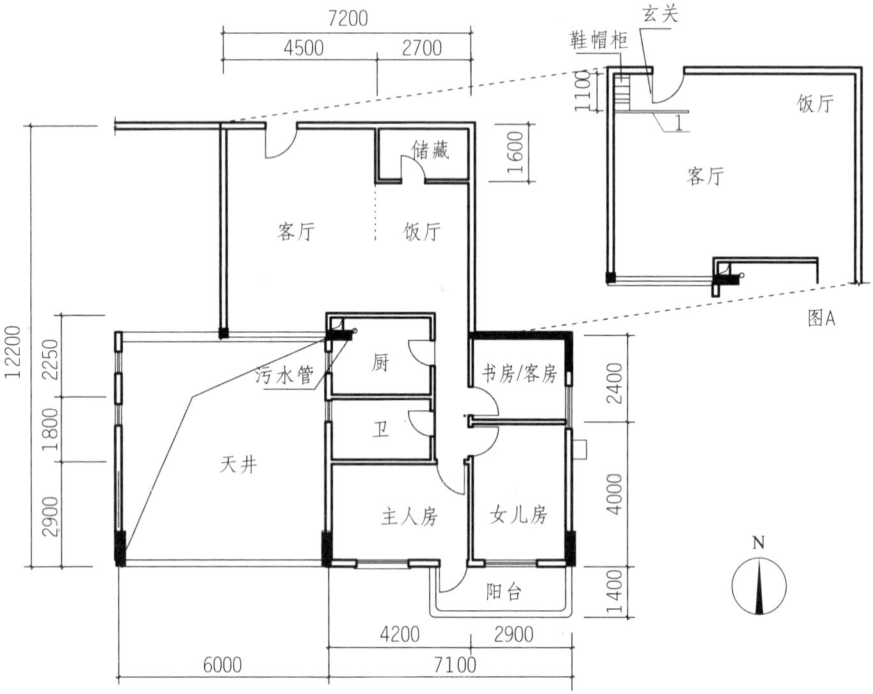

★图40-3-设计方案二★

（三）四五平方怎样改成两间房

近年来增加了不少住宅，住宅的短缺情况得到一定程度的缓解，但解决住房问题仍是一个艰巨任务，即使解决了住房困难这个问题，提高住宅使用率仍有现实意义及社会效益。

为了增加居住面积，以往的办法就是搭阁仔（阁楼）。这种办法并不理想，本来住得很挤了，还要“四脚爬爬”，低头钻入阁楼去，但凡阁仔几乎都是既暗黑又憋闷，居住其中，宛如动物一般栖息于窝穴里，毫无居住乐趣可言。

下面笔者介绍一种好方法，用很少面积（四五平方米）就能做成两个舒适的房间，无须爬直梯，头抬得起来，光线、空气充足，居住舒适宜人，可以堂堂正正称之为房间，而不是阁楼。

也许你会问：那么是不是用薄柜把一个5平方米的房间间隔为两个2.5平方米的房间呢？是不是把层高超过4米的房间横截为两层楼呢？或者，是不是设计多用途的桌柜或沙发，晚上把它平放摊开变成床，再拉上布幕当间壁，一间当作两间用呢？

答案当然是否定的，如果是这样，谁都会做，无需在此唠叨了。“一分为二”、“由小变大”虽有诀窍，但其要求却非常简单：利用现有层高3米（净空2.9米）的住宅，在不改变原有房屋结构的前提下，用预制的家具及小构件组合而成，也可叫组合房。这种方法可增加1倍面积。

组合房的形成：

第一步，把一张双层床摆在房间的中央（见图41-1）。一个人使用上床，另一个人使用下床，两个入口各有自己的桌与凳。

第二步，若是一男一女居住，就要分为两个空间。可用板封住上层床的右侧，然后封住下层床的左侧。这样一来，就分为两个互不相通的空间（见图41-2）。

第三步，虽然分隔成了两个空间，但还要爬双层床，仍未能形成房

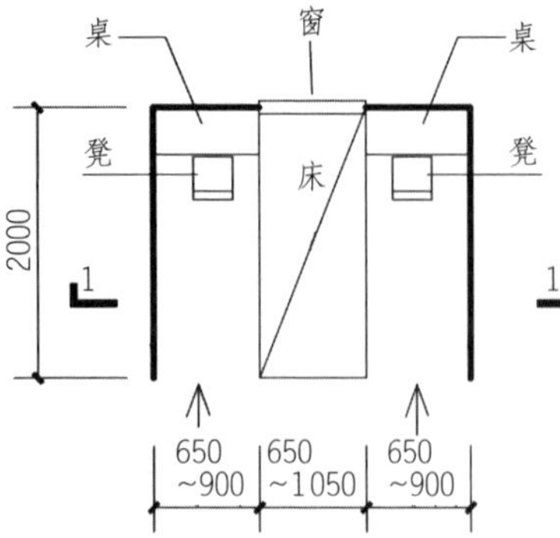

★图41-1★
（平面图）

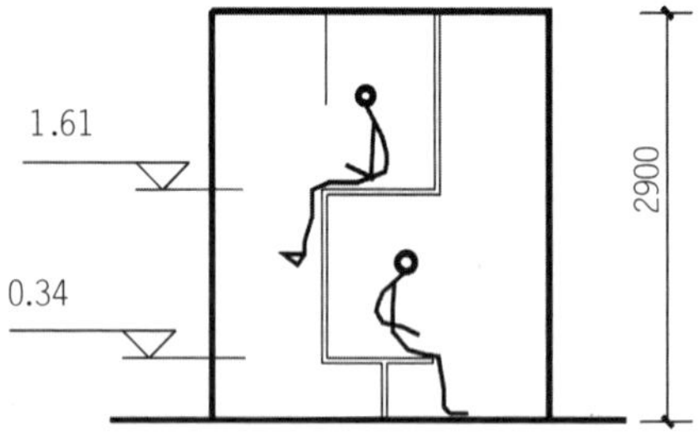

★图41-2★
（剖面图）

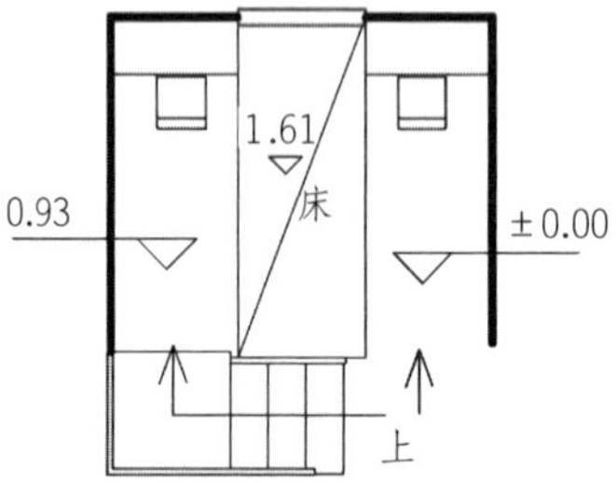

★图41-3★

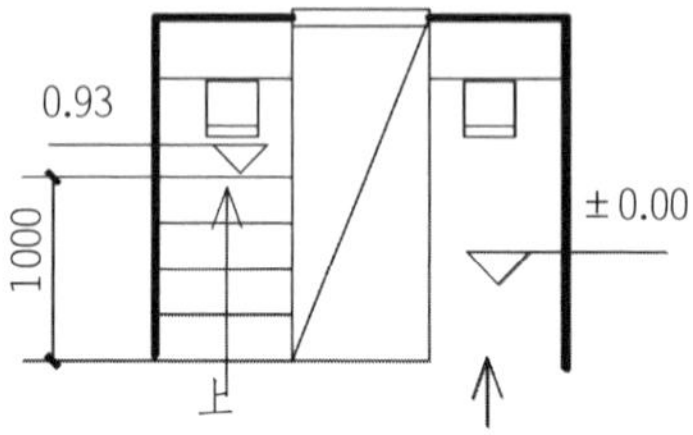

★图41-4★

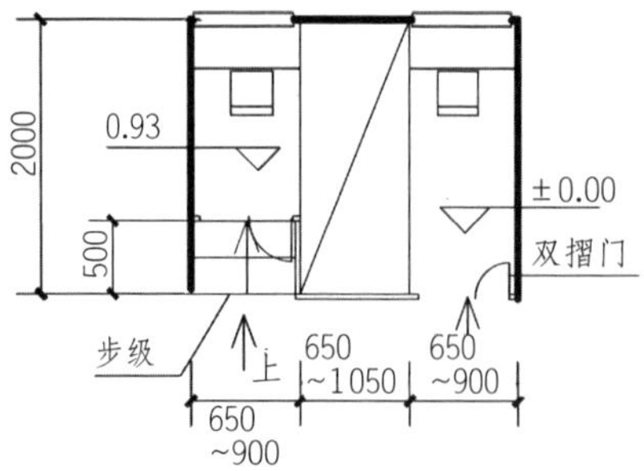

★图41-5★

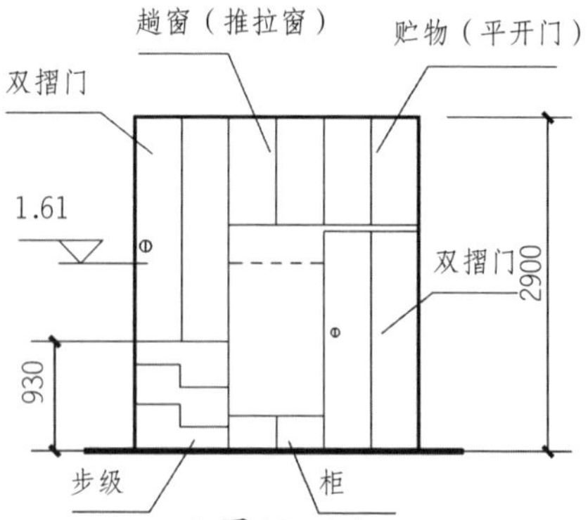

★图41-6★
（立面图）

间。要形成房间，可以做个小楼梯上双层床（见图41-3）。楼梯如果在房间的外面，则要占去一两平方米面积，相当于1个床位的面积，算起来也不划算，还阻碍“交通”。如果把楼梯放在房间里（见图41-4），按一般的楼梯设计，5级最少要占去1米长的地方。梯级的位置已占去床前用地，其结果要么就上不了床，要么要撤掉桌。即使能上床，生活也十分不方便。可以说梯级的设计是个关键的问题，而笔者巧妙地解决了这个难题（见图41-5、41-6、41-7）。至此，一间四五平方米的小房已名副其实地形成了两个独立的房间，老幼皆可使用，再不是双层床的模样了。

为了制作上的方便，可先把步级、门扇、床架等做成木预制构件（床板可以用复合夹芯板），然后搬到家里安装起来即成为组合房。

如果想生活得更方便，可在墙上挖洞做书架，利用床两侧的空间（在不妨碍活动的范围内）做贮物柜或衣柜，步级里可藏个床头柜，等等（见图41-8、41-9、41-10、41-11）。

适用范围：

房间的面积与高度之间存在着比例关系。小面积与矮高度正相配，适合住宅的性质，可增加趣味性、私密性与安全感，因而小房有小房的好处，也受人欢迎。

把四五平方米的面积变成两个适用的房间，且花钱不多，这正适合广大百姓的生活需求。组合房成形简便，不必大举搬家，无需大兴土木，一夜之间便告成功，非常方便。

组合房不只适合住房拥挤的人们，即使拥有大单元的人家也可以用这种方法腾出更多面积（如用于设置娱乐健身房），满足更多生活的需要。

此外，组合房作为一种设计方法，为学生宿舍、单身公寓及廉价居室、旅游地的旅馆设计提供了新途径。每人平均只花两个平方多一点的面积，就能得到单门独户的房间，住得舒舒服服。

（此篇合作者及制图：关雅明）

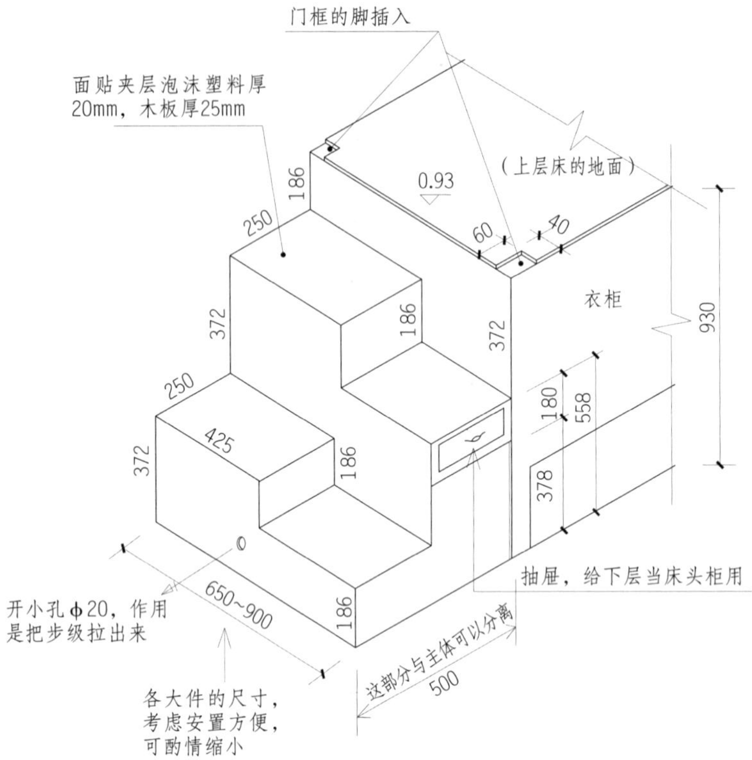

★图41-7★

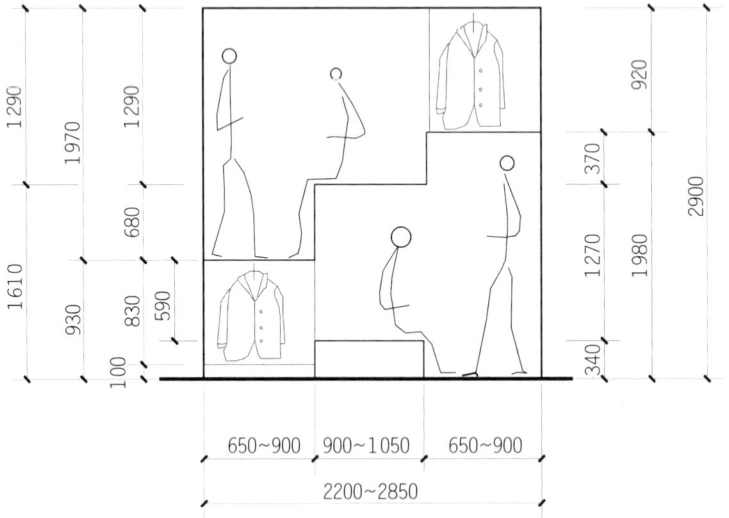

★图41-8★
（剖面图）

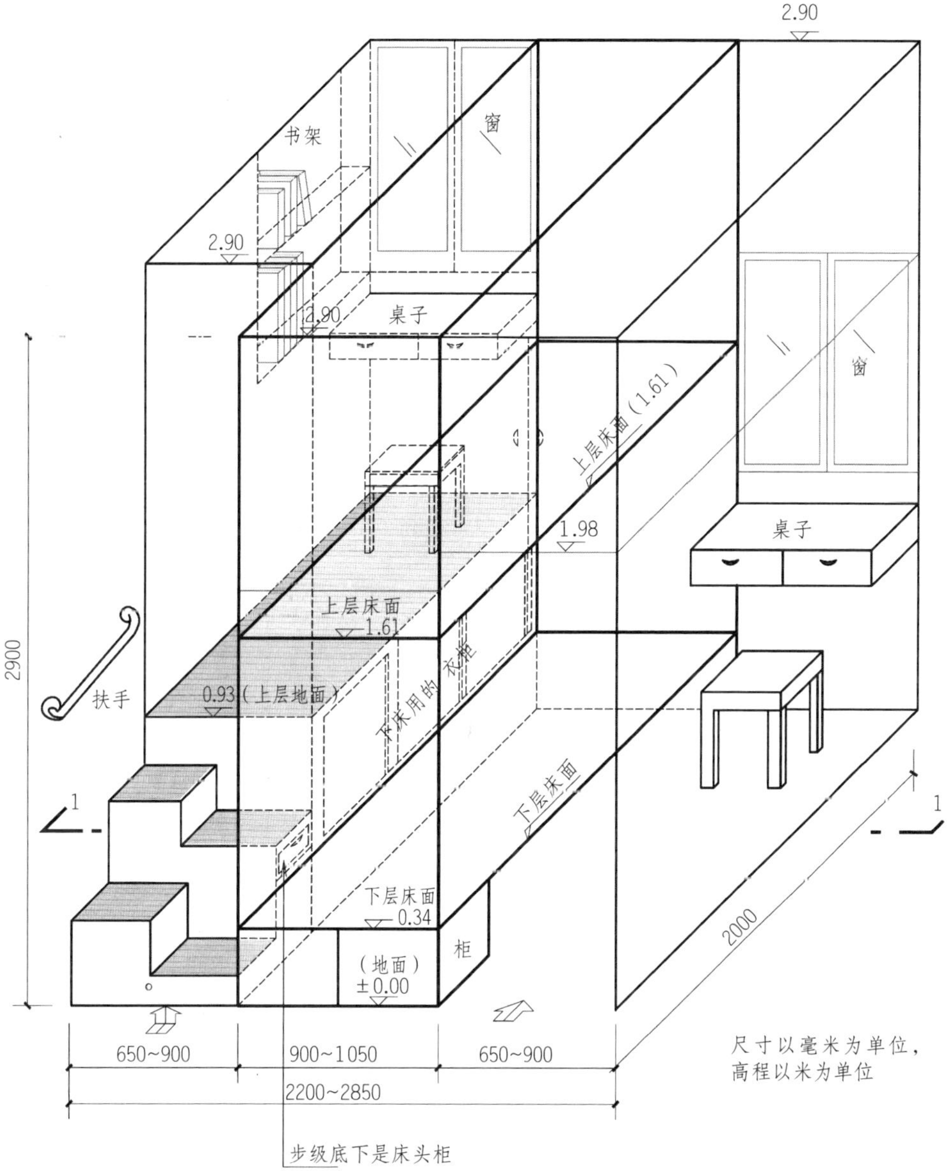

尺寸以毫米为单位，
高程以米为单位

注：这种房建造有样板，并使用了十多年，还一直在使用着，可行，效果良好。

★图41-9★

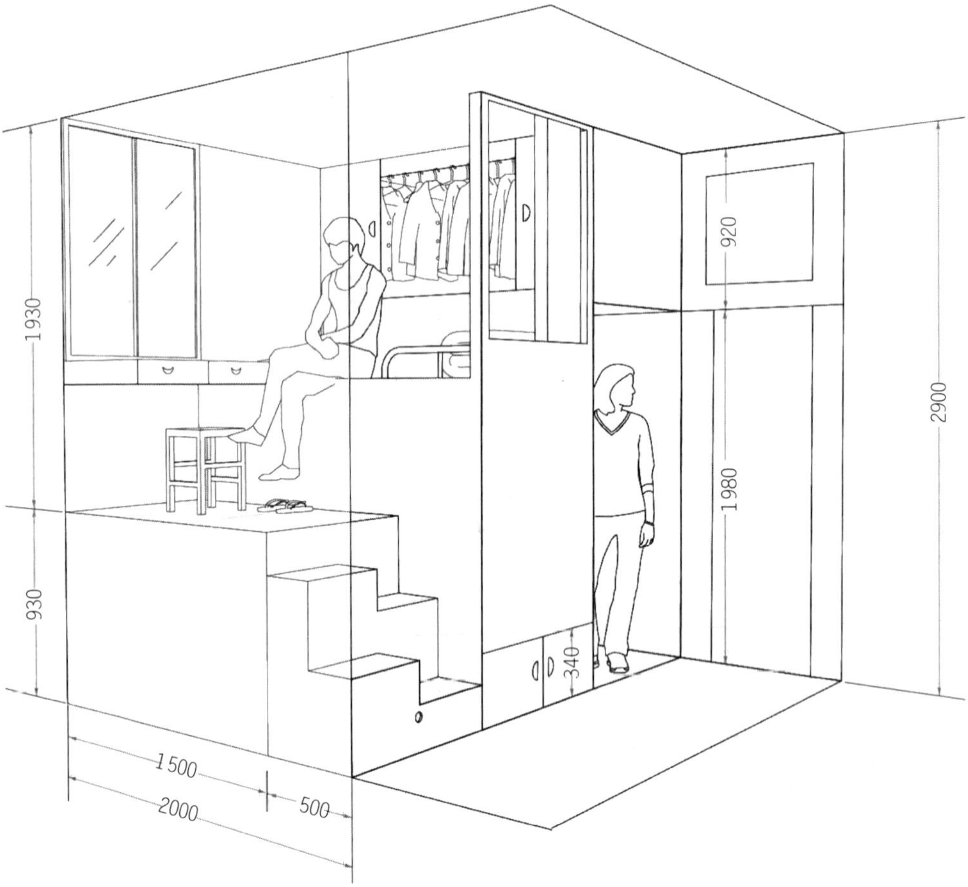

★图41-10★

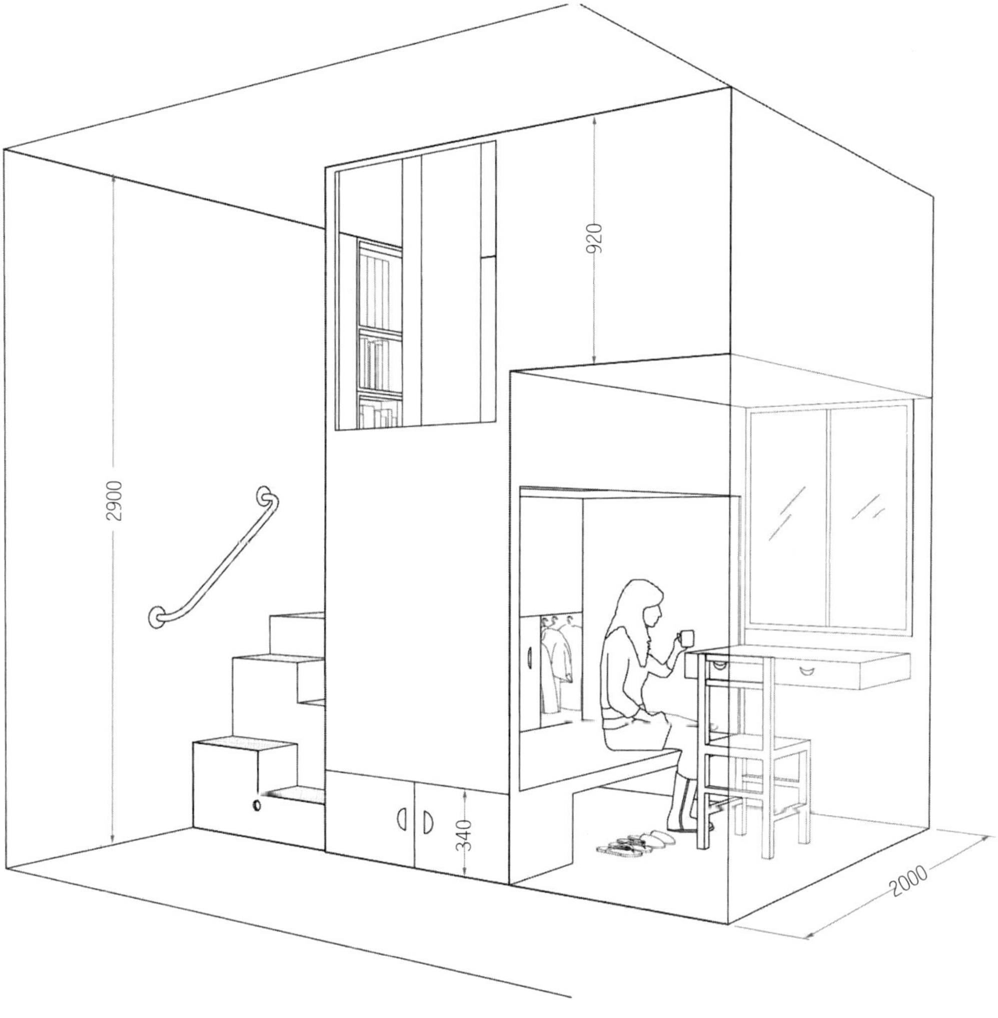

★图41-11★

十二 平面布局巧间隔

（一）把罐状房改得舒适

关工程师：

您好！

今年我分到一套三房一厅的宿舍，总建筑面积为74.47平方米。三个房间面积都较小，厅和靠近浴厕的房间都较黑，整套房子除了东、西两边有窗户外，南、北两边均为别人的宿舍，总的来说，房子的布局极不理想。

本人家为三口之家，请您看一下这套宿舍该如何设计才较为合理，保留三房或改为两房都可以。希望近期能够在报纸上看到您的设计。

谢谢！

《新快报》忠实读者

当笔者翻到这份图时，惊讶于这单元竟如此闭塞，如埋似罐一样，它使笔者感到很棘手，几次拿起又放下，最终还是下定决心改造它。笔者希望通过这个典型例子给更多人有所启发，改善其居住状况。图42-1-原状图的厅很黑，莫说采光通风，连换气都不畅，有效使用面积很少（因有5个门妨碍着），这个厅几乎无多大使用价值。房1是暗室；房2的门口直对厅；房3是个纯向西的房间，且又是个开放性的房，除了通道，使用面积所剩无几了。厨房面积太小（3平方米多一点），不够一厅三房的单元之需。向西的阳台作用不大，因为它与厅无关。全个单元，除了厕所可正常使用之外，几乎没什么好处，实用价值大打折扣。假如商品房市场上有这样的单元，即使打七折出售，也不知能否卖得出去。对于以上所列的不如意地方，设计图（图42-2-设计图）全部都加以改善了。一厅有双阳台颇为难得，可化劣势为优势。

下面谈几点装修工程技术上的问题。

（1）壁柜1既利用了边角的空间，还有一个作用是遮掩厕所的粪管。厕所的横向管道通过壁柜下部伸到竖管去，可在壁柜的下部砌砖，把横管藏在里面，外表面加以装修。

（2）浴室的排水利用阳台的排水管解决，若要雨污分流，另加污水管便可。

（3）阳台安装窗栅，但莫伸出阳台外。

（4）房1的门是半玻璃门（即门的上半截安装玻璃），增加采光面积。同理，厕所的门也如此处理。

（5）为了改善房3纯向西的状态，措施如下：

①缩小西窗的面积（外表保持原样，不影响立面），或在窗外另加遮阳的隔热玻璃窗。

②仿效房1的门的做法，把此房变朝西为朝北，这样该房就好用多了。

（6）厅与东阳台之间是通过地面及天花的装修材料的不同加以区分的，在厅与阳台之间这个“咽喉”处不必再安门，因为在这个地方的墙面上任何凸出物都会妨碍厅的采光。

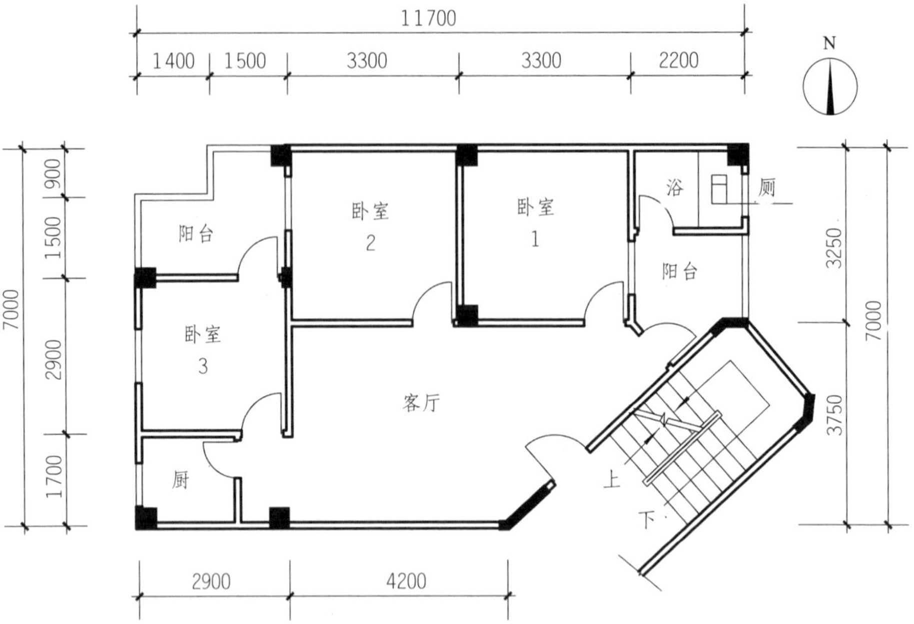

★图42-1-原状图★

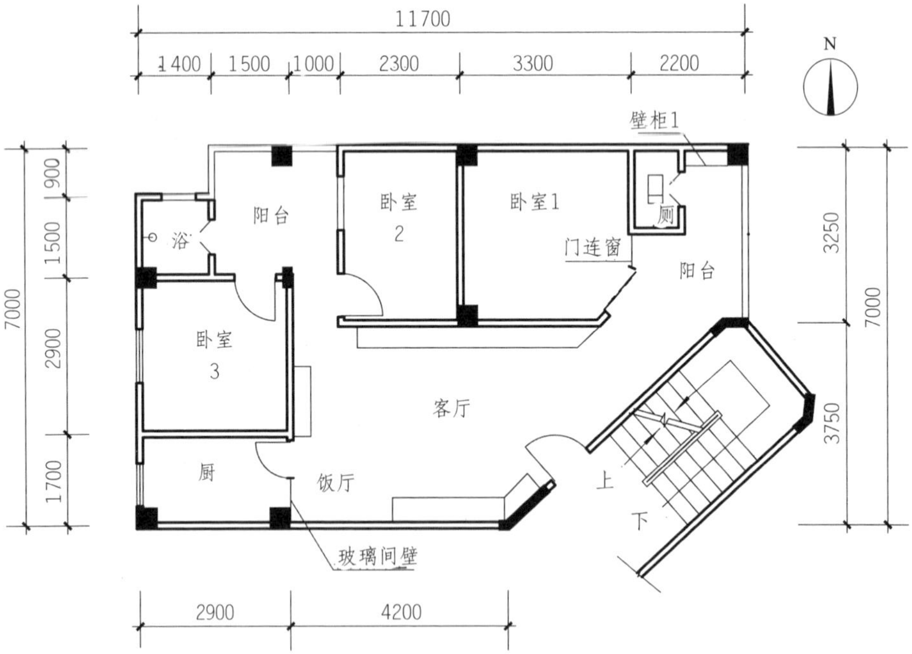

★图42-2-设计图★

（二）改造农居也有办法

关工程师：

以前拜读您的文章，发觉请您设计的多是城镇的商品房住宅，可否请您帮农民朋友设计一下，使我们也能住上舒适的房子？

我家住城郊，近期新建一幢四层高框架结构楼房，我打算居住在二楼，由于我是门外汉，恳请关工程师设计一下。

忠实读者　小华

城与乡的家居日趋类同，不过仍有一些区别，一般表现在：

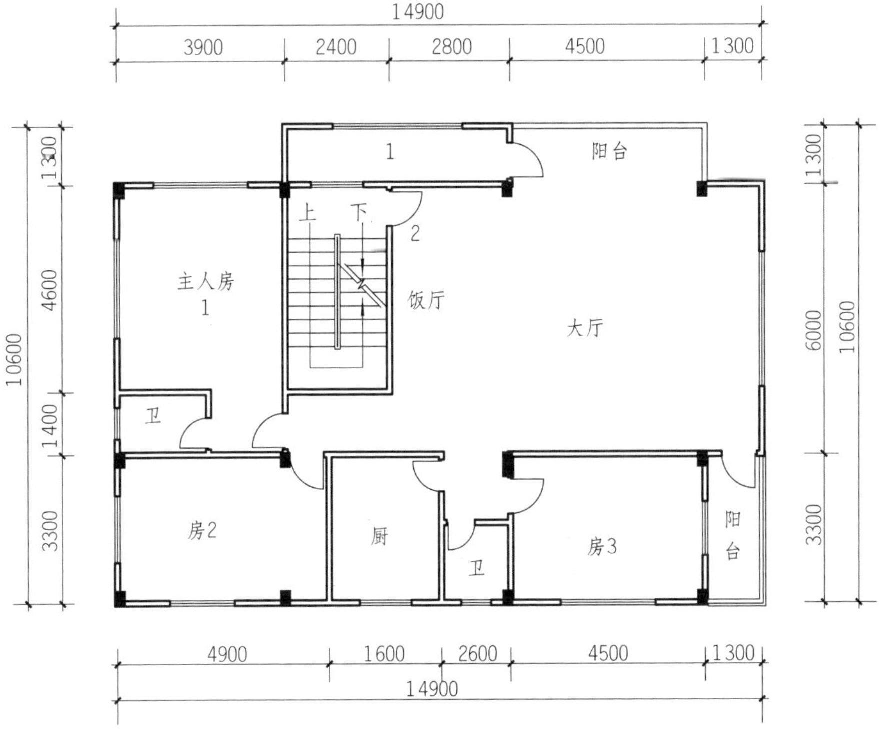

★图43-1-原状图★

（1）乡村家居面积较大，正因为住得宽松，往往有不少面积未得到充分利用。例如：图43-1-原状图标示1处的面积利用率是很低的，一来此处是纵向的窄窄的长条，难以使用；二来不管摆放什么东西，都会遮挡楼梯间的采光。这处的面积不起什么作用。

（2）城市居民，一进自己的单元，立即转身把大门关上，邻居是谁往往几年互不知晓。而乡居的户门常常是自然敞开或只虚掩着，左邻右舍亲亲热热，全村人皆熟络，互相串门很随便，更无须打电话预约，上门的人不是个个都有要事拜访，谈话往往在门厅便可解决。但并不能因大门敞开便无隐私的需要，相反，正是因为这样，乡居在布局上更不可让人路过见全家，门厅更显得重要。

（3）大厅集中面积，以满足乡情需要。

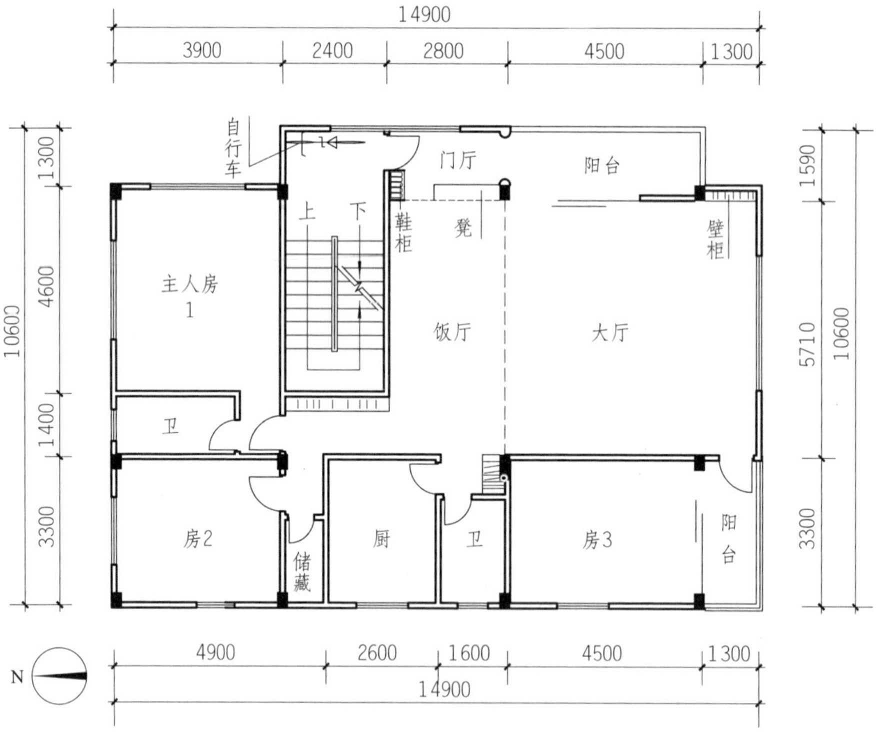

★图43-2-设计图★

①家有红、白事，大庆去酒楼，小庆在家摆两桌，过年过节来访的亲朋多。

②祖居之所，几代积累，家杂再少，也有若干。

（4）农居的单体（即一栋楼）一般不大，每层只一户或两户，甚至一家一栋小楼，三面或四面都可采光，这本来是个有利因素，但往往没有被利用好。譬如，有的人还残存迷信思想，北面不开窗，怕“漏财”，宁可使室内黑暗。这种陋习应改变。或者向西开大窗，这是误区，其弊端以前曾谈过，这里不多说。

此外，本例还有几点改善的地方。

（1）原状图的卫生间太小，原因是为了开个门入房3，浪费走廊空间，把卫生间压缩小了。

（2）原状图的户门迫近楼梯级，无缓冲余地，进出户门的人与上下楼梯的人很容易会产生碰撞。

（3）设计图利用柱子形成的边角配置壁柜，既充分利用空间又可改善柱子形成的突兀感。

（4）设计图中饭厅与门厅之间用空透花格间隔，一来使饭厅光亮，二来图案花格是装饰品，两面可用不同颜色处理，以满足两空间各自的需要，增加观赏趣味。

（5）设计图中饭厅与大厅之间的虚线表示该处的梁做成花罩形式，略示空间的分隔，增加空间层次感。同理，门厅与阳台之间的门洞两边可做半体柱，起同样的作用。

（三）室内微调作用大

尊敬的编辑：

您好！拜读贵报家居版的“为你设计”专栏，获益不浅。最近本人购置了一套住房，正准备装修，恳请贵栏作者帮忙设计，提供宝贵意见，谢谢！（附上平面图）

杨宇澄

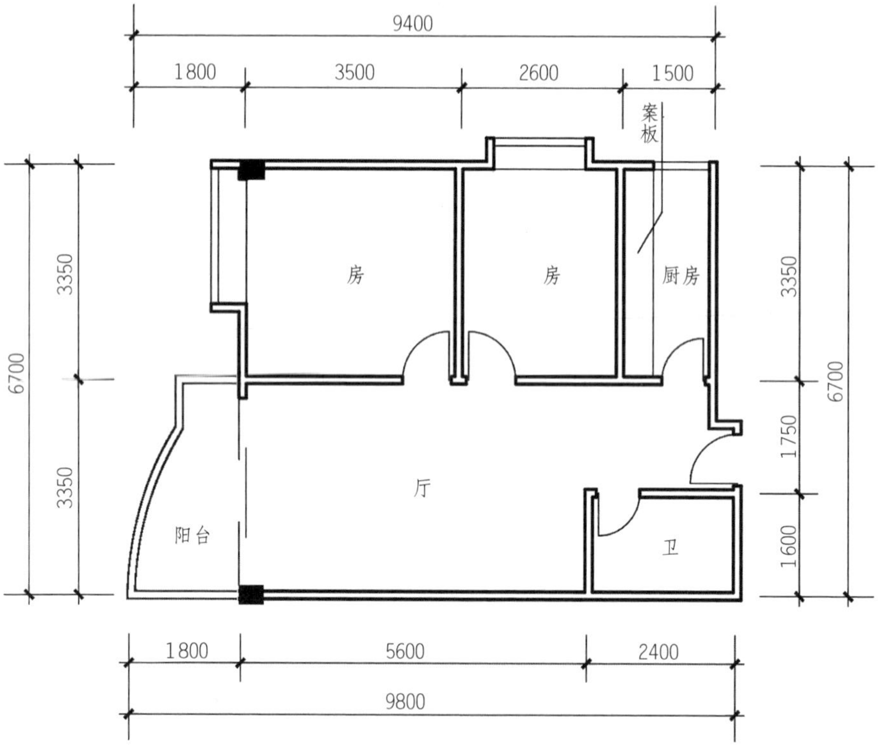

★图44-1-原状图★

有一些单元看起来很简单，似乎没有什么可修改的，但只要深入研究一下，仍然可以发现一些地方应改进。本单元是一个较有代表性的例子，只调整几个门口的位置及移动一面小间墙，立见效果。

（1）卫生间增大了，里面可容下洗、浴、厕等设施。

（2）厅的墙面更完整，可布置的家具线长了，无异于增加面积。

（3）厨房门离户门有一个转身松动的位置，正好配合厨房里案板的布置，顺光源方向，在厨房里做饭时较顺手（原状图是背光的）。

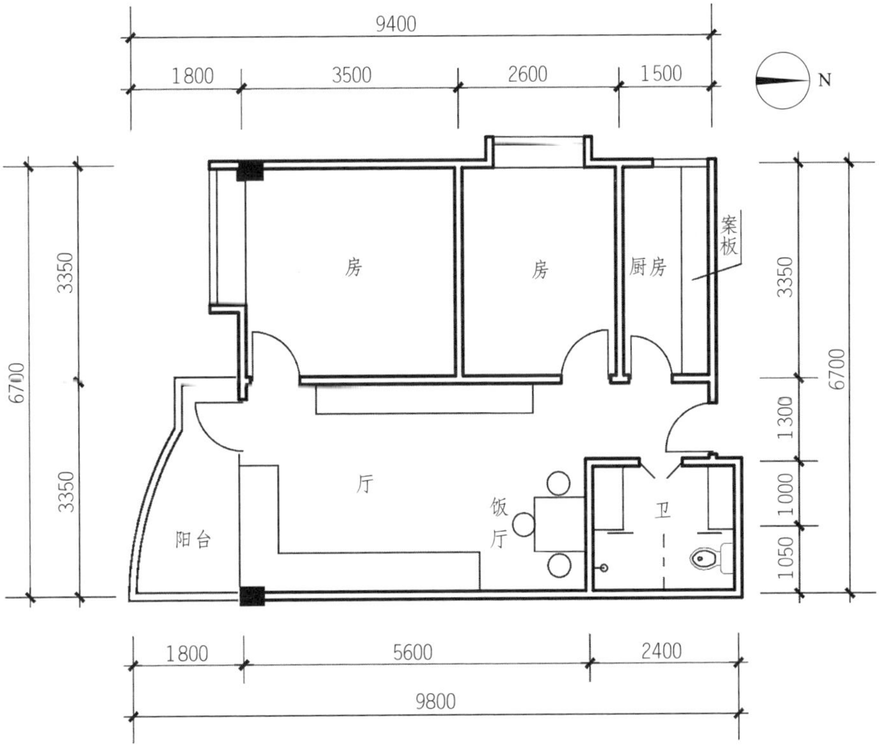

★图44-2-设计图★

（四）巧改布局，感觉不同

虽然楼盘户型的设计总希望是尽量满足大多数买家的需求，但是其未必都能适应具体买家的实际要求，因此选楼时也就有必要考虑房屋使用以及装修的问题。下面是一买家装修前后的户型对比。

原户型设计（图45-1-原状图）：

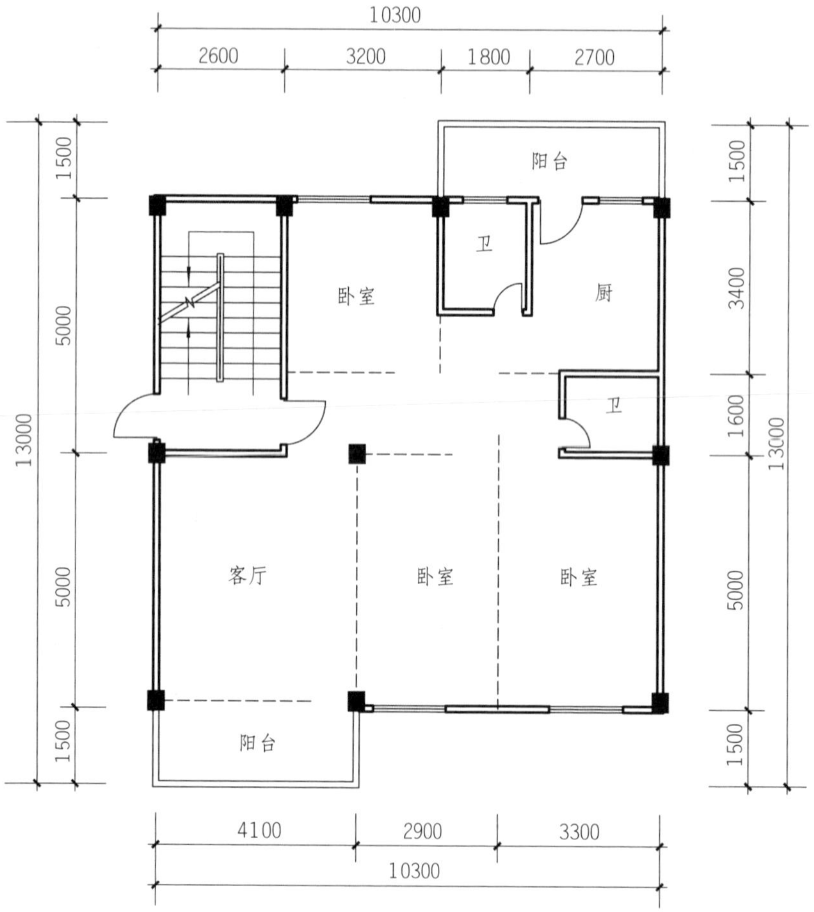

★图45-1-原状图★

（1）套内厅房逐一排列，缺少变化和品味，同时也令家居缺乏团聚温馨的情调。

（2）走廊过长，既浪费面积，又令室内布局不够简洁、流畅。

装修改进图（图45-2-设计图）：

（1）把大门方向改变，使门户处有玄关，既保证了房屋的私密性，又消除了入口处的局促。

（2）厅和卫生间的面积都增大了，也增加了贮藏空间。

（3）饭厅靠近厨房，更方便使用。

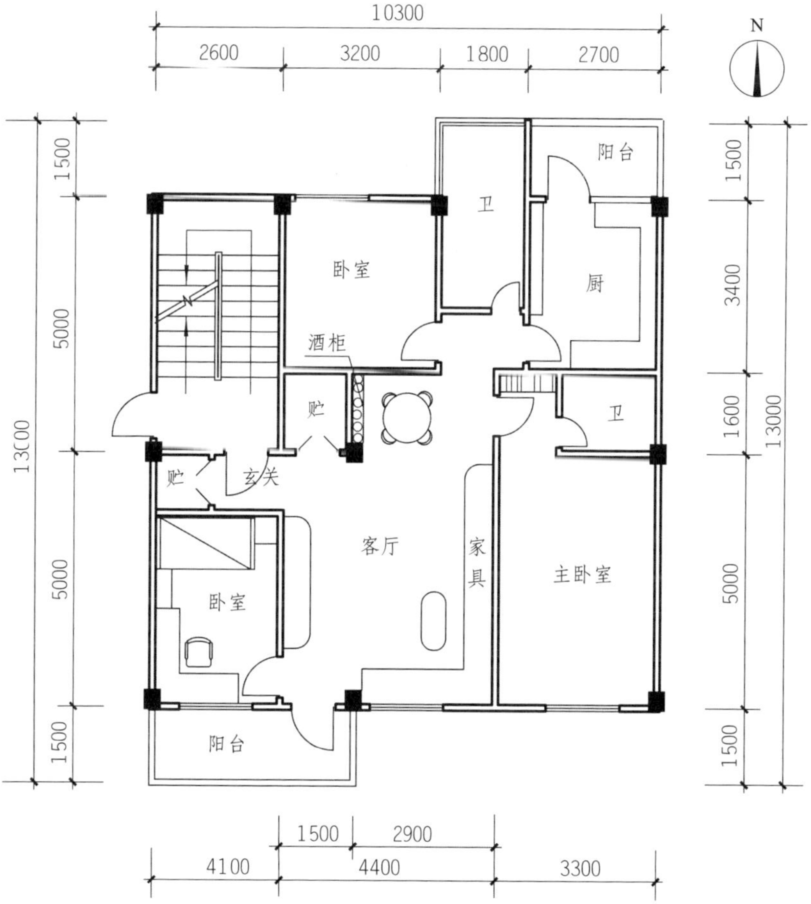

★图45-2-设计图★

（五）来者之鉴

关工程师：

您好！本人近期新购了一套建筑面积为74平方米的福利房（南北向），在房间布局设置上碰到难题，希望能得到您的指教。

设计要求：

（1）希望能划出一个采光较好、面积较大的书房。

（2）希望能保留两个厕所与两间睡房。

（3）希望能保留南面的阳台，摆放些绿色植物。

广州读者　王海波

如图46-1-原状图的这种家居类型很普遍，一梯两户、南北朝向、间隔规整、容易安排。正因为这样，常常出现不经意的缺点。例如：

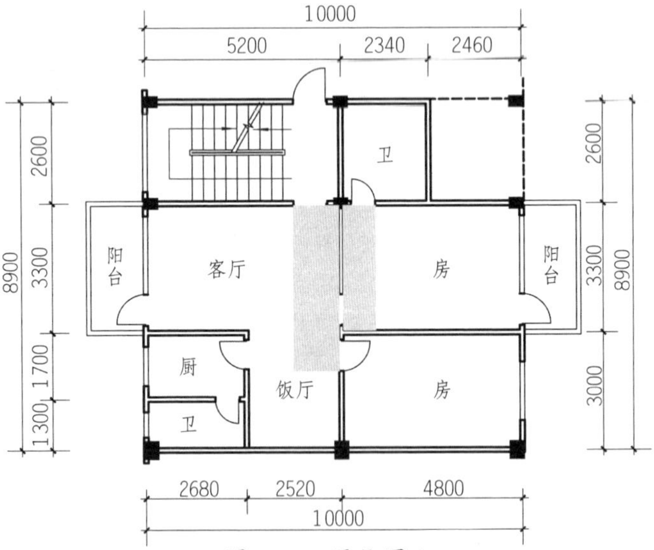

★图46-1-原状图★

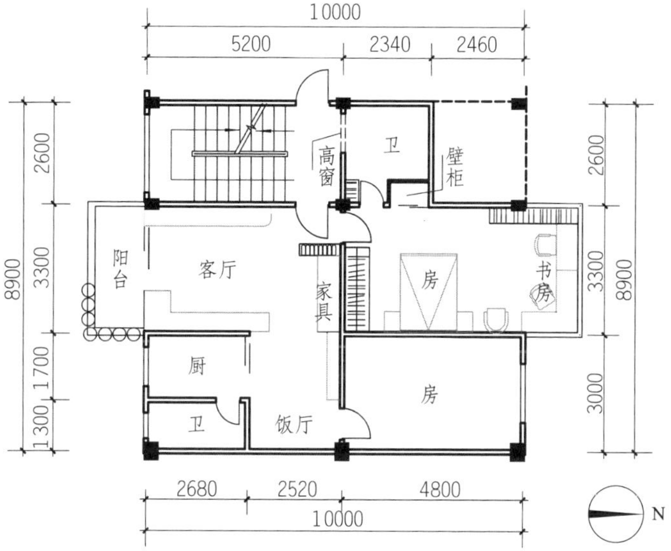

★图46-2-设计图一★

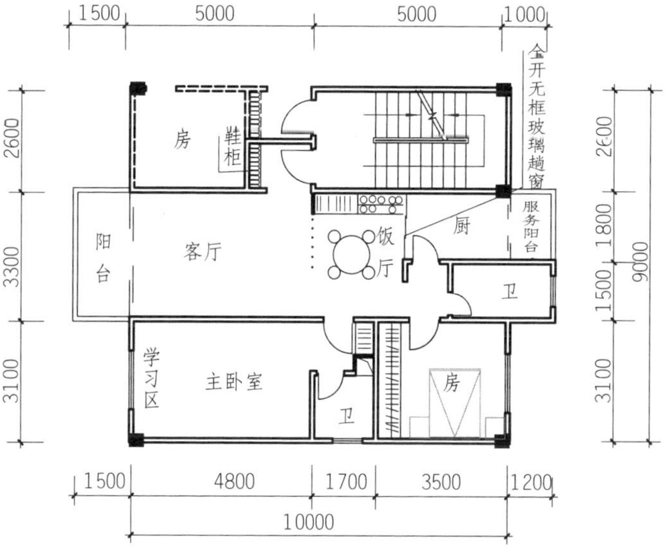

★图46-3-设计图二★

（1）各室门口位置的安排不妥当，造成面积上的浪费（见原状图上阴影部分）。这些面积可抵一个小房。

（2）阳台不配置于厨房，却安排到房里去。

（3）饭厅偏于一隅，采光、通风不良。

（4）附属于房的卫生间面积过大，比例失调。

以上这些缺点在设计图上（图46-2）已做了一定程度的改善。如果当初做单体设计时，把占据南向的厨厕及楼梯间让位给厅房则更理想，效果见图46-3。由于这是一种数量众多的家居类型，民生大事，因此对它的研究是有必要的，供后来者之鉴。

（六）善用特点

关工程师：

近日，本人欲为新屋装修。该居室的建筑面积为88.14平方米，楼层高2.8米，布局为两室两厅，双厕所。

本人希望您能提供一个方案，尽可能地利用空间。要求有封闭式厨房、餐厅，保留阳台、主卧、儿童房及一个衣帽间，主卧保留厕所，但面积不要太大。另外，客厅光线较暗，希望能改善采光，且保证全屋的通风条件。

装修预算大约在5万元，居住人口三人。

谢谢！

图47-1-原状图的客厅深度不算大，按理说，客厅是不暗的，可能有外走廊遮挡之故，现在把客厅的全幅墙改为落地窗，另外对饭厅巧安排，利用厨房的大窗作为客厅的补充光源，经过这样的处理，客厅的光线无论如何都足够了。

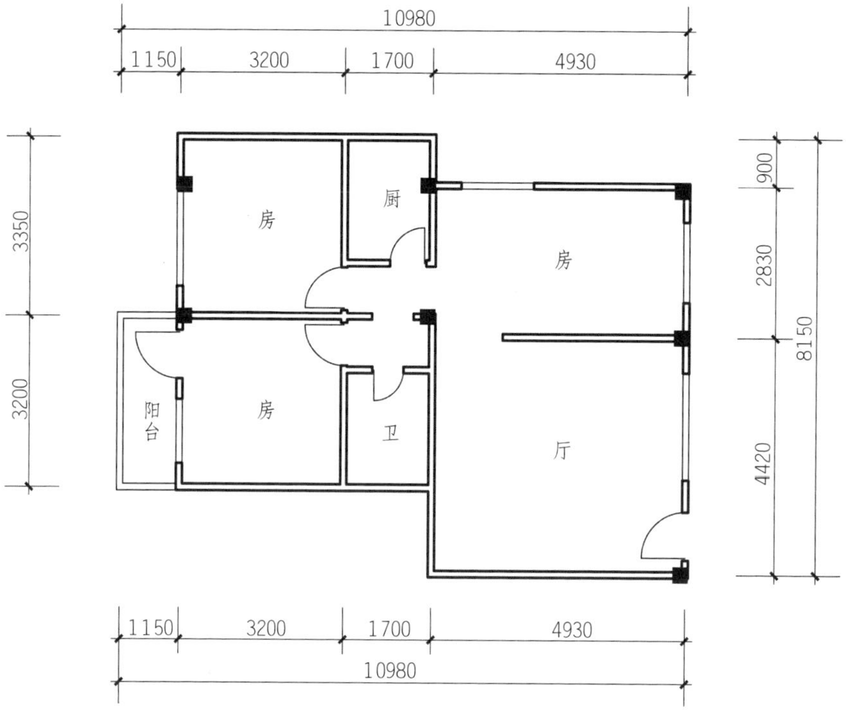

★图47-1-原状图★

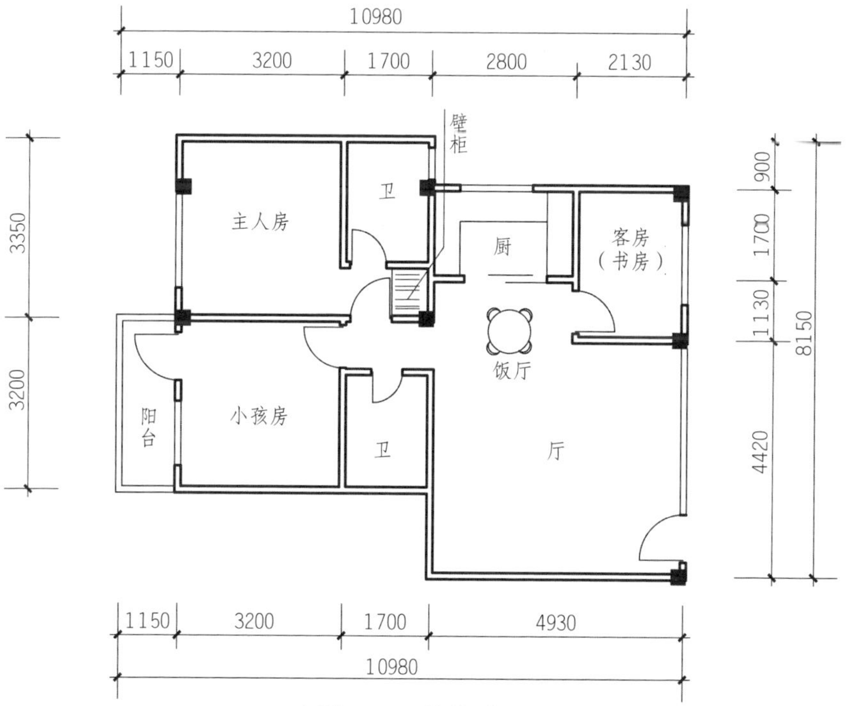

★图47-2-设计图★

对儿童房的安排考虑到：

（1）有半室外空间（即阳台），空气、阳光充足，适合儿童活动以及有利于儿童健康成长。

（2）整个单元只有一个阳台，这个阳台不在厅而在房，如果这个房用作大人房，则有碍于房及阳台的使用。

（3）父母出入阳台也同时照看了儿童，无须特意过去看他。需要注意的是，阳台要设半人高的格栅，且只设竖条而无横条，以免儿童攀爬。

这个单元的设计图（图47-2-设计图）对空间的利用颇为理想，屋主提的要求都得到了满足。

（七）因地、因人制宜

这位业主对自己家居设计的期望：一是由一厅两房改为一厅三房；二

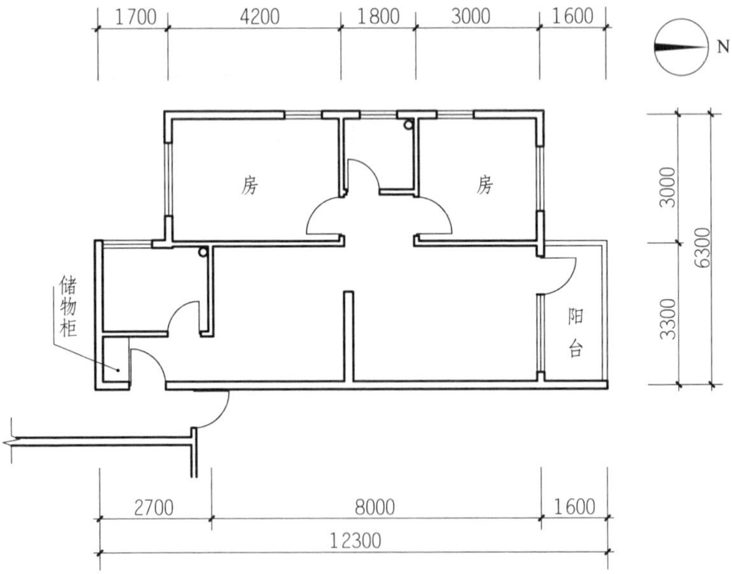

★图48-1-原状图★

是厅的面积尽量大，使孩子有足够的游戏空间。现在提供的两个设计方案都满足了业主的要求，两个方案各有优势，其中方案二在利用面积上更胜一筹——进门就到厅，顺理成章，省去走廊过渡；不仅充分利用窗1，而且

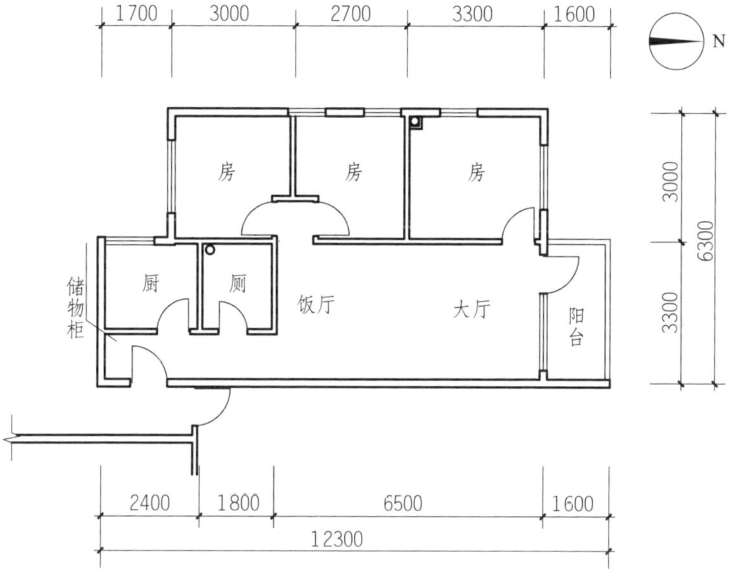

★图48-2-方案一★

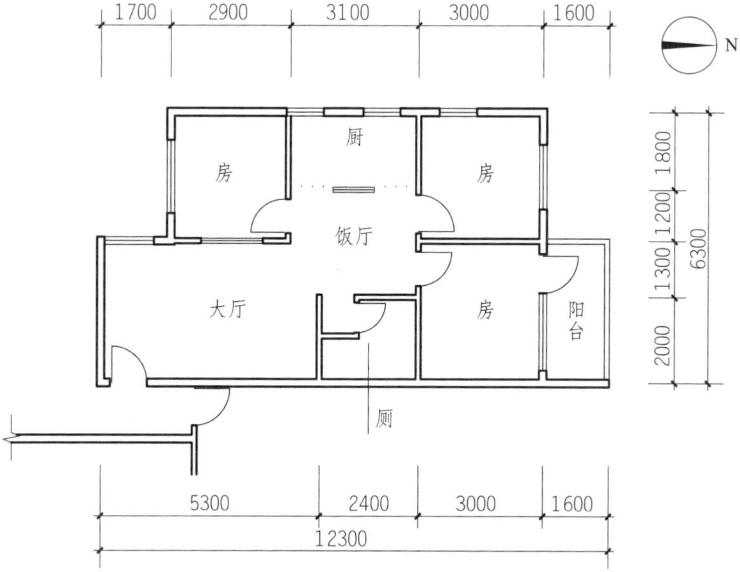

★图48-3-方案二★

还巧妙地利用窗2，较好地解决了采光问题；另外，在厨房与饭厅之间的间墙上加一个固定窗，两边各做趟门，玻璃为磨砂玻璃，不仅有装饰性，而且两个空间可分可合，增加了使用功能。

下面谈谈厨房移位后的技术处理问题：

（1）原来是厨、厕的位置，改为房间，厨厕的竖管是不能移动的，竖在房间里不雅观，砌筑侧砖（厚6厘米）把竖管包起来，批荡装修后，外表看起来只是一条小柱子，无伤大雅。此外，房间的墙面、天花的批荡宜用水泥砂浆，以防潮气。

（2）将原来不是厨、厕的位置改为厨、厕，排污问题可以用下列方法解决：用轻质材料（如陶粒或炉渣等加水泥，把地面垫高一级，垫高的目的是让排污管有藏身之处，使其产生一定坡度（坡度应大于3度），以利排污。此时的室内级差，不仅有实用的一面，而且同样也制造了空间层次感。排污管仍伸到原厨、厕的排污口去，移位不宜太远。厨、厕地面及下半截墙面要做防水层，刚性及柔性双层防水，一定要做妥当，以免污水渗漏到下一层居室。

（八）乱中见规矩

关工程师：

您好！

我新购一套住房（平面图附后），因客厅的形状不规则，走道又占去很大的地方，我也看了不少装修方面的书，想不出满意的装修方案。想麻烦关工程师，请您在百忙之中指点一下，怎样装修才好。我一家四口人，想保留三个房间。期待您的回音！

谢谢！

李文光

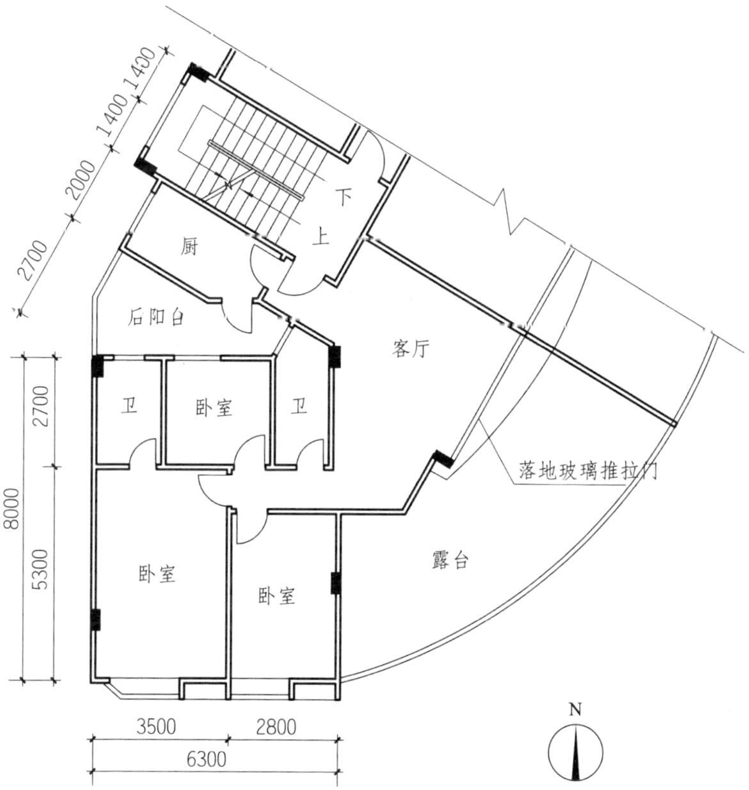

★图49-1-原状图★

处理不规则的平面有两点要领：一是因地制宜，二是从繁乱中找出规律来。曲折的平面难搞，但一旦搞好，比方正的平面更有趣致。以这个户型为例，笔者设计后的亮点增加了，具体优点体现在以下几方面：

（1）原状图柱子多，在设计图中柱子都得到了巧妙的安排，使柱子不再影响室内空间。

（2）室内间隔规律化，形成轴线关系，平面布局活泼而紧凑。

（3）充分利用客厅东南视野开阔这个优势，使这个厅变为扇形无敌观景厅，可享受露台花园的美景，大大提升了该单元的身价。

（4）厨房规整，从而使有效面积增大。

（5）有足够的贮藏空间（如衣柜、壁柜及走廊上空的空间），同时提高了对走廊的利用率。

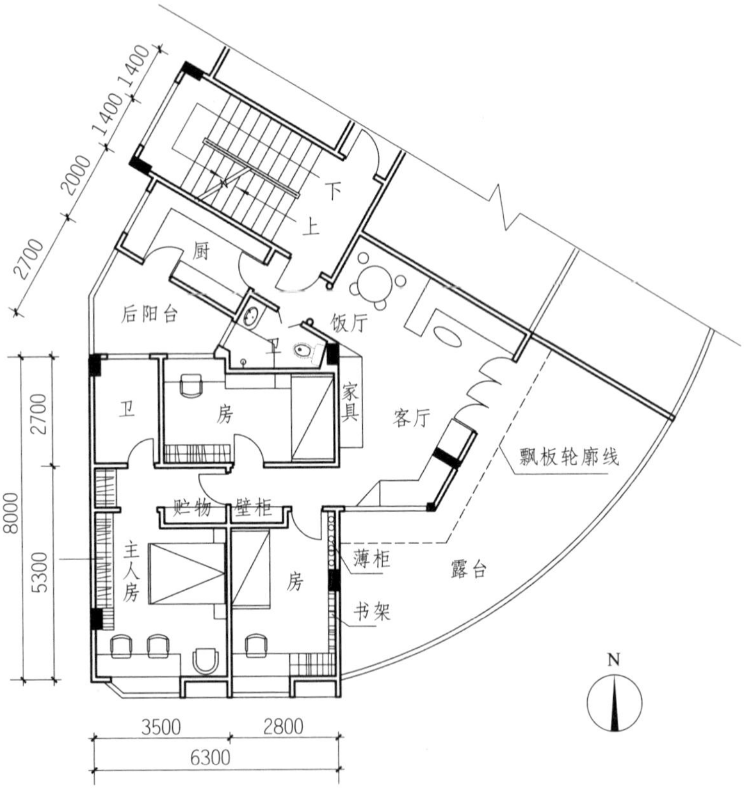

★图49-2-设计图★

（九）厅门不宜多

在报纸开辟专栏多年，笔者处理了很多设计上存在各种问题的房子。在此，将遇到的几个主要问题归类，逐一探讨。

（1）"厅门多不好"，这一点几乎人人皆知，但有些人知其然不知其所以然，人云亦云。厅门多不好不是风水或运气不好，也不是门本身不好看，主要是因为门口位占了厅的地方，使厅可安置家具的地方少了，严重者会使厅变成过道或交通厅，失去实用性。厅门一般有3个（一个是出入厅的门，一个是去阳台的门，还有一个是去各房的门），不宜多于3个，少数情况下可以做到2个或1个门。那么多于3个门就一定不好了吗？这也不是绝对的，例如下图厅门有5个，其实它只相当于3个或3组。一个门需耗去一个出入位，两个门共用一个出入位也相当于一个门，因此开门时应尽量把门口加以组合安排，这是一个设计技巧。一般来说，房门不宜直接开向厅，如果各室的门都开向厅，站在厅里一看，全家情况一目了然，这个家居还有何情趣。

（2）潮流一时兴厅大房小，一时又兴厅小房大，究竟哪种好呢？笔者

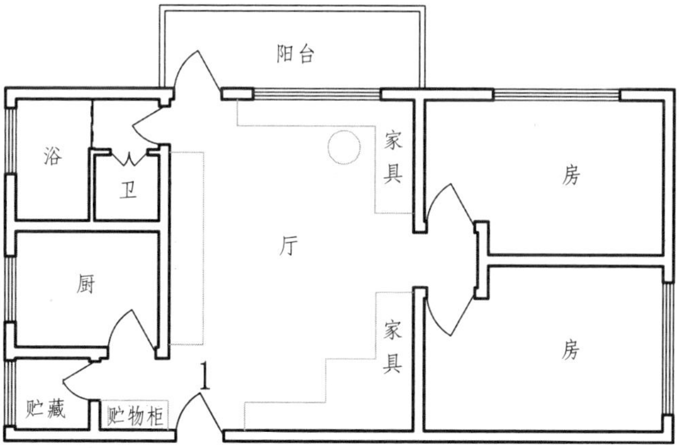

★图50★

认为凡是不涉及影响生活品质或违反艺术、技术规律的情况，适合自己用则可。譬如，有的人交际广，家里经常高朋满座，亲友如云，这种情况当然是厅大为好；但有的人清心寡欲，静如止水，一门心思钻研学问，只在开饭时间去厅里坐一下，这种情况只需有个比饭厅大一点的厅兼做客厅用就够了。

（3）饭厅独立好，还是与客厅合并好？类似前一个问题，有的人只在吃饭时间才看看电视，如果饭厅独立，小小空间不便于看电视。一般而言，饭厅与客厅可分可合较为理想。还有，客厅在前，饭厅在后，一进户门先到客厅较为符合生活习惯，因为客厅对外，饭厅对内，开饭时恰有客访就不会尴尬。但饭厅的位置也不可随心所欲安排，还要受厨房位置的制约，饭厅远离厨房不方便，因此设计一个理想家居并不容易。

（十）60平方可做出三房两厅

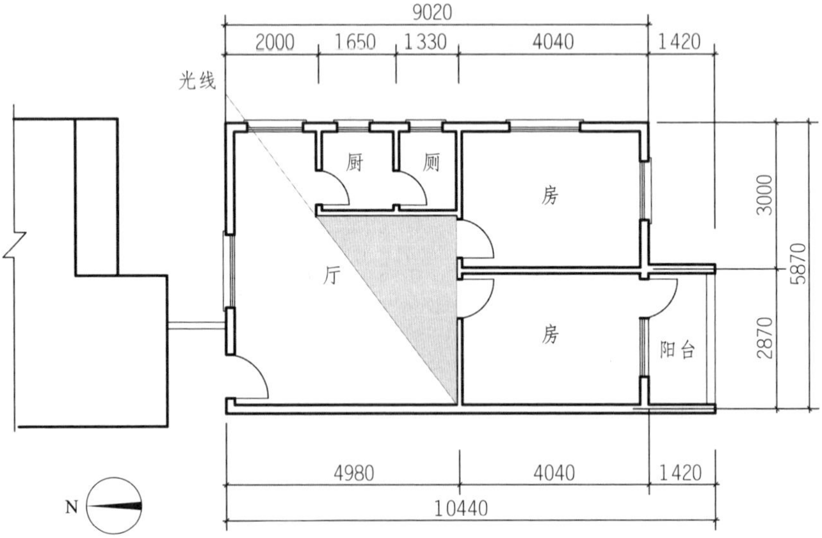

★图51-1-原状图★

图51-1-原状图的设计没有什么过错或大缺陷，这样的设计很普遍，但如果再深入一层去研究它，以下几个问题仍有进一步改善的可能：

（1）厨、卫的面积太小，还要穿过厨房才到卫生间，更觉狭窄。

（2）厅无阳台，阳台却出现在房里，在使用上不怎么方便。

（3）厅的北窗室外被贴近的邻屋遮挡，光线较弱，而东窗外面开阔，光线强烈，使厅中产生了对比的暗区（图51-1-原状图上涂阴影部分）。此外，屋主要求增加一个小房。

这个家居设计对以上几个问题都做了较妥善的解决，还充分挖掘潜能设置了一个玄关。好在这个单元在首层，对房间的间隔及地下排污管道的安排受到的束缚较少。这单元的建筑面积名义上是60多平方米（实用面积还不到60平方米）能做出两厅三房来，顺理成章、合理紧凑，这可称得上经济适用房了。这个设计美中不足之处是浴室无窗口。当然，一块空地任由设计都未能做到十全十美，何况在已限定的框框里做修改，轻微瑕疵在所难免。

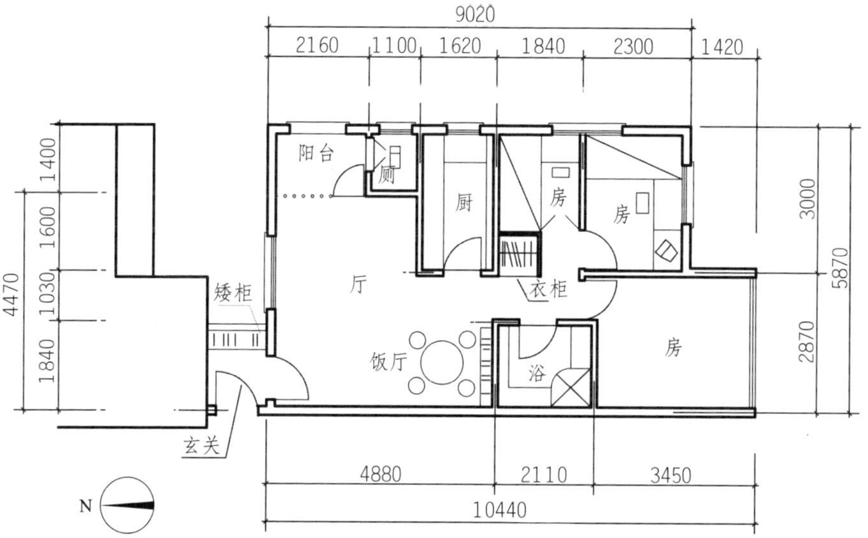

★图51-2-设计图★

（十一）窗多有好处

关工程师：

您好！我家是五口之家，去年分到一套三房一厅的单元，曾设想把三个房间的门口全改为直对厅，过后觉得不理想。现装修在即，恳请关工程师在保留原有房间数的前提下，为我们设计得更合理一些。

读者 张琼玲

屋主提出的设计要求不难解决，只要把饭厅与客厅隔开，使饭厅独立便达到目的，因为饭厅是对内的，门多无所谓。

这个单元还存在以下不如意的地方：

（1）作为三房单元的卫生间不够大，人多共用不方便。

（2）厨房无法独立，必须做开放式的，油烟很容易污染到两间卧室及客厅。

以上问题在设计图中得到了解决。

下面结合这个单元讲解一些装修知识。

（1）为什么不把客厅调到南面去呢？因为这个单元的南面是内天井，虽然向南，可是南风很难吹进来，相反北风倒容易反射进来。

（2）阳台挨着卧室，会影响休息。解决的方法是特别设计卧室的窗——以略高于人眼的高度（约1.8米），把窗分为上下两截，下半截安装单面透视玻璃（即从室内向外望是透视的，但从阳台向室内望不透视）。平时可适时开启上半截窗，这样无须时时拉上窗帘，既解决了采光、通风问题，又解决了干扰问题。

（3）此单元四面有窗，改动布局较容易。由此可以得出这样一个结论：买楼时选择多朝向都有窗的户型，等于增加了房屋的附加值。

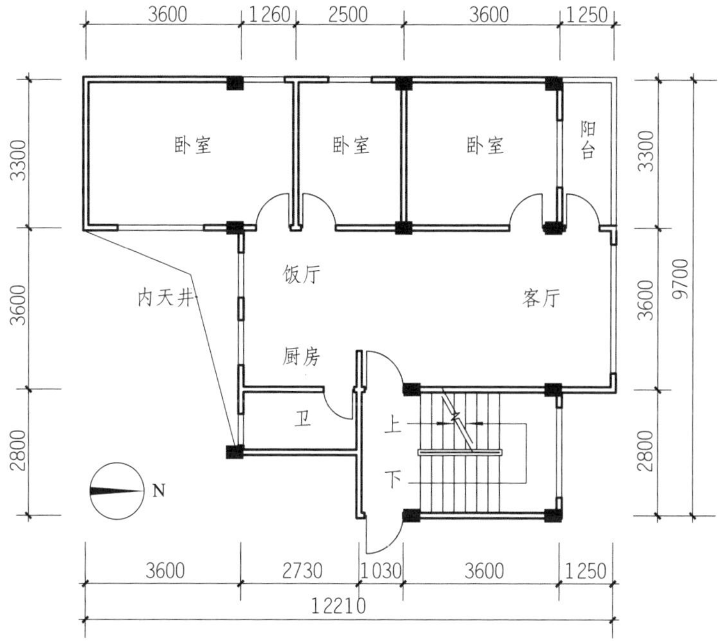

★图52-1-原状图★

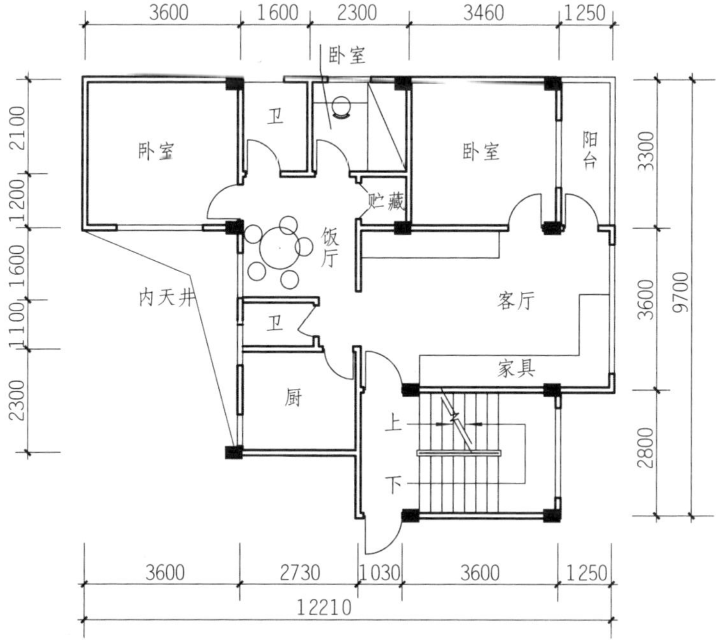

★图52-2-设计图★

（十二）每项细节都有讲究

关工程师：

我们的居室使用面积有58平方米，三房一厅。我们的要求是改成两房两厅，留一阳台，厕所尽可能有3平方米，想在入门玄关处设简易的衣帽壁柜，且主卧室与小书房功能合一。

美婷

如下两个设计方案都满足了屋主的全部要求，两个方案各有优点。以方案一（图53-2-设计方案一）来说，房1与房2，既可成为套房（一个是卧室，另一个是书房），关上门3便可，又可以各自独立使用。卫生间有两个门（图53-2-设计方案一上标示1及2处），任选一个则可。图53-3-

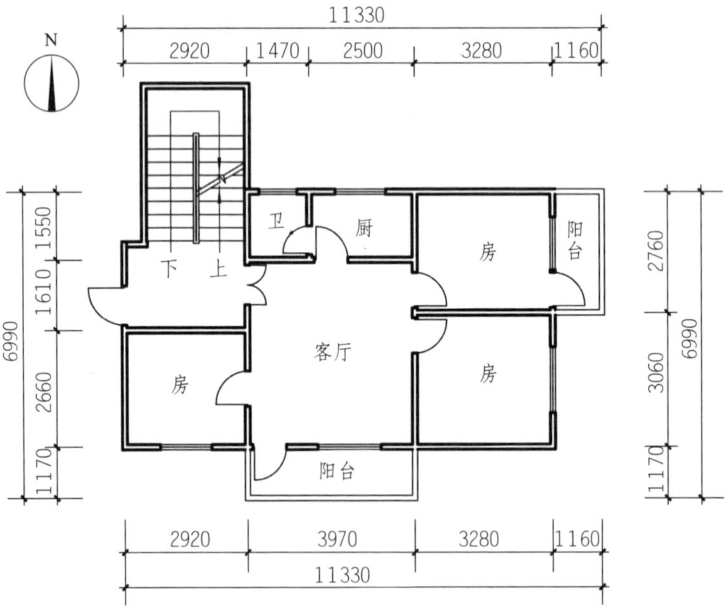

★图53-1-原状图★

方案二的优点是厨房门不直接开向厅。按屋主的意向，改成两厅两房则可，那么把房1用作饭厅也方便。一般来说，能多保留一个房间较灵活，家居的发展趋势是多房。

（1）希望卧室里多一些衣柜。最方便的方法是将卧室无窗无门的一面墙整幅墙面全做衣柜，但不宜直接用衣柜代替间墙，否则隔音效果不理想。隔音不仅要隔说话声（靠空气传播），还要隔固体振动声，这种声音传播更远。例如，一幢楼几十米长，在某处敲击打凿，全幢楼都能听到。较简单方法是砌一幅侧砖间墙（6厘米厚），两面批水泥砂浆，然后再做夹板壁柜。

（2）厨房或卫生间的门对着卧室门好吗？原则是，同一类性质的室内空间，门口正对，便于空气流通或穿堂风；不同类的室内空间，若有污染或噪声的，则门口不宜正对。人多混杂的公共宿舍，当然不希望卫生间或厨房门对着卧室门，但一个家庭，尤其是小家庭，厨厕不会产生臭味或噪

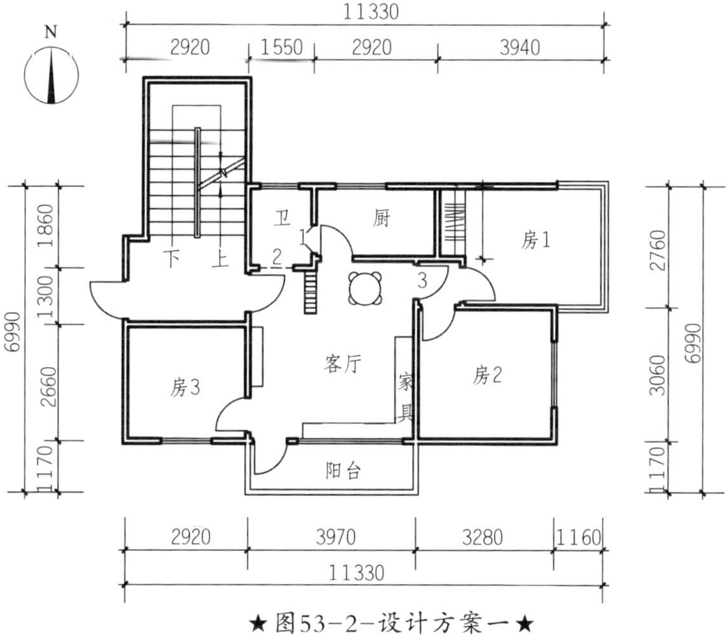

★图53-2-设计方案一★

声，门口正对问题不大；相反，若把这个看得太重，硬是为了使门口不相对，弄成整个单元布局不合理，弊端更大。当然，在某些情况下，厨房、卫生间的确不宜正对卧室门，比如：

①厨房在南面，卧室在北面，若两门相对，夏天的南风总是从厨房吹到卧室，带来油烟。

②如附图这种带卫生间的主卧室，厕所与主卧室近在咫尺，坐在床边，面对马桶，甚不雅观。

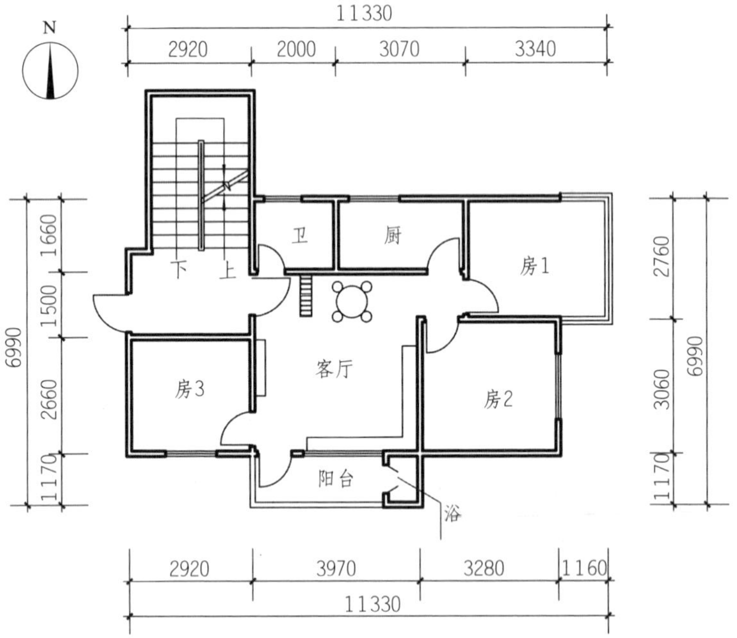

★图53-3-设计方案二★

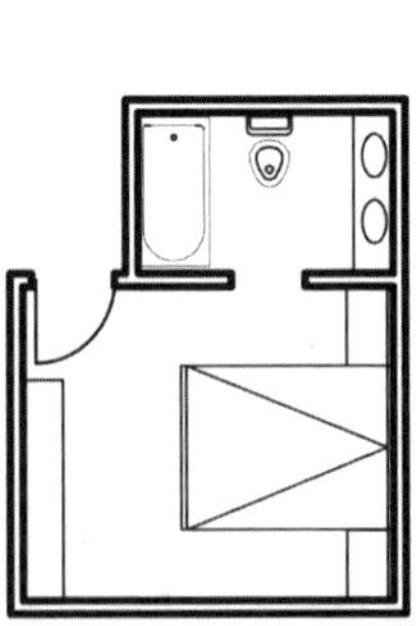

★图53-4-附图★

（十三）灵活改造空间更宜居

关设计师：

您好！从去年5月开始，我一直是“为您设计”栏目的忠实读者，您教给我不少实用的知识。我准备装修一套新屋，还望赐教。

这套新房建筑面积（不计楼梯）约77.9平方米，屋的东南面开阔，西北面与邻楼相距约7米，光线尚算充足，一人住。

设计要求：

(1) 简洁，舒适，能充分利用空间。

(2) 保留一间卧室（内设一个大壁柜），设一间不少于6平方米的书房（必要时可做客房），一间约三四平方米的杂物房（可与其他房连通）。

(3) 保留阳台（用来晾衣服，安放洗衣机）。

(4) 饭厅过小，请改大一些。

由于卧房面积过小，客厅狭长（设计前），很难布置，恳请附上设计效果图。谢谢！

另：阳台围栏高约1.1米，我想改为0.95~1米，请问，是否会影响新屋的质量？

花都　徐小姐

这个单元将近80平方米，一个人居住，目前这么高的居住水平尚不普遍，因此笔者为屋主做的设计既能满足屋主近期一个人居住的需求，也可满足今后一家人居住的需求。这个单位的原状图真有意思——如果有人说，80平方米只住一个人还不够宽敞、舒适，这很难令人相信；你可能会说，这不可能，一个人住80平方米，在里面翻跟头都可以啦。可是，偏偏就有这样的单元。请看，原状图（图54-1-原状图）的饭厅即使摆一个人的凳子，都妨碍着门口的出入。再看，向南的房间虽然有两个（见图54-1-原状图中房1及房2），但较大的房（房2），除了有个门口通向向西的阳台之外，连窗口都没有；较小的房（房1）又成不了主卧室，只好空置两个南房而去住北房（房3）了。这样的住法，你说能舒心吗？可见，面积多并不等于居住质量就高，关键还在于对家居的设计。屋主徐小姐对设计的要求提出了好几项，图54-2-设计图都一一满足了。下面做几点说明。

（1）书房有两个门，是为了让屋主灵活使用之故，近期使用，把门1关上（门多会浪费面积）；将来如果把书房作为一个独立的房，则使用门1，而关闭门2便可。

（2）凡对隔音要求不高的间壁，不必砌墙，用家具间隔就行，可以省去结构面积。例如，主卧室与书房之间用大衣柜间隔；户门入口处的走廊与饭厅之间可用鞋柜及壁柜间隔，柜子最好顶到天花上，充分利用空间。柜子里面分几格，上面存放已过季节的用品。

（3）卫生间的门不宜直开向饭厅，在面积许可的情况下，留1平方米（见图54-2-设计图中标示△处）的退缩位是值得的，门口挂上珠帘或布

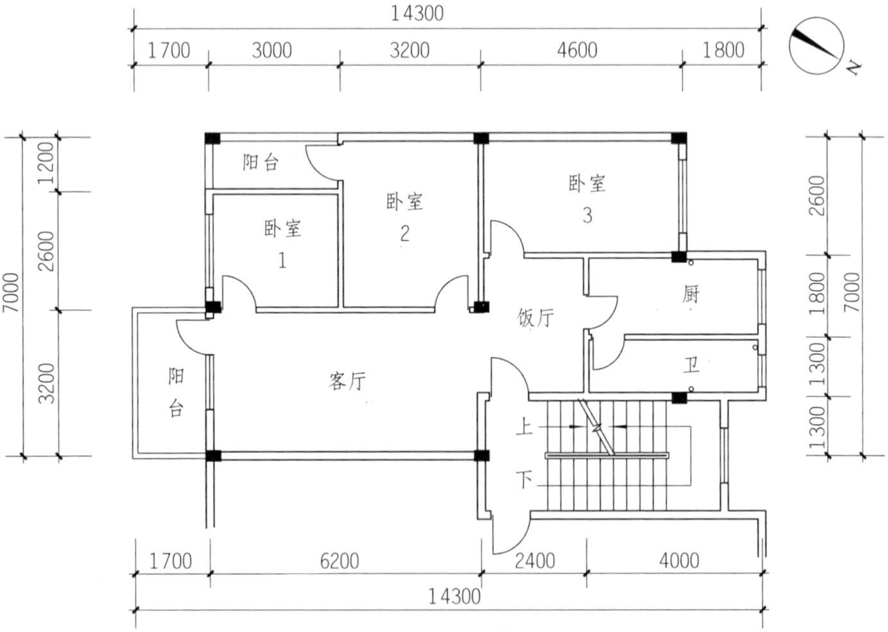

★图54-1-原状图★

幔（见虚线），这样，饭厅就雅观多了。

（4）稍大的卧室，里面还要分睡眠区与生活区（或学习区），睡眠区在光线较柔和处，生活区在光线充足处，各得其所。

（5）在不影响外观的情况下，书房及小房（贮藏室）若能开小窗则更好，=。实际上，原设计也应该在此位置开窗。若不能开窗，书房在前、卧室在后，不间或矮间隔。

原状图的厅太长，单元面积又有空余，屋外南面开阔，有景有观，开辟个大阳台，条件已成熟，半开敞空间呼之欲出。半开敞空间可丰富空间形态，它对提高居住质量作用很大：人与自然可增加接触的机会，这是人的本性的需求；日常在此做体操，闲暇邀三五知己在此赏景聚谈或以棋牌消遣；假日，家人在此设饭局，对景把酒享天伦。有了这个半开敞空间将大大丰富生活乐趣，这单元的潜能得到了充分的利用。

附：屋主又问及阳台栏杆高度，在此答复，阳台栏杆高度不宜低于1.05米，小高层为1.1米，高层为1.2米。你现在的栏杆高度已合规范，至于是否舒适，在此不讨论。

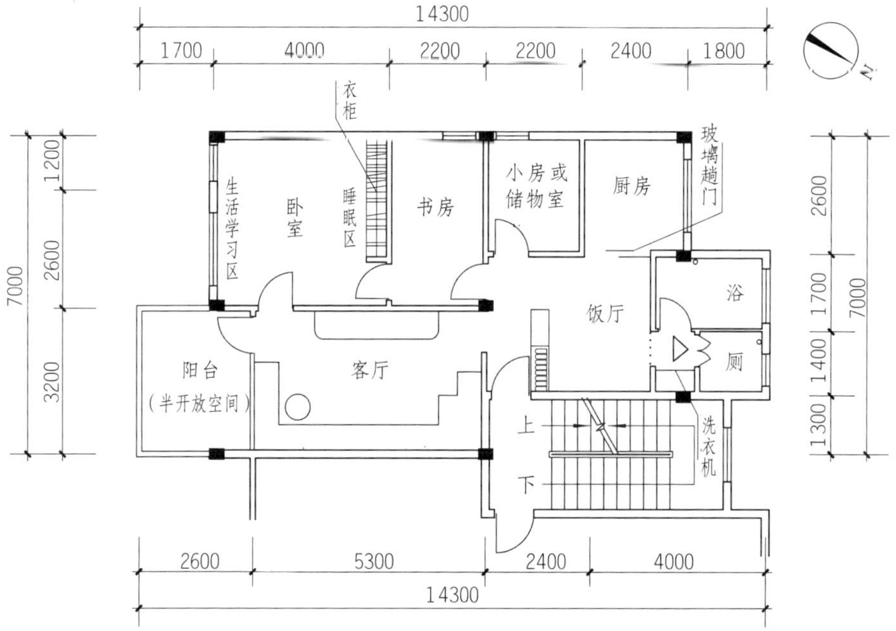

★图54-2-设计图★

（十四）平淡中见真功夫

关工程师：

您好！我们在家居版上看到一些您的设计图，感觉这些设计很巧妙，做到了扬长避短，给居室增色不少。为此，我们也想请关工为我们设计一下。我们的居室面积有120平方米，四室两厅。我们的要求是厨房面积尽可能大一些，能有一间书房，每个房间采光、通风要好，还有一个问题：冰箱、洗衣机放在什么地方才合适？谢谢！

周敏

图55-1-原状图的单元布局有点松散，把它改成图55-2-设计方案一的样子，大致可满足户主的要求，但若要使居室更令人满意，可做成图55-3-设计方案二。方案二在以下几个方面进行了改善：

（1）满足了业主的要求，厨房面积尽可能大一点（卫生间也适当地扩

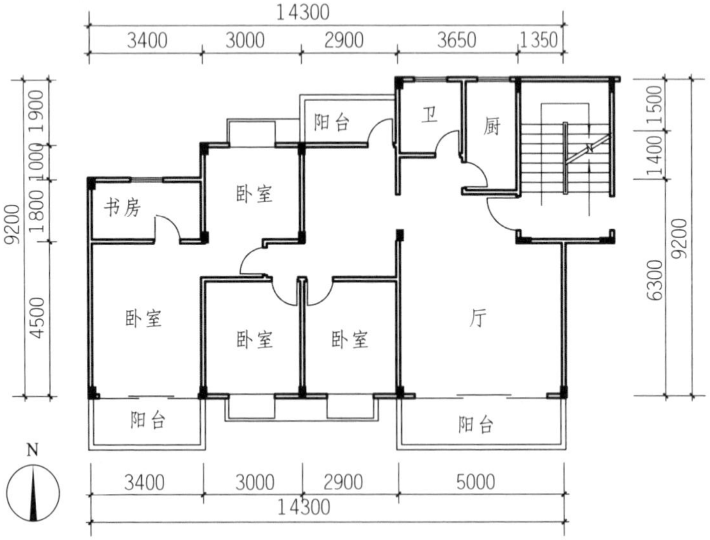

★图55-1-原状图★

大了）。在此顺便说明一下，业主问冰箱、洗衣机放在什么位置合适，笔者的回答是：厨房已有足够面积了，放在哪里不言而喻。

（2）改善了走廊过长而功能单一的状况。从这里可看到，运用“1平方法”很有效。

（3）设有玄关。若方案一也设玄关，便会使卫生间更小。

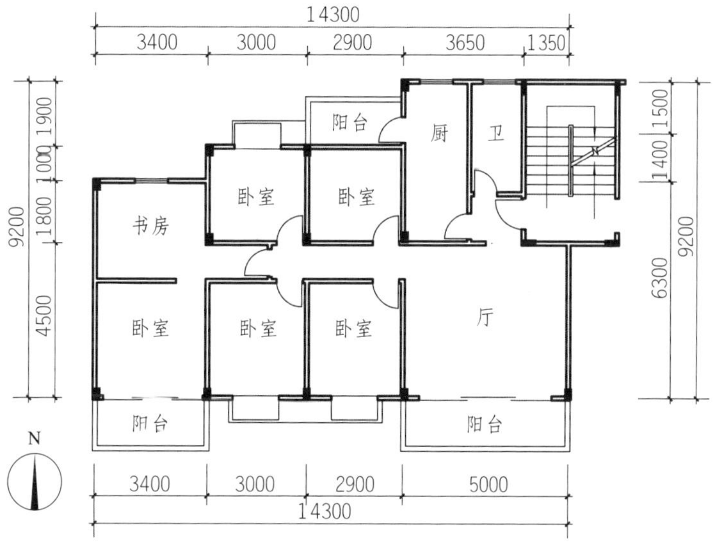

★图55-2-设计方案一★

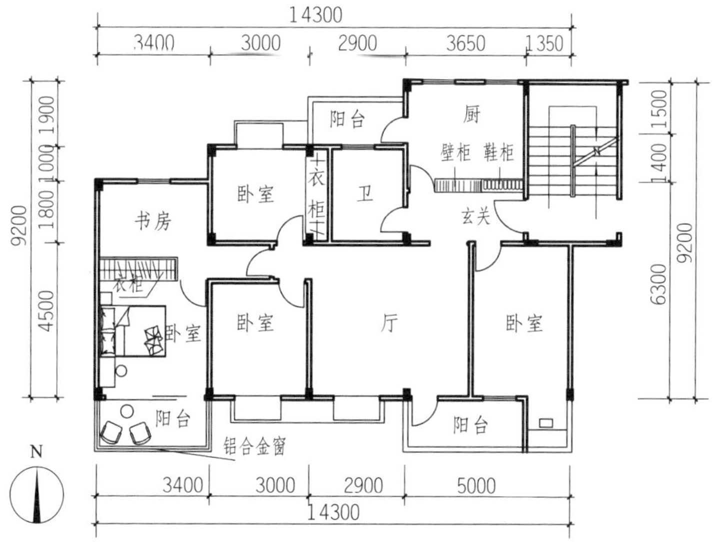

★图55-3-设计方案二★

（十五）当大则大

关工程师：

您好！现我购得一套住房，实际面积有96.5平方米。想请您帮忙设计一下，同时能否布置一下室内家具、电器的摆设？要求如下：

（1）计划是三口之家居住，想要方便、实用，有家的味道。

（2）主人房内有坐厕及冲凉房，另一洗手间面积宽窄无所谓，重点在主人房内的洗手间，想面积大些及舒适。（注：阳台没有排粪管）

（3）主人房面积大些，厨房面积最好也能大些。

谢谢！

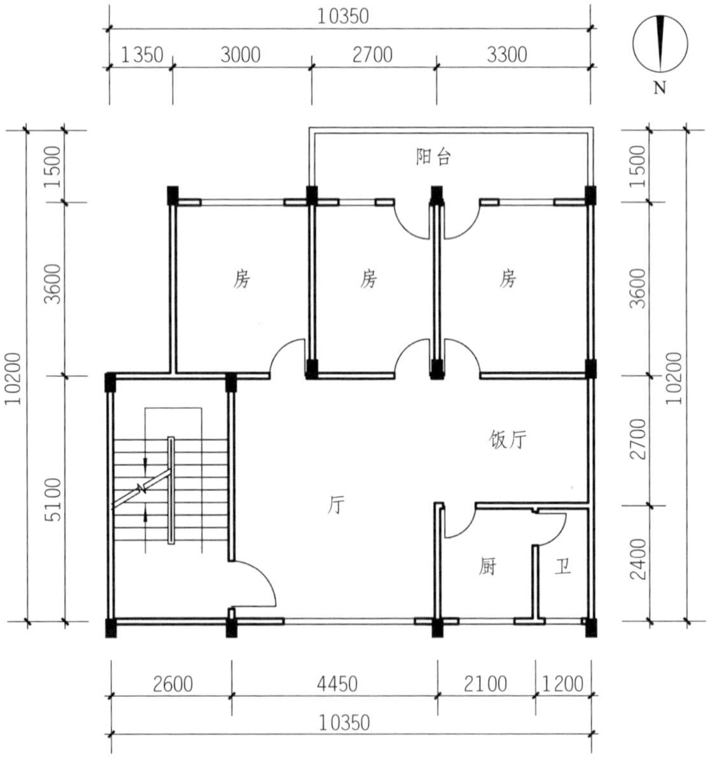

★图56-1-原状图★

一家三口住90多平方米，虽然面积够大，但是安排不恰当，也不见得能住得舒适。请看图56-1-原状图：厅向北，饭厅偏于一隅，光线暗淡，厨房小，卫生间更狭窄，几个房无主无次，阳台设置不当，中间那个房留出通道去阳台，令床不好安置。这些不善之处在设计图中都得到了妥善的解决。图56-2-设计图满足了屋主提出的几项要求，大厅南北通畅、舒适，阳台可摆下躺椅，当大则大。

在此谈谈卫生间的透气处理。可利用厨房吊天花上部的空间与卫生间的通气道连通，让空气从厨房的窗上部排出，若加设一个小小的抽风机则更好，厨房窗做成两截，上部小半截相当于气窗的位置，这就解决了夹在中间位置的卫生间的透气问题。

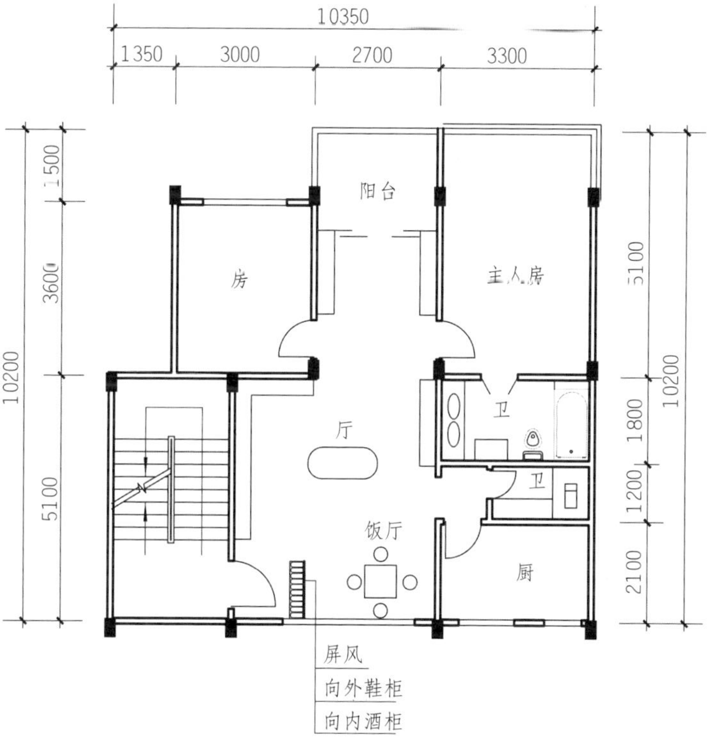

★图56-2-设计图★

（十六）开放式厨房利弊谈

现在越来越多的年轻人把厨房做成开放式的，即是厨房与厅连成一片，不加分隔。这种厨房有以下好处：

（1）二者合一，厅显得更宽敞了，尤其当厅不够大，厨房又局促时，合二为一之后，两个缺点都不存在了。

（2）省去一面间墙，降低造价，将间墙所占的结构面积化为使用面积。

（3）解决了那些独立厨房无位置开窗的尴尬局面。

但开放式厨房也有不利的一方面。中国烹饪讲究煎、炒、炸、烙，有时，火力过猛，居室里难免油烟弥漫，因此厨房最好不要与厅相连，甚至厨房无门都不妥。

有的家庭喜欢在厨房就餐，把厨房与饭厅合二为一。这样做有一定好处：只需把厨房加大一点，多摆一张饭桌即可，能省去独立设置饭厅的开支。但这种模式只适合于人口较少的家庭，人稍多就不方便了，因为就餐与做饭的时间往往不能完全分开，一大家子挤在一起，不仅饭做不好，吃的人也不安心。

比较理想的方式是，厨房与饭厅可分可合。当在厨房操作时，需要它独立出来（即“分”），而当就餐需要时再打成一片（即“合”）。那要通过什么方式来实现呢？将厨房与饭厅之间的间墙取消，代之以大片玻璃的趟门，拉上趟门就能分，推开趟门便可合。这种厨房的好处是：充分利用饭厅的面积，不影响厨房操作，饭厅也可独立使用，解决了饭厅的采光问题。

有一些住宅，一个单元的外墙周边不长，厅、房、厕、浴等各室都想得到一部分外墙来开窗，最后只好把饭厅夹在中间，但饭厅也需要自然采光，怎么办呢？还是以上办法，将饭厅与厨房改为可合可分式样，借用厨房的窗口，让光线通过大玻璃的趟门照射到饭厅，就解决了这个难题。

十三 设计理念最重要

（一）设计立意与演绎

关工程师：

您好！本人现有三房两厅（如图57－1）新房准备装修。房间在6楼，建筑面积117.34平方米，西北朝向，其中西面有高楼遮挡。本人单身独居，喜欢简单自由的生活方式，希望您对整套房子的合理利用和装修提出建议，如有更好的布局，可重新设计各房的功能。

设计要求：觉得卫生间面积太小，想扩大一些。

严先生

随着时代的发展，我们的家居逐渐趋向于生活方式意趣化，生活环境艺术化。

本例中的屋主严先生喜欢独居，简单自由，这就是家居生活的一种立意。立意明确之后，家居中的一切（如间隔布局，墙、顶、地的装修，家具工艺品的陈设等等）都为这个宗旨服务。现在可通过以下手法来展现这个主题。

（1）一个人生活同样需要大厅，喜欢独居的人更要丰富自己的生活，厅里要划分多个功能分区；享有大单元的人，朋友自然不少，朋友的聚会及活动较多，可能还常开派对联谊，因此客厅比普通家庭的厅大一些并不奇怪。

（2）在厅的入口一端的整幅墙面挂上仿大自然的光射画，使人一入室内，眼前豁然开朗，活跃了家居气氛。

（3）大厅与饭厅之间采用虚间隔，饭厅与阳台之间大开敞（装上玻璃门），作用如下：

①增加大厅的采光通风。

②使视线通过饭厅看到远端的阳台，弥补厅无阳光的不足。

③大厅、饭厅、阳台三个空间似隔非隔，既能使各房间空气相互流通，又扩大了视野及空间感，使空间有层次感。

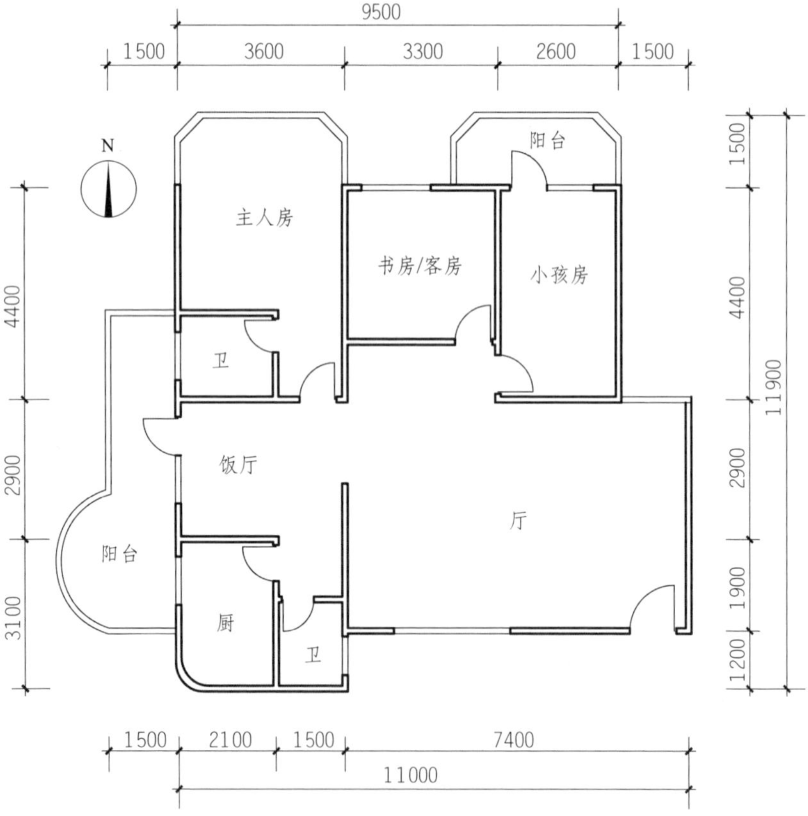

★图57-1-原状图★

（4）设置文娱健身室，既便于一个人使用健身器材进行健身，又可与朋友打桌球、乒乓球等多种娱乐活动。这个活动室有外阳台（阳台外可加细铁丝网，有人称为隐形防盗网），但不加间隔，空间亦里亦外，既使空间形态多变，又符合该室的使用功能，空气、阳光充足，引入外景，使人尽量接近大自然。

（5）大阳台大绿化，使居住者生活在花团锦簇中，享受静而不寂的生活乐趣。

（6）以往当一个小卧室为摆不下一张床而犯愁时，还附带有阳台，简直是负累；但当面积宽裕时，带阳台的阔敞卧室会使生活更加惬意。

（7）卧室与书房（或客房）可分可合，方便使用。书房、卧室两重门，私密空间安全静谧。

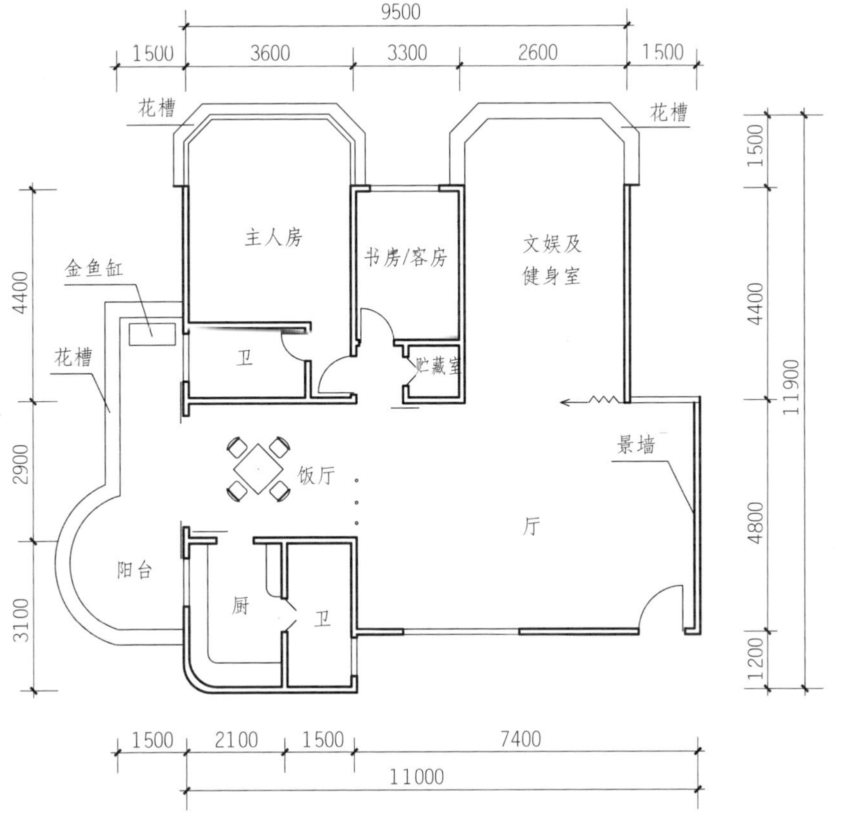

★图57-2-设计图★

（二）概念不明则大乱

关设计师：

您好！自“为您设计”栏目开办以来，期期必读，从中学到很多知识，我近来准备装修新居，想请您多多指教。

新居概况：高层建筑，建筑面积106.29平方米，光线充足，视野开阔，阳台远眺白云山，除厕所左、右两面墙可移动外，其他墙均不能移动，预设计为一家三口加一保姆居室。

设计要求及问题：

（1）舒适，大方。

（2）增加一间小书房、保姆房。

（3）厕所太小，想扩大些，安装浴缸。

（4.）大门正对厕所，要如何修饰？

（5）厅、阳台极大，如何才能有效利用？

恳请关工附上设计效果图，详加赐教。

谢谢！

您的忠实读者　广州天河张小姐

图58-1-原状图的设计不是某点不足的问题，而是整个构思混乱：把一百多平方米面积做成只有两房一厅的单元，房也不见得多大，其中一个房只有10平方米，厅倒是很大，三十七八平方米。估计这个单元一定是很讲究居住享受了吧。你猜错了，与之相配套的厨、卫只有4平方米多一点，这样狭窄，何谈享受呢？那么，一百多平方米究竟弄到哪儿去了呢？暂时还不知道，只看见有一个又长又宽的大阳台。阳台大也好啊，可能着重于看风景吧。你又猜错了，阳台虽大，但去阳台却很不方便。厅既然这么大，外景又这么好，可是厅不设阳台，阳台安排在远端，亲朋来到见不着阳台，更谈不上赏景了。单元的优势及潜质没有发挥出来。阳台去不

了，只有两条暗廊穿过睡房去阳台。还有，进户门处有块地方，走廊不像走廊，门厅不像门厅；说它是走廊太宽（1.5米），说它是门厅又嫌窄。

我们现在明白了，面积就是这样那样不知不觉被空耗或化解掉了。

找到问题的根源也就等于解决了问题的一半，余下的一半就是设计技巧的事，诸如开辟阳台、走廊利用、小房布置、厨卫错位等手法前面曾介绍过。在此值得一提的是，屋主对设计的要求甚高，本单元的间隔几乎不容许拆改，在自由度极少的情况下苦寻出路，竟然也能找到一个方案。图58-2-设计图基本满足了屋主的要求。

（1）增加了一个小房（做书房或保姆房听便）。

（2）厕所扩大了，浴室与厕所分设，更为方便。厨房也扩大了，单元得到合适配套。

（3）消除了进户门望见厕所的忧虑。

（4）厅及阳台得到有效的利用。

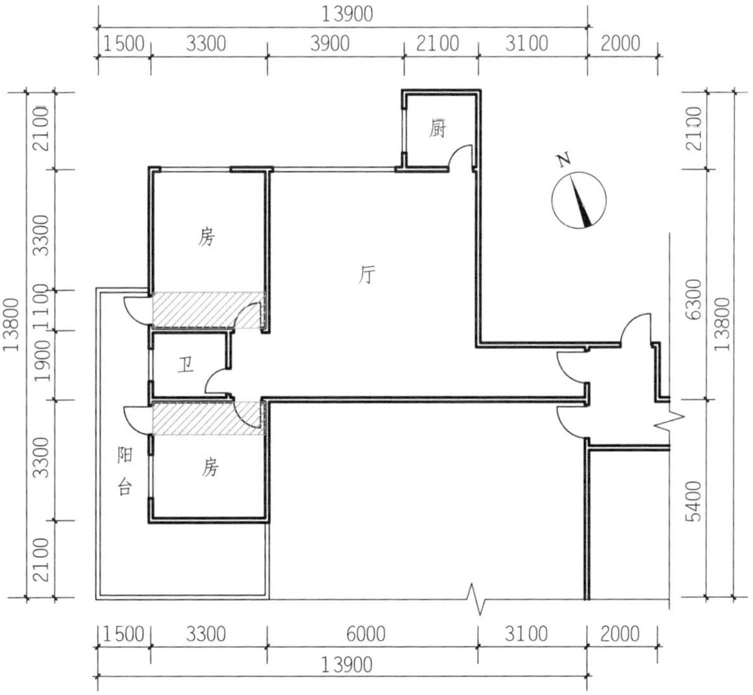

★图58-1-原状图★

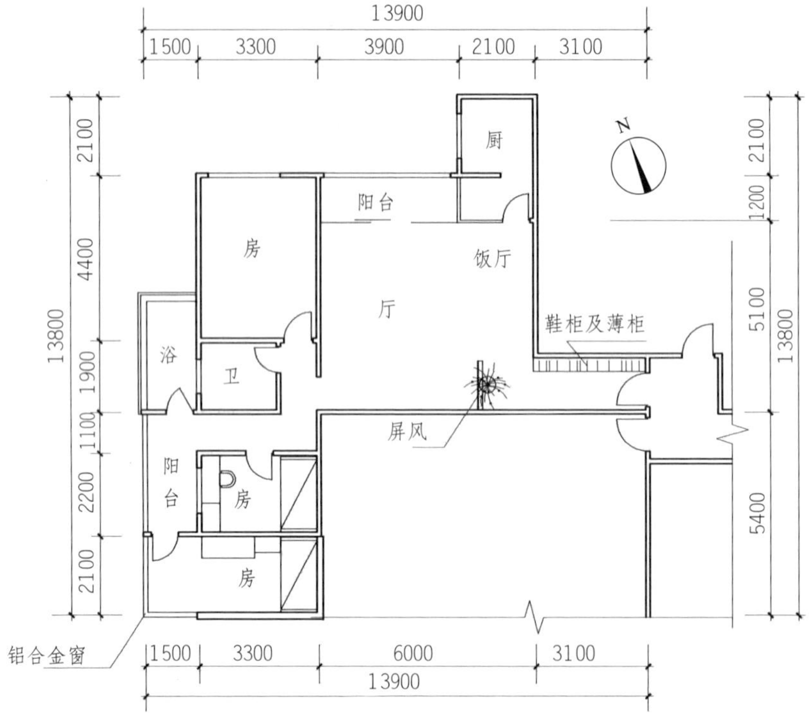

★图58-2-设计图★

（三）美居有哲理

关工程师：

您好！我最近购置了一套住房，正准备装修。我初步考虑：客厅不设阳台，加大客厅面积；除主卧室、厨房保留卫生间外，另一卫生间改为独立杂物房。恳请提供宝贵意见。另外，也请提供其他方面的建议。（附设计图）

谢谢！

何先生

取消阳台加大厅的面积，这种做法不可取，除非阳台外面无景可看，也无阳光照射。一般情况下不宜取消阳台，若外环境好还应开辟阳台、加大阳台，才能满足我们生活水平日益提高的要求。大多数人对家居的理解只讲求居住面积。有这样一类人，住首层，一个人住70多平方的单元，不单止把前后阳台封闭起来，还在阳台外边再搭建窝棚式厨房，弄得屋内幽暗如洞穴，乌烟瘴气，人也变得苍白憔悴。关于家居的哲理，我国早就有自然天道的生活观，认为人应当与自然共生。现在人们终于领悟到，向往大自然是人的天性，故此向往林泉别墅。未达到这个居住水平之前，单元的阳台可充分利用。

原状图存在的问题：

（1）厨房本来就不够大，而且去卫生间要经过厨房，使厨房拥挤，面积不好利用。

（2）饭厅面积不小，但由于走廊口、厨房门口、户门口三者的关系不协调，使饭桌的摆置左右不是，必碍其一。

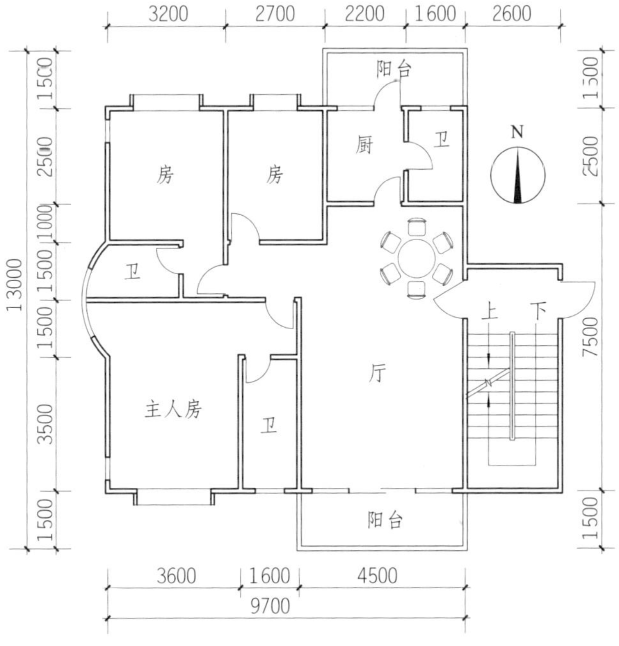

★图59-1-原状图★

（3）厨房门口正对大厅，不雅。

（4）走廊无需那么宽，够用则可。

（5）大厅虽有较大面积，但没产生应有的气势，原因是饭厅的空间不完整。

以上这些缺点在设计图中都得到了改善。

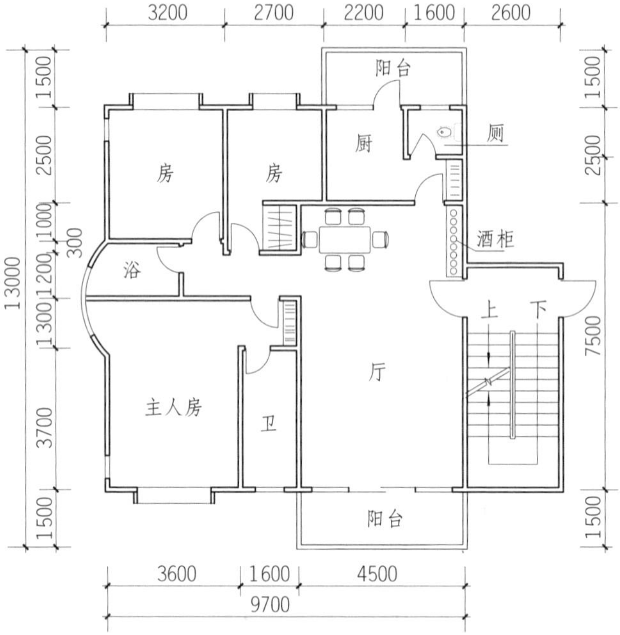

★图59-2-设计图★

（四）主次要分清

本篇是笔者对一个设计图的评论。

在各种事物中都存在主次或主从的关系，有主有次才构成一个和谐的统一体，家居设计也是如此。

下面这套居室设计，有的地方强调了这种关系，有的地方恰恰又忽视了这种关系，瑕瑜互见，值得探讨。

先说处理恰当的地方。图60-1-原状图上的主卧室与客卧室一般大小，即是主次不分，难以满足使用上的要求，设计者巧妙地移动主卧与客卧之间的半幅墙，从客卧室中挖出一个衣柜的位置归入主卧室。这样一处理，主客两室，特别是主卧室，就显得很好用了。

处理得不当之处在于，客厅与饭厅两者的主次不明显，甚至还有主次颠倒之嫌。第一，人一进门自然趋向明亮的地方，可是明亮的地方却在饭厅，客厅反而在暗处。第二，设计者利用厅中的横梁分隔空间（见图60-2-设计图中箭头指示处），然而这条横梁的位置却在厅的中央部位（见图60-1-原状图的虚线），使主厅（客厅）局促，电视机只能摆置在眼前，而次厅（饭厅）相对较空虚。第三，在厨房的墙中开个窗，指望从这个窗户透光线入厅，恐怕难以实现，因为只有斜向一边的光线才能到这

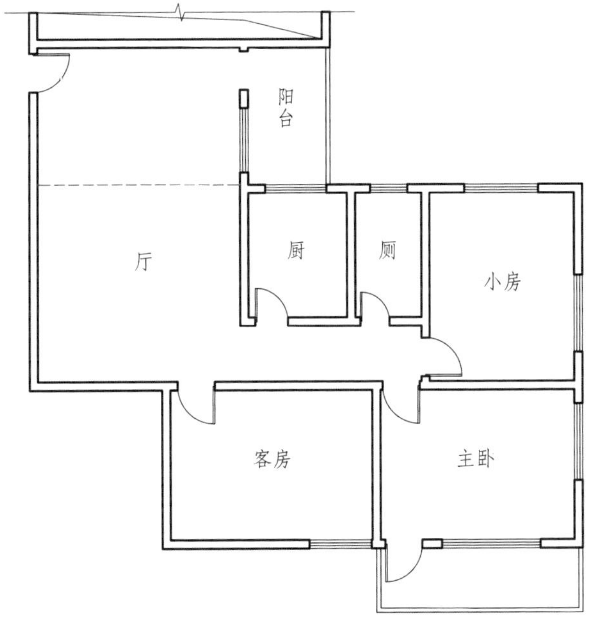

★图60-1-原状图★

个窗前，再间接地透过该窗照到厅里，其亮度之微弱其实可以忽略不计。第四，原状图的厅并不小，设计者把厨房向厅的方向扩展，占了厅的面积，使厅变窄了。

笔者认为，应向小房方向扩展，把小房缩小才较为恰当。这样一来，厨房还可能争得半边窗口透气。现在的设计把阳台封闭做饭厅，厨房无直接通风、采光，不符合设计规范。

★图60-2-业主的设计图★

（五）厅是家的面子与核心

关工程师：

您好！

我们家先后购置了两套住房，分别是73平方米、53平方米，共126平方米，因为两套房是连接住的，所以我们希望打通成一套来居住。我们这样重新间隔合理吗？特寄上图纸供参考。

新间隔后的厅房摆设怎样安排？

我们需要有一个小健身室、小酒吧、小地台、小玄关、小书房、小储物室，保留三房两厅，另厨房需要安装挡门吗？厅内的沙发、柜、画、植物、金鱼缸、鞋柜、柜式空调怎么放置呢？天花横梁怎么装修？

为了少花冤枉钱，把家居搞得舒适大方，特向您请教，我们祈盼着得到您的帮助。十分感激！

读者 小生

这个单元较为复杂，由原来两个小单元合成。这种类型的单元怎么布局呢？介绍一种较简单的方法。首先，考虑客厅的位置。因为厅是一个单元的核心，确定它等于提纲挈领。原状图有两个厅，右边的厅面向开口天井，视野窄，不适合充当合并后单元的厅。左边的厅较适合，但须改造，一是向右移，向重心靠拢；二是扩大一点。其次，合并后单元大了，原来的厨、卫都要相应扩大，才能与新单元匹配。再次，做细部处理。诸如天花横梁的装修及贮藏空间、各室门口的安排等等，前面有详细的论述，在此不再重复。

屋主对家居布置提出很多项咨询，有好几项实际是同一个问题，就是厅怎么布置。下面谈谈这个内容。

（1）入户门到达厅之前最好有个过渡空间，如门厅、玄关等。本例有一条走廊，起类似的作用。

（2）厅的陈设要保持开阔、宽敞，尽量减少用途相同的家具及多余的摆设。多余物会使人产生啰唆、拖沓的感觉，因为陈设品是表达室内气氛的语言。

（3）厅一般带有生活阳台，要尽可能开阔些，因此，本例阳台末端的备用室，所容纳的东西不宜超过窗台的高度，以免妨碍厅的采光及观景。

（4）厅是一个家的面子，要尽量做得既好看又有个性。但要根据家庭状况，不可炫耀与矫饰，也无须跟风。例如，时兴在厅中设个小酒吧，做这种东西是否适宜，你可以自我提问：它对我家有实用价值吗？它的风格

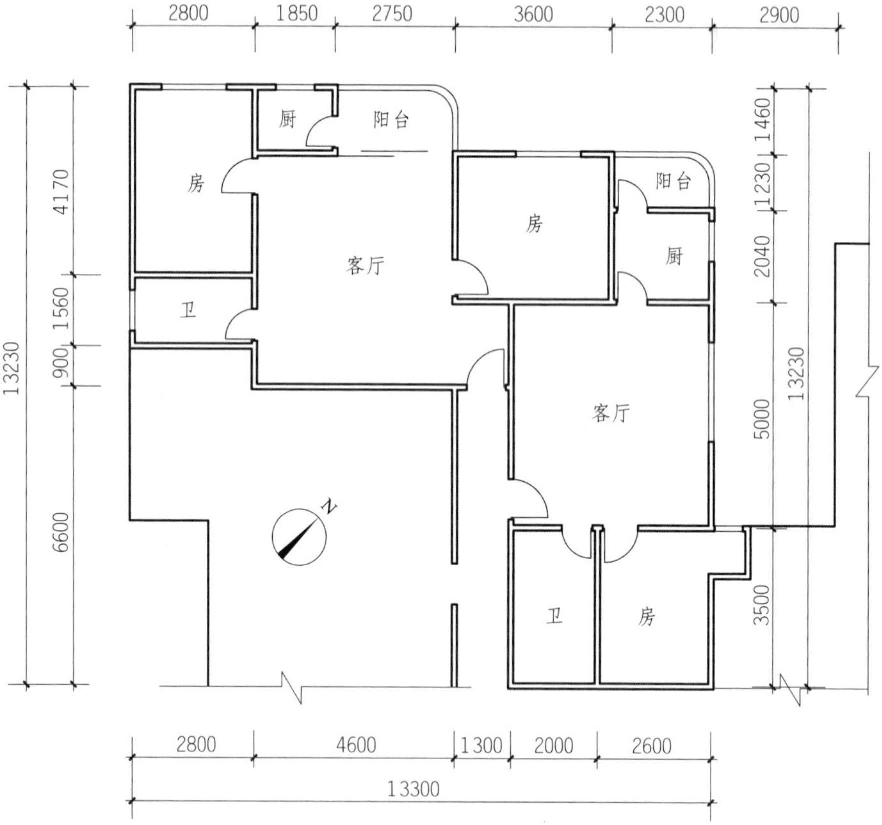

★图61-1-原状图★

与厅的风格融洽吗？摆设这种东西，搞不好会变成东施效颦。

（5）客厅与餐厅其实同处一个大厅，可通过一些装修处理（例如地面铺装，改变地面高度、天花高度，加柱子、屏风等等），使其产生不同的领域感与视觉层次感。

（6）小厅的家具一般沿墙边布置，大厅（其短边约大于4.8米）中部也可布置家具或陈设。为了充分利用大厅，大厅要做功能分区，如展示区（摆放工艺品、雕塑等等）、学习区、休息区、就餐区等等，视各家庭的需要设置。分区布置时须注意的是：尽量不破坏厅的完整性，加强厅的总体气势，而不是削弱它。

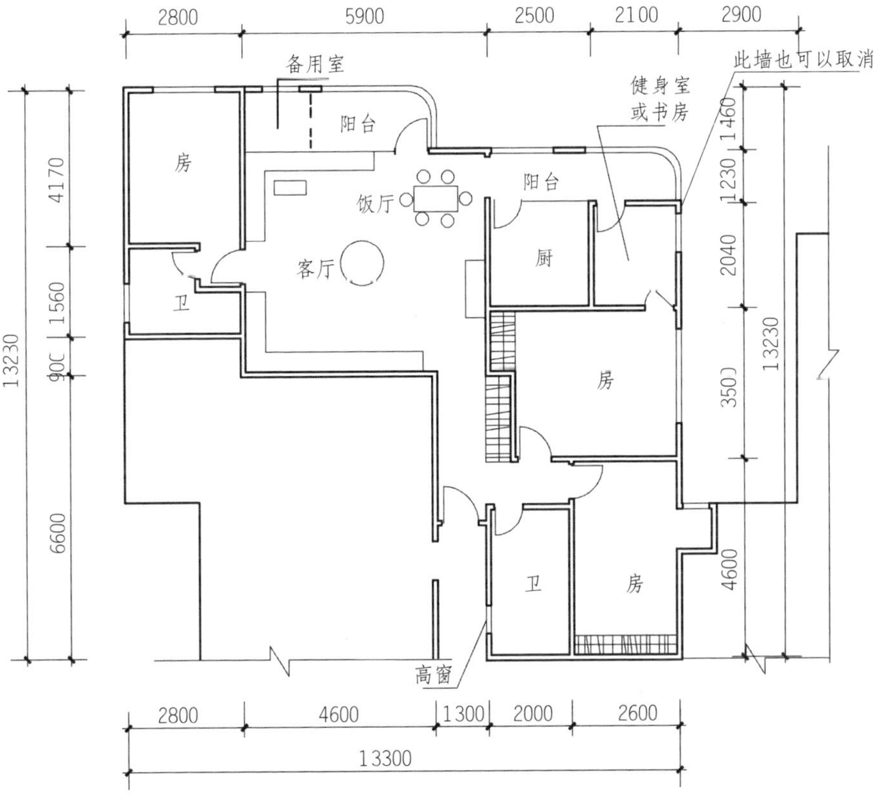

★图61-2-设计图★

（六）家居设计示例——莫把败笔当创意

原状图是两个小单元，住户要求把它改成一个单元，两厅三房。

设计图中存在的问题：

（1）客厅的采光面窄。

（2）客厅、书房、饭厅三个空间不规则。

（3）北阳台的面积被肢解浪费掉（归客厅这边的阳台不方便使用，形成一个死角位；归厨房那半边的阳台是一个小三角形，无多大用处）。

（4）饭厅正对厕位，不雅观，且如厕时的噪音影响饭厅的使用。

（5）厨房是窄长条形，工作线拉长，操作者来回跑动很累人。

（6）一进门必经饭厅，不符合大家生活习惯（饭厅对内应在后，客厅对外应在前）。

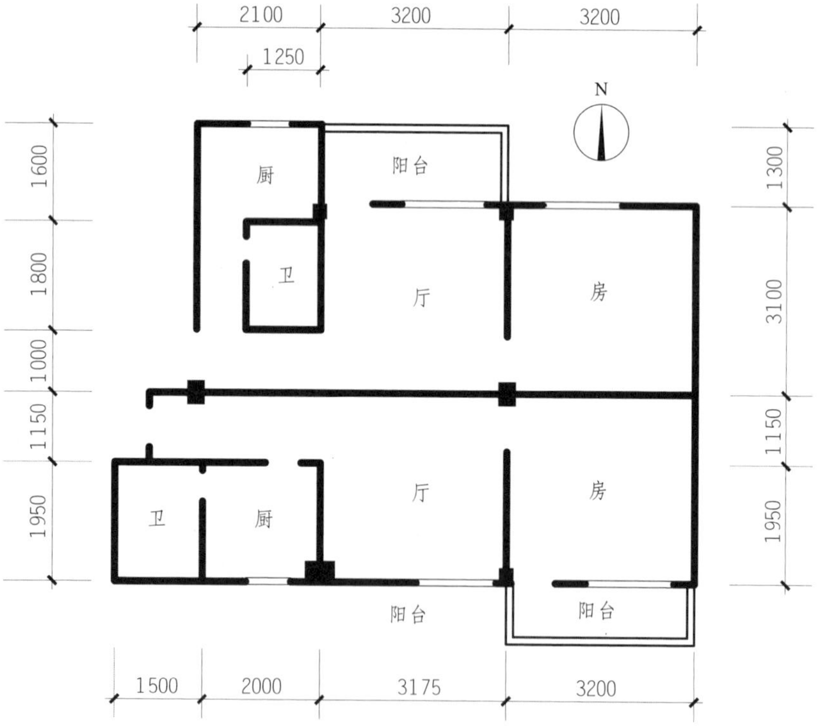

★图62-1-原状图★

造成以上这些缺陷的主要根源是客厅的斜墙。为什么要做斜墙呢？是为了使右边那一个沙发能看到电视机。它就这么一点作用，却造成诸多方面的不妥，得不偿失。明知这面斜墙不顺眼，还把它再弄成几个折，管它叫“艺术折线”。在住宅里帘幔之类常起装饰作用，但那是活动的，可随时更换或撤掉。把墙壁砌成永久性固定的多曲折，这是不妥的，一来浪费面积，二来藏污纳垢，三来这部分的墙面及地面不便于清扫。平时人们买楼，以方正实用为首选，而这面斜墙却把本来是方正的空间弄成尖嘴状。现阶段，有人甚至要花一生的积蓄才购置得几十平方米的住房，每一平方米都来之不易，岂能经得起任意的浪费。在饭厅随便画一条圆弧线，既无必要做成这样的墙壁，这条线也造不成什么空间概念，反而使地板材料裁切成碎料，难以镶嵌。这条线唯一的作用就是使图面产生诱惑感。虚浮是家居设计的大忌。厅的沙发布置，一长两短只是布置方式之一，并非唯一

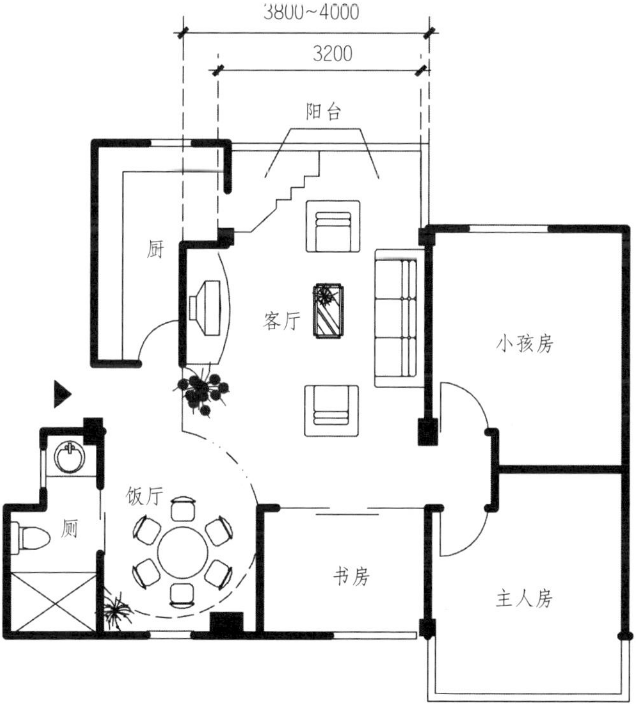

★图62-2-原设计图★

的方式，不必墨守成规，况且，这种方式有个弊病，沙发和电视机的距离太近，大一点的电视机就用不上了。还有，沙发背不美观的一面露出成为迎视面，不符合藏丑扬美的家具布置原则。

为了改善以上不足之处，笔者做了个设计图的修改图。其优点在于：

（1）厅大且真正南北畅通，采光、通风良好，方正实用，也便于家庭聚会。室内布置灵活，不局限于一种固定方式，怎么布置都好，布置方式时换时新，饭厅可以与客厅易位。

（2）书房面积增大了。

（3）浴厕面积增大，浴厕分设，方便使用。

（4）玄关处有鞋帽柜。

（5）阳台保持其实用的原貌，若有必要，也可用装饰性的花格栅隔为厅用的生活阳台和厨房用的服务阳台（图61-3-设计图修改图上以虚线示意）。整个单元实用、紧凑，发挥出每一平方的效能，不失为一个理想单元。当然碧玉也有微瑕。

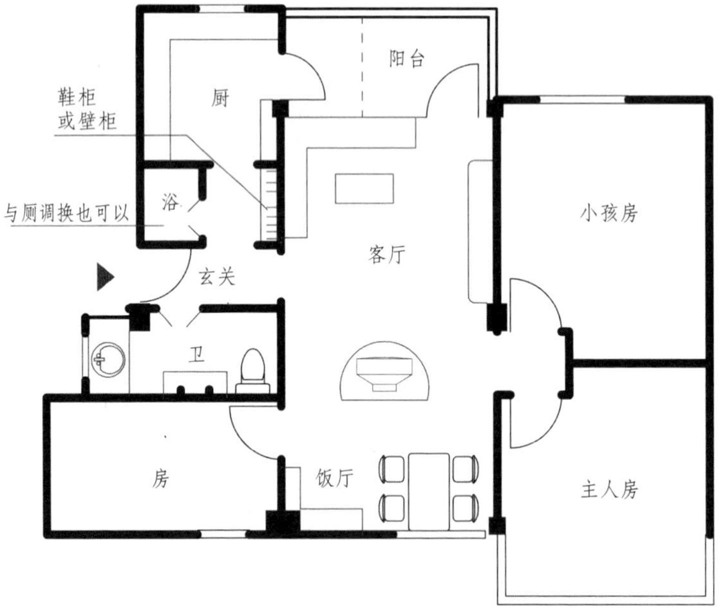

★图62-3-设计图的修改图★

（七）和谐的室内装修才完美

原状图的单元虽然简单，但它存在的两个难题却不容易解决。

（1）这个单元有个阳台，但该阳台似乎处于闲置的状态。如何使用它呢？若通过卧室去阳台，这个卧室则成为开放性卧室，不利于卧室主人休息；若在卧室划出一条走廊来，即使不计浪费走廊面积，由于太窄也不称其为房了。解决办法是：在主人房开个门出阳台，这样，一家人都可自由去阳台而不干扰他人。

（2）客厅夹在中间，客厅变成了黑厅。家庭成员一回到家自然就钻到自己的房里去，而不愿在客厅停留，厅就丧失了家居核心的作用。解决办法是：把厨房做成类似开放式厨房，用玻璃间隔，视觉上合二为一，功能上仍各自独立。除了这个措施之外，南面卧室的门开在卧室墙的中部，这是它本身功能的必然，但恰巧正对厅，使厅的采光得到改善。此外，客厅较窄、薄，原状图的户门开在长边，有开门向壁的感觉，而设计图改变户

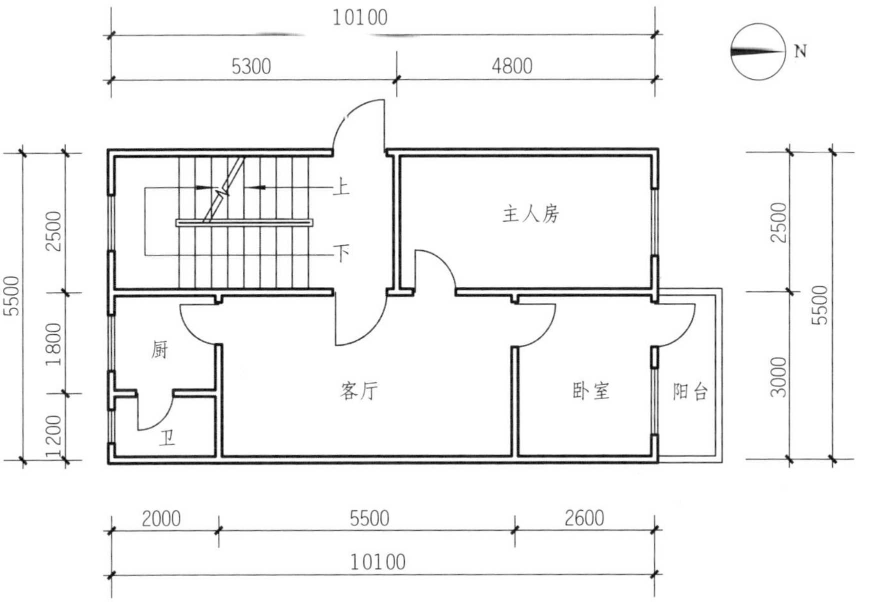

★图63-1-原状图★

门的入法。这样，既有回旋，又改善了空间感。

以前笔者曾谈到对装修材料的运用要尽善尽美。怎么叫尽善尽美呢？“善”就是根据各种材料的性能与特点，把它用到最合适的地方去；“美”就是使各种装修材料在家居中产生整体的美感，若运用不当，各种材料的美感互相碰撞或抵消，便产生不了好效果。

几乎户户都做过装修，但做得像样的家居设计或有艺术性的并不多。这其中原因很多，主要是业主不明白以上的道理，具体表现为：

（1）一般人以为能画两笔的人就可以搞设计，甚至以为绘图与设计是同一回事，这便使“南郭先生”们乘虚而入，混入装修行业。

（2）业主自作主张，一知半解，就指令设计人员这样那样搞，以自己仅有的表层知识判断设计人员设计水平的高低。真正的专业人士提供的意见，尤其是有关艺术方面的知识，普通人未必能理解，因此被斥退；而冒充内行人讲的，因为同感同声同气，反而容易被接受。

在此，笔者献给欲进行装修的业主两句话：一要提高自己的装修知识水平和鉴赏能力；二要慎重选用设计人员，一旦选定就要充分给予信任。

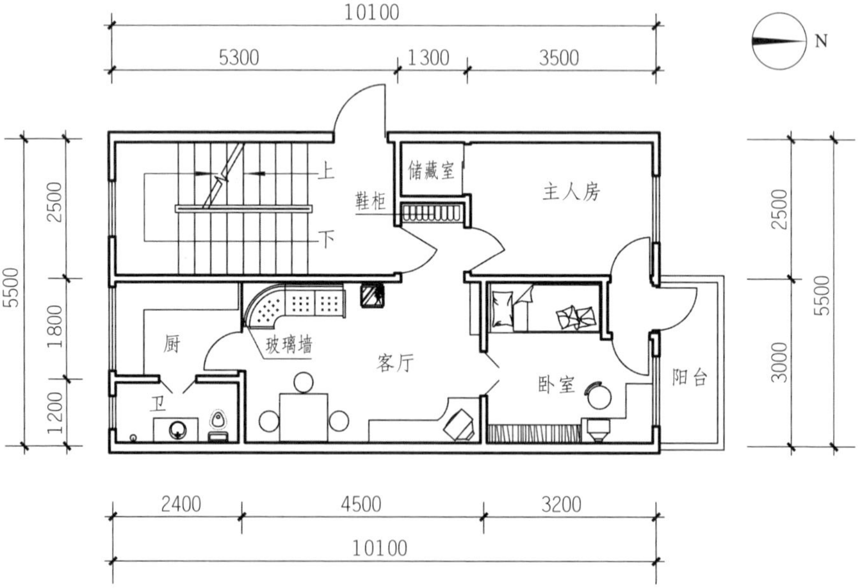

★图63-2-设计图★

十四

室内陈设有讲究

（一）家具布置有何规矩？

总体来说，家具布置有规则式及不规则式两种。规则式表现为对称式，气氛严肃庄重，常用于会议室、接待室、宴会厅；不规则式表现为不对称，气氛自由、活泼，适合现代家庭生活，常用于家居。

一般来说，家具的种类及数量不要多，以占居室面积的35%~40%为宜，若超过55%，便会使人感到拥挤。具体来说，家具布置应遵循以下几点原则。

（1）大房可用家具隔成卧室与客厅两个区域，但要考虑采光和通风。

（2）带镜子的衣柜不要摆置于光亮处，因为照镜时脸朝光源方向才看得清晰，也就是说，镜在暗处，人在明处才合适。

（3）大衣柜的安置以靠墙边、墙角为宜，应尽可能减少大衣柜产生的阴影，此外，不宜在大衣柜的阴影处放置低矮的家具及装饰品，以免影响装饰效果。

（4）家具当然全套设计及布置较好，但有时因为需要逐件买，多种不同风格的家具放在一起，可能会产生意想不到的效果，但要有多样统一的条件方可。

（5）有人以为摆置一两件高级家具会使整套居室华丽高贵，但华而不实的东西并不能显示生活质量的提高，反而会成为生活的累赘，因此家具应以实用为本，不实用的家具应一概弃之。

（6）一般来说，在家里看电视的时间较长，因此电视柜的摆放十分重要。电视机以人看过去稍高于人的视平线为宜，高1.1米，这样看电视才舒服。尤其靠在沙发上看电视更应高于此位置，否则耷拉着眼皮向下看，容易打瞌睡。

（二）你会选择家具吗?

家具在我们生活中的作用毋庸置疑。家具除有使用功能外，还可成为艺术品，对室内环境、气氛起着烘托作用。那么，我们要如何选择家具呢?

（1）好用、方便、舒适、坚固是选择家具首先要考虑的因素，线条硬直的旧式家具已不适应现代生活的要求。

（2）家具的造型与风格还要与居室的风格相统一。例如旧时的轩堂，墙上挂着名人字画，陈设有名瓷、盆景，再配上一套红木家具，古风古韵，整个环境显得高雅端庄。但现代的单元住宅一般面积不大，选择小巧、简洁、轮廓明快的现代家具较合适。

（3）选择家具要考虑色彩因素，如厅较大或楼层较低的单元，光线较暗，宜选择浅色的家具；浅颜色墙面可配稍深色的家具，如奶黄色墙面可配咖啡色的家具。

（4）选择家具还要考虑家具的质感，如大理石的地面，沙发应配布艺的，取的是软与硬的质感对比。

（5）若是逐件购置家具，还要考虑新家具与其他家具是否统一和谐（包括造型、风格、色彩、质感、尺度等等）。单独看某件家具也许很漂亮，但它与其他家具如果不相配，也不适合放在家里。

选择家具，总的来说，应讲究使用效果，在注重美观的同时，不要忘记与室内环境的统一。

（三）鲜花，唤醒年节味道

插花是一种艺术，要插得好看，它的造型就要符合形式美的规律——多样统一和不对称均衡。怎样的插法才符合这个规律呢？下面介绍几点操作要领。

（1）花形搭配。花的形状无非有三种：点状、线状、面状。以面状的花形为视觉中心，线状为辅，点状为补充，搭配构成一瓶花。

（2）高低错落。修剪花枝的长度，使花枝插入花瓶之后，花的位置有高有低，前后错开，不要平排成一个高度。

（3）有疏有密。怎么才能做到疏密恰当呢？即是疏的地方不觉得空荡，密的地方不觉得繁杂或透不过气来，这就可以了。

（4）主次结合。以花为主，用少量枝叶做陪衬；以聚拢为主，以少量散开为次；以一种色相为主，以少量其他色系为次；以浅色花为主，以深色花为次；以暖色调（如红色类、黄色类）为主，以冷色调（如蓝色类）为次；或以冷为主，暖为次也可以。

（5）俯仰呼应。插在瓶里的花枝，上下、左右、前后的花朵及枝叶要围绕一个中心，互相顾盼呼应，不可有一花一叶毫无联系（指视觉上的联系），孤立于外。

（6）上轻下重。花蕾与花、浅色与深色、大花与小花、疏与密，运用这几种关系搭配，使人觉得整瓶花的构图重心稳定就可以。比方说，如果上部的花排得多，又是大花，又密，且是深色，这样必然使人觉得头重脚轻，看起来不舒服。

（7）注重方位。一瓶花能被人看到的角度都要好看，不可只顾着插花时正对自己的一面好看。

按以上方法插成一瓶花肯定很靓，对一般家居来说，这样插花已大功告成，可以拿去摆置了，相信会为家居增色不少。

另篇

举个选楼与装修实例

——广州宜居住宅第一家是怎样找出来的

曾经有看楼者问：你教我们选楼及装修，你本人选过好楼没有呀？当然有，下面就讲个实例给你听听。

一 该宅的唯一性

怎样才称得上是广州宜居住宅第一家呢？下面一步步加以论证。

（一）大环境比较

假如任由你选一个单元，在广州范围内，无论市区或郊外都可以，不限位置、价钱，不管它是否已有人居住，只要你看中就给你，你选什么地方呢？先从大环境说起，选洛溪大桥过去番禺的楼盘？那个地方的楼外貌显赫者有的是，住在那里你可以自视尊贵，在一个不太长的时期里美滋滋地沉浸在幻觉中。选增城、从化、清远等远郊的楼盘？那里有别墅，当你还是健健康康青壮的岁月，赋闲一段时间在那里享享清福倒还可以，但能持续很长的时间吗？远郊楼盘作为度假用，说起来很惬意，但你每次去都清扫洗抹一番，也很累人，用惯了的用具哪怕缺一件或换一个位置都感到不方便，没住多久就让人生厌了。中青年要拼搏，求发达，初买车，很过瘾、自豪，日子一长，频繁开车来往于郊外与市区，所剩的感觉只有劳累不堪。更难以承受的是老年人去一趟市区大医院，已不仅是费时麻烦全家劳师动众的问题，更是带着病躯长途远征，常常延误就诊。小孩读书选不到合适的学校，从幼儿园至小学、初中、高中，家长为小孩操碎了心。有楼在郊外说起来有面子，用起来诸多不便，好似西洋蒲桃，看着可爱，使人流口水，嚼着似棉花，还是实实在在地选市区里的楼吧。

选哪里好呢？选二沙岛？人们偶尔去那里游游，觉得环境比市中心的大街清静些，似乎有很多树木，但仔细察看一下，落实到各个楼盘的树木并不多，有树无林，小小的，成不了气候。靠河边的所谓别墅与河边隔着一条路，亲不了水，在屋里天天望着一条灰蒙灰蒙的老河，也没什么看头。

那么，选环市路华侨新村或新河浦的所谓别墅吧？它们虽然是独栋的小楼房，其实算不上别墅，什么是别墅呢？请见本章后面的注释[注1]在254页去选白云山脚的楼盘吧？那里附近有多个楼盘，真正靠近白云山的楼盘有一两个，但地头偏僻，出入无公交车直达，交通不便。

去选公园旁的楼盘吧？小公园树木少，只起点缀作用，市内大公园寥寥可数，只有越秀、麓湖以及天河公园共三个，前两个公园周边没有哪幢正规的住宅楼房真正是在公园旁，凡是说在公园旁的，只是能远远望见公园而已。

最后来看看天河公园。这个公园以前叫东郊公园，也有人叫森林公园，公园规模大、树木多，还有原始未开发过的树林。该公园的北面及西面有多个楼盘，但这些楼盘与公园相隔一条大马路或城市主干道，只能眺望公园，在空气方面没多大价值，开窗只会多吸尘，噪声更大。公园东面只有一幢宿舍楼，但它靠近公园的一端被树林遮住，看不见公园啥景，另一端更差，所见的只是一片残旧民房。公园南面也有多个楼盘，都可以望

★图64-1★

★图64-2★

见公园，而真正贴近公园边的有三幢楼，这里确是心仪的居住地方（请参见图64-1、图64-2）。那么在这三幢当中随便取一个单元都满意啦？不，经过探访之后，发觉在这几幢楼当中，各单元都存在这样那样的缺陷或瑕疵，诸如有的单元背向公园，有的室内进深太长，不可避免地出现暗区甚至黑房[注2]，尤其夹在中部的单元，由于采光面少，只有前后两个方向，这个硬伤根本无法改造好。

有的单元向西，西晒酷热难当，向西还开着个大阳台或幕墙式的阔大窗户，受着强光炫目及烈日炙烤，关窗拉帘尚且抵挡不了，避之唯恐不及，还顾得上观景吗？

又有的单元太靠近公园的人行主干道，近者只有6米左右，一出阳台便与游人面面相觑，常年要严严实实地拉上窗帘，有窗仅仅略胜于无。还有的单元整个脸面被茂密的树丛遮挡住。排除了有以上各种瑕疵的单元之外，只剩其中一幢楼入选。

在这幢楼哪个单元最好呢？其西端不但向西，而且靠近公园污水排出口，不时散发出微弱的难闻气味。最后，只有该栋楼东端的单元最合适。该栋楼九层高，在东端1至9楼共有八个单元，哪个单元最好呢？我们从上往下逐个挑吧。九楼太高，俯视下去，由于视角不甚佳，只见公园的概貌，景观显得有点寥落萧疏，景观的层次感与丰满度减少了许多，好比站在高处看美女，见到的形象以发盖为主，其颜容与身材之美大为减弱或变形。再说，6楼以上超过树梢，氧气飘散，气场不聚；4楼以上老人家上下不方便。人所共知，1楼通常潮气大，晾晒衣服不方便，还要避忌路人张望，视线干扰；2楼本来不错，可是这个地貌存在级差，2楼的高度才与公园的地面齐平，2楼所面对的是公园的挡土墙，看不见公园里面；最后非3楼莫属了，其单元编号是202（由于首层为车库，2字头即是3楼），它就是我们要找的单元，经过千拣万选，层层筛选考究才挑选出来，到现在为止终于求证出它确是唯一。（注：本文论证最宜居，说的是它最适合广大的一般家庭用来居住，而不包括特殊人群或特殊需要）

称该单元为唯一，笔者不是第一个人，在笔者之前已有其他房地产中介公司用过这个词了，但他们只从感性上意识到这一点，只着重于难得、稀罕、物超所值之意，他们未经从远到近、从外到内、从自然到文化做广泛而深入的分析论证。下文所说的“该楼”均指此单位，循此继续阐述下去。

（二）小环境比较

该楼在地界权属上虽不属于公园，但它紧靠公园，与身处公园无异，再加上建筑旁边绿化植物的簇拥，与公园浑然一片，使游人感觉该栋楼就是公园的一部分。许多人不止一次见过公园里的游人（其中甚至有外国朋友）路过时向旁人询问：这栋楼有无房可租？又有的人想当然地议论，住这栋楼的人肯定是非富则贵了。又有的人说，这栋楼肯定贵死了呀。笔者也曾碰到过一些

★图64-3★

★图64-4★

游人误入这几幢楼的区域时，这样问路：公园的大门在哪里？怎么出去？一听就知道他以为这里已是公园。

该单元的外形轮廓十分四正（见后面的原状图），占尽地利，有南、北、东三个方向通风、采光，幸无西向。该楼的朝向为南偏东约15度，为广州地区建筑的最佳朝向，该单元北面向公园（参见照片），树木葱茏，湖面辽阔（10万平方米），小艇游弋，远近亭榭可见，凡来过该单元的人都说向外看所见像一幅画。其间空气清新，和风习习，身临其境，让人神气清爽，境况确是宜人。以上说的似乎像文学描写，实际上不但确实如此，还不止这些，笔者就生怕说多了让人以为夸张，你若亲身去体验体验，肯定比笔者说的更好。该栋楼的背后环境也不错，并无常见的残旧街巷；南与东面向小区的绿化中心。正面与邻楼间距1：1以上，让人感觉宽阔，无遮挡。东阳台的东南角，望出去就是南面以及东面（见图64-3、图64-4照片）。

有趣的是，当你站在北阳台，可清晰地观看公园里的游人，而游人却甚少向你张望。本来一般情况下，可视是双向的，怎么会出现这种情况呢？原因是路的弯度、行进方向以及其他方向的景物吸引，再加上枝叶的掩映等因素综合起来，自然形成了这个现象。这一点可以说是对该单元天赐的贴士[注3]。

该单元的东面有一个长阳台，阳台外面视野开阔，这是个难得的条件。为什么可以这么说呢？去公园固然很方便，但在家里也可以健身。虽然凡是屋大者皆可设一健身室，但有健身室并不一定适合于健身，有无和煦的阳光（如果是向西烈日就不适合）以及新鲜的空气这两项是关键。该单元具备这两个优越的条件。优良的环境既能使人增寿，同时又能启智，尤其对青少年的成长作用甚大。

（三）生活配套设施比较

交通方便。看广州地图天河公园的位置便知，南有黄埔大道，北有中山大道，东有科韵路，西有天府路，有几十路公交车，此外，地铁交会点的天河公园站就在此，更难得的是既交通方便，又完全听不到车水马龙的嘈杂声。据调研，住处距离主干道300米左右较为合适，太近则晚上听到车辆噪声及灰尘太大，太远则出行交通不方便。

享受城市公共设施，就医方便。去暨南大学医院两个站的路程，乘882、562、53等十多路车可到；去市六医院（也叫中山医六院）也是两个站的路程，乘44路车可到。

购物方便。不远处（在黄埔大道边）有白水塘的农贸市场。该市场规模大且成熟，远近居民来此购物者众多，有的人甚至每天都乘车来，家庭主妇愿意去这个市场购物。

上学方便。附近中小学、幼儿园等一应俱全。大学（华师、暨大）也不太远，走读都可以。幼儿园就在眼能望见的地方。这个幼儿园很吸引家长们，有远些地方的家长特意把小孩送来这里，它办得好是主要原因，此外，它还有个优势是邻近公园，对儿童身体有好处，一来空气好，二来可经常进入公园，活动便利。

以城市规划的角度来说，公园的南面尽是高楼大厦，形同屏障，遮挡住公园夏季的清风气流，无疑是个败笔，但对那几幢大楼而言却是天大的地利，使它身价十倍。公园成为该单元的大后院（天河公园原有70.7万平方米），有哪个富豪的后花园能与之相比呢？好处何止这些？居民还可利用公园的娱乐设施，近水楼台先得月，诸如足球场、游泳池、篮球场、网球场、跑车场、室内大型乒羽球场、器械运动场、游艇、儿童乐园等等应有尽有，任何大型楼盘小区的会所都比不上。

（四）其他方面比较

良好的人文状况也是宜居的一个要素。由于小区地处好环境，其地缘之优势别处没有，邻近几栋楼的购楼者基本上都是长期自住的居民，少数被投资者购来空置的单元也早已被消息灵通人士寻获，不讲价抢购来自住了，入住率甚高，鲜见有转让或出租。物以类聚，居民对小区的归属感、认同感及依恋心理都很强。这一带不适合大排档，闲杂人员少见，偶有误入者即被保安盘问劝走。步入该地范围，便感到一派祥和、宁静的气氛。小区虽无围墙，但治安良好，该楼是保安的专驻点，未听闻有失窃或其他恶性事故发生。更令人称心的是小区管理费低廉，每平方仅0.8元。

二

该宅的由来

可能有读者说：这单元这么好，怎么我以前没听说过？原因有两方面：

（1）从来少有像笔者这么深入研究过“广州最宜居单元是哪个”这个问题。一般人感兴趣或关注的是广州最昂贵、卖到天价的单元是哪一个，还有就是哪个单元面积规模最大、装修最豪华阔绰、外观最威风、位置最高能俯瞰全市、有无敌江景、坐落最繁华、在升值潜力最大的地段等等。住宅的昂贵与显赫并不等于宜居，宜居才是真正意义上的高贵。人们为什么不思考最宜居呢？不是不思考，而是因为种种原因，没有办法兼顾，比方说出行购物方便，上班、上学就近，这算不算宜居呢？交际聚脚，泊车近便算不算宜居呢？外观靓丽、款式最时髦算不算宜居呢？房屋坚固、窗明几净算不算宜居呢？地段旺中带静算不算最宜居呢？……这些基本上也属于宜居的范畴，说之不尽但又未说到点子上。最宜居实质上是寻求环境、居所与人这三者综合平衡的最佳点。[注4]

（2）该宅的名声以前被埋没了，“藏在深山无人识”。该楼外表平凡，四周也无出色的标志物烘托，其貌不扬，名不见经传，甚至楼盘自身连名称都没有。人家即使是单栋楼盘，起码有个什么“楼”、什么“阁”之类的名称，而它只有个门牌编号；更甚者编号还带有个“之”字（如96号之二），听起来好像此楼是后来揳建上去的（其实是编号不得法之故）。熟人相见问你住在何处，你无法说出个令人羡慕的名称来（比方说住在二沙岛多有面子呀），你只能说住在华翠街。一般人连这条街在哪个角落都不太清楚，只觉得你住在横街窄巷，你的形象在别人心中陡然缩小了，这样一来就不能给物业拥有者或其居住者一个高贵的身份，哪怕是虚名也好。它迎合不了当今浮躁社会诸多爱慕虚荣的人。再加上该宅原来是简单装修房，投资者委托代理人批量购置后用来做该公司的民工宿舍，室内很脏乱。此后很少人对它青睐，偶有看客匆匆一瞥就走了，后来被笔者不期而遇，等候了几年，终于求购到，并精心设计了一个改建图，下一节便介绍它的装修（室内设计赏析）。

注解

[注1]

什么是别墅？

别墅有四要素：

①郊外园林，或者具备大园林气候，有宜人的大环境。

②安宁、安静。

③风景好。

④适合休养。

第①、②项是物质条件，第③项是精神条件，第④项是目的性。“在郊外”或“单栋”是次要的条件，豪华与否更不是条件。如果在城市尘扬声嚣的大环境里，即使在大到几亩（1亩=667平方）的地块上建一栋绿化得再精致的独栋豪华小楼也不是真别墅。又譬如在郊外建的间距窄窄的独栋低层建筑也不算别墅，只能算作村屋或农舍，时称为宅基地或小产权房。高层望海的单元连宜居都谈不上（尽管它也点缀性地栽植一些花木），更不用谈适合休养了，它只能给业主撑面子。有哪位有识之士愿意选择远离地气，枯居于云端之上呢？因为它有悖于人类是大自然的一分子这个朴素的原理。别墅的核心条件是有大园林宜人的环境与气候。若缺乏这个条件，怎么能适合休养呢？不符合目的性是最大的问题，是要害。纵观古今中外，算得上别墅的有很多，诸如：流水别墅（也叫考夫曼住宅，请见图

64-5），在美国匹茨堡市郊区，庐山别墅、拙政园，乃至杜甫草堂、诸葛庐舍等等皆是。当今自有商品房以来，号称别墅者多，而真正的别墅很少。因地皮昂贵，不说别的，单说间距一项已难以达标，每间屋之间的间距只不过十米八米，窗对视与噪声二项尚且无法避免，更谈不上安泰与清幽。对于讲究居住质量的人来说，不必拘泥于名称是否叫别墅，而是应选择那些较为接近于别墅四项要素的内容实质的住宅，这才是实际。

★图64-5★

[注2]

厅的进深怎样才算合适？

厅最远点的距离应该不大于窗顶采光点高度的2～2.2倍（指单边采光），例如：地面至窗的上边缘为2.4米。那么厅的进深（即是长度）可超过4.8米（2.4×2=4.8米），最多不宜超过5.28米（2.4×2.2=5.28米），超过部分就属于暗区了。当然，实地一般没有一条黑白分明的界线，只是一个渐变，不过这是一个经过考究的指标。

有暗区为什么不好呢？暗区不好利用，会影响室内布置，降低生活质量，在单价上物非所值，降低该单元的性价比。

[注3]

这个贴士又有何用？很有用，并且不可多得。游人信步逍遥的姿态或盛装打扮的模样点缀在公园的景观中，是一种有观赏价值的资源，能丰富观者的生活情趣，去烦释恼，有助于热爱生活。人们很喜欢观赏池中之鱼，看民间的“飘色”巡行，或欣赏名画《清明上河图》，也是同样的道理，尽管不是每个观赏者都能说出喜欢看的缘由来。当你穿着家居便装，无须担心外界视线的干扰，坐在阳台的茶几旁，悠然自在地喝茶品茗的同时，面前呈现如此美好景象，风景如画，实境与画景一体，你本人也生活在画中，多么惬意啊。这就叫作享受生活或叫生活意趣，高雅而恬适。你在别处还能复制这种生活吗？因此这个贴士也是构成本宅宜居的一个亮点。

[注4]

最宜居的地方

环境、人、居所这三者如果各自取其最佳处，则是以下情形：

（1）环境。当然是山清水秀、一尘不染、水若甘泉的地方最好，即是要远离人迹的地方。

（2）人际交往、工作、物资供应等以市核心区商贸繁华的地方最为方便，在治安机构旁边最安全。

（3）居所。以人的天性来说，人应与大自然融合在一起，深山老林最好（自古贤士多隐居山林），根据现在的条件来说，真别墅是最好的居住形式。

最宜居要综合起来考虑，选出三方面的交会点，就是最宜居的地方，也就是说能较完满地解决人的生、老、病、死的问题。

三 该宅室内设计赏析

（一）改建图中的编号说明

①鞋柜（全墙面，其高度顶至天花底，上面一大格做收纳用，中间几格装鞋，最下面开放式一大格放拖鞋）

②挂伞及雨衣

③户门（内外双层，内层为防盗门，外层为带不锈钢纱窗的不锈钢门）

④高窗（Φ18防盗网、双层互为反向的不锈钢百叶窗、纱窗，共三层）

⑤窗（为了照顾小孩做功课，特设双层中空隔音玻璃，挂遮光布帘，两边都有）

⑥小竖柜（既能围蔽下水管道，又能收纳零星物品）

⑦浴缸

⑧柜式脸盆架

⑨窗（补充厨房角落里的光照）

⑩灶前的阳台栏杆高度为1.2米

⑪橱架（放油、盐等调料）

⑫煤气灶

⑬晒衣杆

⑭小柜架式脸盆，可移动

⑮地面以下预埋排水管

⑯双层门，外层为纱门，门旁有窗

⑰带纱窗的不锈钢防盗门，门旁有窗

⑱橱柜

⑲洗衣机及冰箱

⑳门洞

㉑地面以下预埋洗衣机的排水管

㉒防盗门，安装有猫眼（窥视小镜子）

㉓挂衣钩

㉔墙中预埋管道入卫生间

㉕卫生间

㉖墙壁与天花交界处的装修及疏气

㉗阳台水龙头及排水孔

㉘大厅的装修

㉙有机玻璃大趟窗，银刻蚀图案

㉚门洞的装修

㉛走廊天花的高度为2.4米，天花以上为贮藏空间

㉜书案及小班椅

㉝门洞（吊珠帘；另外还安设有安全用的遥控水晶卷闸，平时卷起藏在贮藏空间里）

㉞多用途柜（顶至天花底，多格，用来装卷宗、书籍、文具、工艺品等）

㉟前室。若有需要，可在此处安设电动卷帘

㊱玄关内部空间（下面是床，床前有装饰性的挂帘。上面是贮藏空间，正面是玻璃趟门，门上有图案）

㊲书房用玻璃间隔，从标号㉞处开始

㊳棚状花丛。现已有。此外，在室外种植了多棵好品种的花、树，如香花（白兰及百里香）、多色簕杜鹃、鸡蛋果等等。

（二）室内设计赏析

1.空间序列以及与空间序列相关的装修

建筑艺术与其他艺术门类不同之处，其中一点就是建筑讲究空间的序列，这也是建筑艺术的一个特点。

（1）先从玄关（前室）说起。玄关对家居生活很重要，其物质功能是进屋时放下携带物品，便于转身关门，出门时则是齐集物品的地方，可脱换鞋，雨具、鞋帽的安置，各种流水账单（如矿泉水、牛奶、报纸等）的存放，应对临客，为大厅起视线与语声上屏隔作用，是安全上的前防等等。玄关在出入方面提供很多细小而实在的利便。玄关在精神上的功能是让人从室外到室内在心理上有个缓冲、调整、转换的过程，这对客人尤为需要，有了这个短暂的停留，客人便可顺手正衣冠。玄关对己有如进入温馨安稳的港湾，对客使其感到温暖、宾至如归式的迎迓（反面则是傲岸冷淡）。玄关是家居空间序列中的前导空间，类同一首乐章的序曲或一篇文章的引子、导言，它题点主题，为高潮的到来做铺垫。能否使人对这个家居产生美好的第一印象，玄关起不可小视的作用。

对玄关的装修与铺陈就是恰如其分地体现上述的两项功能。玄关摆设宜简约，相对于大厅而言玄关毕竟是个配角，具体用何物品，因主人、因时期而异，没有定式，存在多样性与可换性，能表达以上意思便可，若要求宽松点，只要不悖逆以上之意就是了，若固定一式，久了势必变成令人生厌的老一套，这不可取。有关玄关的具体装修下面略谈三点。

首先见图上标示33处，这个地方吊挂一个稀疏的水晶门帘，高吊脚，离地六七十厘米。此物有几个作用：

①分隔空间，使门帘两侧空间（玄关与书房）完整些。

②截短走廊，使走廊不产生狭长感。

③对空间既分隔又隔而不断，既让人往里看感到里面还有大空间，又让人看得不太清楚，还要尽量少遮挡光线，因此选用了水晶。

④向临客暗示，此门帘后面是内部空间，非请勿入。

⑤此门帘也是玄关空间陈设物的一个组成部分。因此，还要注意门帘的图案与玄关相配。室内装修，一纸一布总关情，看似平常或随便，其实是精心的安排。

其次，照明方面。户门一开，灯便自动亮起来，人走了会自动熄灭，另外再加一个人工开关，控制两便。可运用亮度、色度、定向、重点与一般照明方式及灯具造型等几个因素实现装修意图，本宅玄关这个地方处于暗区，自然采光不足，正因为其不足，须做人工照明补充，经过照明设计，问题得到解决，效果上比日光漫射无控更为理想。从这里得到一点启示，某些地方（如玄关）无光胜有光（无光是指无太阳直射光或者说光线较暗），可因势利导，化不利为有利。

文章的结构大体上有起承转合，乐曲则是序曲、展示、高潮、尾声。称得上有建筑室内艺术的各空间布局，其组合路线在每个阶段上虽不一定与文章、乐曲结构那样紧密相扣，但有相仿或类似之处。如过了玄关便步入书房的走廊，其路程是三四步，不长不短，颇合尺度。进入走廊之时并不只是为走路，在徐步前行的同时扫视着书架上的藏书，探视书房的陈设，在淡淡的书香氛围中领略着布局的紧凑与精致；物如其人，见物思人，定会联想到其主人的利索与精干。走廊的高度为2.4米，压低走廊的高度固然是使用功能的需要，取其上空作为贮物空间，同时也是为了配合精神功能的需要。在空间大小的处理上欲扬先抑，当人进入大厅的瞬间，豁然开朗，给他一个大喜悦，对大厅必然感到格外的宏大与气派。这个观感，来源于四方面：一是厅本身的面积算得上大[注1]在266页；二是由于玄关及走廊小空间的衬托对比；三是人从厅的对角线的起点处进入大厅，对角线长于直角边，因此觉得大些，抓住这个特点，在远角处做些显眼的陈设，吸引视线的停留与注视；四是未到大厅之前所经历及体验到的是柔和的光照度，一进入大厅，眼前一片亮堂堂，从暗处看明处，强度反差特别大。厅的门及窗本来就很宽大，再加上雪白的墙面、天花以及明度较高的地面铺装，确实令人震撼，此时空间序列达到高潮。

（2）下面谈谈厅。厅是家居中的重点，在装修上当然也是重点，但莫以为一定要奢华。常人一提到装修就等同于扮靓，既然是重点，更要堆金砌玉不可了。真也有人这样做，全屋皆用高贵材料，窗台、扶手、浴具处处可见玛瑙、紫檀、进口珍稀石材，结果所得的是昂贵而不是高贵。昂贵材料不一定能做出高贵的品质来，滥用高档材料，可能在效果上适得其反。靓只是美的初步表现——形式美而已，搞不好连形式美也算不上。通过形式美来表达主题，能感染人、触动人之情，从内心有所感受才算好。美有多种形态，既有华丽美也有朴素美、本色美、含蓄美，甚至还有残缺美、稚拙美等等。靓与材料有关，但不与其价格成正比，并非材料越高贵越美，关键在于如何运用。建筑上也有本色美，素混凝土的表面也可成为一种装饰材料，但要经过精心策划与安排，千万不要认为粗鄙会有美。简陋不是朴素，简陋绝不是美，而是美的反面——丑。我们既不反对用金银珠宝做华丽的装修，布达拉宫也很好，也不特别偏爱质朴的本色美，从来没有人敢藐视法国的廊香教堂（外墙是素砼表面）。我们只看重效果，有无文化深度及艺术性。材料用得恰当，点石成金；若搞不好，金被当作黄铜，浪费钱财。

空间序列，高潮过后转入尾声，进入图中所示20的门之后就是内务空间（卧室、厨卫及服务阳台），本宅整体布局虽无刻意追求，却暗合了中国宫殿式的传统格局——前朝后宫[注2]，可见善者本质上类同。内务空间安排得井井有条，细节恰到好处，住者会处处感到方便，得心应手。本宅从整体大局至寸方角落都用心设计，考虑周详，改碍为用，变拙为巧，发掘潜质，寸利不弃，这些从施工说明中可体会到，读者若需施工说明，笔者也可提供。下面随便摘录几点，以供参考。

①见图中标示12处，煤气灶的上空，距地面1650mm的高度处安置一块不锈钢网（Φ4，网目为40mm×40mm），用来安置揭起的锅盖以及冬天先炒出来的菜，利用灶上空的余热保温，网片大小为350mm×1140mm。此外，煤气灶处（即是阳台的转弯处）窗台的高度为1200mm，以免把玻璃烤坏，阳台其他地方栏杆的高度为950mm，也即是分两级高度，从地面铺完饰面地砖的面上起算。

②见图中标示16处的门为双重门，外层门为带不锈钢方管的纱门（平时只关这一道门，以利通风），门中部的不锈钢薄板宽400mm，在锁的高度处有球形把手的暗锁，也有可加明锁的扣耳，锁具处三边焊钢板围住，可防反手锯锁，另外门的上、下处还可加明锁的插梢。

③北阳台前面的花藤与晒衣杆并列，各就各位，互不妨碍。花藤既有装饰与美化作用，也有帘的子作用，遮挡楼下路人向上仰望的视线。

2.复合空间

这里说的复合空间是多用途空间[注3]，具体到本宅，什么地方是复合空间呢?

（1）首先说说对进门的处理。本来可以在图中标示35处做一幅间墙，使工人房成为一个定形的空间，但这样做把空间分隔小了，右边是一个窄窄的工人房，左边形成一条走廊，再加上书房的走廊，一进门就见到一条长长的走廊，令人索然无味。为了避免这种状况，把走廊与工人房合并，于是出现了一个小门厅（即玄关），工人房的位置安排一张沙发，休息时拉开便是床（沙发床）。这样一来，做门厅用时够大，做工人房用时也够大。对于交际不那么频繁的家庭来说，无须用沙发床，干脆就做一张固定的单人床，床前（图中标示36处）挂上有图画的珠帘，起装饰兼分隔的作用。床的上空（2米高以上）做成贮物柜，玻璃趟门，玻璃可印上图案，装饰不宜太复杂，以免太花哨。

在此顺便一提，工人房安排在门口处，颇为合适，有点类似门房或弱化了的传达室之意。再者，工人房如果安排在家中太偏太隐蔽的角落不一定妥当，主人容易失察，日久恐生弊端。

（2）其次谈谈走廊。平时说走廊长不好，因为它占用了面积，而它只起交通作用，单职单能。如果走廊兼有其他用途，走廊不但不是缺点，也可能成为优点。为了说明这个问题，举一个简单例子来分析更容易明白：凡是一件家具（姑且以一个衣柜来说），把它放在房里或厅里，它的前面都必须有空地，才可以使用，如果把它放在走廊边，就可省去那块空地了。本宅书房左边的书柜就是这样处理的，此时走廊就是复合空间，而书柜及走廊也可归为书房的组成部分，拓展了书房的空间，走廊也不影响书房的独立性。

在此顺便谈谈走廊的效能。如果走廊单纯起交通作用，这种情形下，它怎样才发挥最大的效能呢？以长度1米（约为1平方米）的走廊来看，它四面都有门口，也即是通到四个地方去（如果不是门口，而是家具，也是等效的，这1平方米走廊的效能已发挥到了极致。以此理推论，走廊不管是2米、3米或更长，总言之，它的墙面被利用了，所剩下的墙面越少，利用率越大。本宅厨、厕前面短短的走廊的效能是相当高的，能做到这点的住宅设计并不多见。

（3）谈谈厨房。平时说“房过房”不好，一定要通过一个房才能到另一个房去，破坏了私密性及独立性。但家庭中的厨房不存在私密性，家庭成员谁都可以随时到厨房去，因此厨房的通道同时可用作走廊，这就是复合空间。本宅的房3及蒸气浴室就是这样安排的。可能有人会问，厨房兼起通道作用，那岂不是会影响厨房的工作吗？你把它想象成学校里公共饭堂的厨房了。一般来说，一个家庭通常才三五口人，一天能有几次通过呢？

对房间的布局还有一点讨论。房3的门口非安排在那里不可吗？答：当然还有别的方法。比如说在房3的壁柜处开个门口也可以，但这样做，会出现一条纯走廊，把一个衣柜及冰箱冲掉了。又比如在大厅与北阳台交界处开个门口也可以进入房3，但使大厅丧失了一个重要的角隅位，大厅的布陈效用大大折减。房3在东向开个门还另有作用，一是阳光室，二是使房3可兼得旁边卫生间之利便。

复合空间是使住宅面积见使的一种有效手法，住宅的复合空间越多越划算。“面积见使”是广州人的口头语，其含义是名义面积与使用效率的关系，比方说，我100平方的单元比你120平方的单元还见用、好用。可见性价比高的住宅不但适用，而且无形中也降低了楼价。

3.特色、优点

（1）大厅进深合适。本大厅还有个优点，临外边长（即是向外面阔），可尽情饱览公园景色。

（2）该宅卫具品种配置齐全，有蹲厕，也有坐厕，有淋浴、缸浴，还有蒸气浴。厨房设施齐全，能完全满足家庭所需，比方说，原状图那么小的厨房就与本宅不般配。

（3）煤气灶安排在服务阳台的转角处，这种布局最为合适，利用自然通风，一来可以省去抽油烟机，二来不污染室内。自从广州使用煤气以来，笔者家里已是这样做了。其实抽油烟机通风不是理想之法，它抽得不干净，逐日会有或多或少油烟窜入室内，日久方显污染之弊。

（4）房间分合使用方便。有了图中标示22处的门，房1与房2可合二为一，分合方便，无须做任何土木拆改，随时可把房2改为主人的居家办公

★图64-8★

室（所谓SOHO）或主人起居室，而原书房可改为单人卧室，转换灵活。

（5）有安全门，对于安全要求特别严格的家庭，可把图中标示22处的门也做成防盗门，那就再合适不过了。还有，图中标示33处可加做一个可遥控的水晶卷闸或不锈钢横栅条卷闸，平时卷起，藏在上空的贮物空间里。

（6）教子有方。图中标示5处的固定窗有双层中空隔声玻璃，窗洞400mm×400mm，房1这边挂遮光布帘。这个窗可供主人（在房1）监管小孩（在房2）之用。若房2不做小孩房，窗户可双面贴玻璃纸或双面挂遮光布来装饰。

（7）房多总比房少好。不过这有个前提，必须要做到好用而不是勉强挤出地方来，在这个前提下，房多总比房少好，设计难度更大，其价值自然更大。虽然有的家庭目前用不着，但是过一段时期情况是会变化的，当孩子长大结婚或平时招待亲朋，或想调整一个房间做其他用途等，可灵活转换。如果一个居室的布局十年八年便不适应，拆拆改改何时了？劳神又耗财。

（8）扮靓，把种植在地下的簕杜鹃花牵引到三楼上来（见图64-8），安排在阳台侧与窗台下之处，既不占据有用的空间，又不遮挡光线，室内外都可观赏到，俗话说，有钱难买窗前绿。簕杜鹃花的优点是粗生，不长虫，花期长，除短暂间歇之外几乎全年有花，盛开时花瓣团簇浓密，映得环境生机盎然。由于花根植于大地，不受盆栽之局限，其枝叶繁茂，长盛不衰，待弄成型后（需几年时间）便可永远观赏享受，无须再劳作了，此后既无须施肥，连水也无须浇，一劳永逸，笔者称此法为“不种花有花赏”。阳台干净利落，免却了常见的阳台种花带来的虫蚁及脏水之弊端。这种绿化方法也适用于西窗遮阳，这也是笔者对建筑绿化在理论及实践上的一点研究心得。

该宅的特色及优点何止这些，几乎随处可见，以上只略举几点，其余的只要读者仔细审图也会发现。

注解

[注1]

厅多少平方才算大呢？这不能孤立来说，不能给出一个固定值，假如是一个400平方的大宅，厅100平方也不算大，假如是一个60平方的经济适用房，厅20平方已算很大了。这个问题只能相对来说，与用途及档次有关。

[注2]

紫禁城的布局以乾清门为界，前面是皇帝上朝（办公）的地方，以太和殿为主（还有中保殿、保和殿），后面是内廷（即后宫、生活区），有乾清宫、坤宁宫、钦安殿等。紫禁城总体布局是：前区——前朝区——后宫区。本宅总体布局是：玄关——大厅——内务区。

各门类的艺术品凡是在真、善、美的原则指导下创作的，有共通之处不足为奇。一位大艺术家说过，各类艺术并不是人们想象的相隔那么远。

[注3]

复合空间是多用途空间，两种（或更多）需要共用同一空间，但互不妨碍才算得上复合空间。举个反面例子：在大厅当中放上一张床（俗称为当“厅长”），那是穷或窘迫之故，虽然二者共用一空间，但各自的功能得不到满足，当卧室用时不独立、无隐私性，当客厅用时不雅观，当然不算复合空间。

四
该宅价值

该宅地理位置优越，室内设计至善至美，四周环境及配套设施皆合人意，它名副其实地成为了广州最理想的宜居单元。

该宅既能享受城市优厚的物质供应，又无须劳顿远寻荒野山林；不出城廓而有山水之怡，身居闹市而有林泉之致，所以它不是别墅胜别墅，不是豪宅胜豪宅。

由于它具有唯一性，其价值是固有的、恒久的，不因人们认识上的抑扬、潮流的兴衰、物价的升降、房屋的多寡而影响到它存在的价值（价格是相对的，可调，但价值是不变的）。

五

该宅现状图简介

现状图见图64-9。

家是隐私的空间，过日子的场所，休养生息的地方。家里的状态（不等同于室内布置）如果没有丝毫的随便，肯定不能满足以上功能。所谓随便，就是在行为上有点不经心，不在意，身心处于放松状态，物件略显杂、散、旧。当然，这里说的随便要适度，若过分了则走向舒适方便的反面，妨碍着健康的生活。

该宅现在住的人口少，住着两老及一少。住者不想大兴土木，免却劳神，因此改建图的室内部分延后才付诸实施。住者对原屋只做粉刷及局部修改，主要是改造了卫生间及厨房的内部设施，使之更合理，从而更实用。具体改了哪些部位，将其与原状图一一对照便可知。在此顺便一提，厕所的改造由笔者亲自操作。

住者用家里已有的旧家具家什摆布间隔而成，因地制宜，物尽其用，能用乃至改之能用的都不丢弃，不拘形式，粗而不鄙，杂而不乱，收纳量大而仍显宽敞，花钱少却效率高，让人观之有所启发，保持着传统的俭朴持家之风，隐含着几分温情，召唤着远去了的孩提时“家”的情怀。新潮得眩目与土旧得掉渣，表面看来，二者似乎大相径庭，不过若弄得好，也可能殊途同归，背后仍需文化做支撑。

现状图把该单元通风良好的潜质发挥到极致，夏天无需开空调，甚至大风扇也成了多余的摆设，广州很少有家居具备这样的条件。当然，这种家庭装修属于非时代主流，却恰恰满足了该家庭所需，这就是个性。不过，现状图是因人、因地量身打造，特定的设计，不一定人人适合。若按现状图用新材料装修也可达到美观的要求。如果既要舒适又要美观，还要有艺术性，则有待于改建图的实施了。这也无形中形象地说明了建筑设计或室内设计三个阶段的关系。

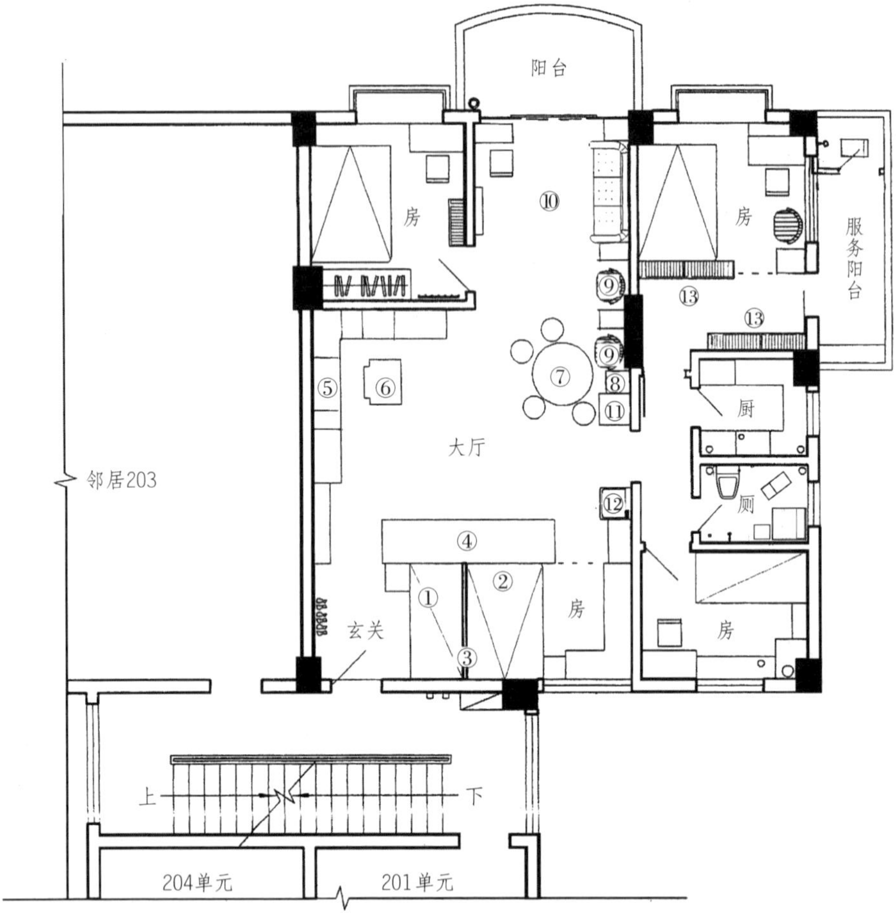

①单人床及②双人床，这些床及房间现在都空着，用来安放棉被衣服等袋装物。单人床准备将来保姆用，双人床是亲戚偶尔来探访时用，使用的机会很少。

③四块旧门板，放在这里一来是安置它，二来做间隔房间用。

④旧衣柜，间隔不到顶，有利于通风。因家庭人口少，隔声及私密性不是很重要的问题。

⑤一排大大小小的纸皮箱，用来装家什及琐小杂物。

⑥电视机、⑦饭桌、⑧及⑨凳及藤椅，这个家庭习惯吃饭时看电视，所以这四项须进行互相关联的布置。

⑩小厅，可以观景，这个家几乎没有什么社交活动，厅虽小，够用了。

⑪橱柜，⑫冰箱，这两件物体安置在这里是弥补厨房面积过小的权宜之法，是厨房的延伸。

⑬书架，利用它做间隔，使该房有一定的独立性。

★图64-9-现状图★

附录

一

选楼的几条经验

（一）子母并贵，化难题为有利

如果你对地头及单价都满意，只可惜该单元面积大了些，放弃又不甘心，这要怎么办呢？你把它买下来，把它改成一大一小两个单元。可让开发商按照你的设计改，一来免得麻烦，二来可办两个房产证。当然要付改装费，但比自己另请人改的费用略低些，只付成本费就行。

我们把这种一大一小毗连的两个单元叫“子母型套型”。这种套型好处多：

（1）小单元可出租，什么时候都很抢手，管理近便。小小的一厅一房，包括厨、厕、阳台，25平方左右即可。难度就在小而全且好用。这种理想的单元租价高，收的租金几近抵上它的月供。倘能买得起中等套型，基本上也能承受得起稍大些套型的月供。

（2）适合家庭结构。小单元既可给父母住，也可给子女长大后分开住。这是两代人相处的最佳形式，可合可分，分合两便，比所谓“一碗汤的距离”模式更理想。两个单元可以在厅开个横门连通，这个门口两边各有门，加上一道推拉闸。为什么这么郑重呢？一是可以各自完全独立且安全；二是隔声好，互不干扰，隔音效果能做到与砖间墙无异。

（3）有利于请保姆。平时常听到主人对保姆诸多抱怨，细加分析，如果有了这种理想的居住形式，许多意见便可消于无形。

（4）转手容易。若想转手，大小单元都可单独出售。款项实在周转不过来的话，一改装完便可把小单元销售出去。好用的小单元不愁卖，而且还有钱赚，开发商也愿以原价接回，为何？生意者有赚也。

一大一小毗连在一起的套型是稀缺资源，比同等面积的普通单元价值高，这源于它作用大而产生的附加值。但并非凡是一大一小两单元随便凑合在一起就如此，关键在于既毗连得法又好用。想达到此目的要看看原来的大单元有无可能改造得好，条件是：单元的外轮廓线长，有三个朝向可开窗，窗越多越好，间墙不是剪力墙（钢筋砼墙），否则墙是不能拆改移动的。举个大小单元相连的例子，见下图。

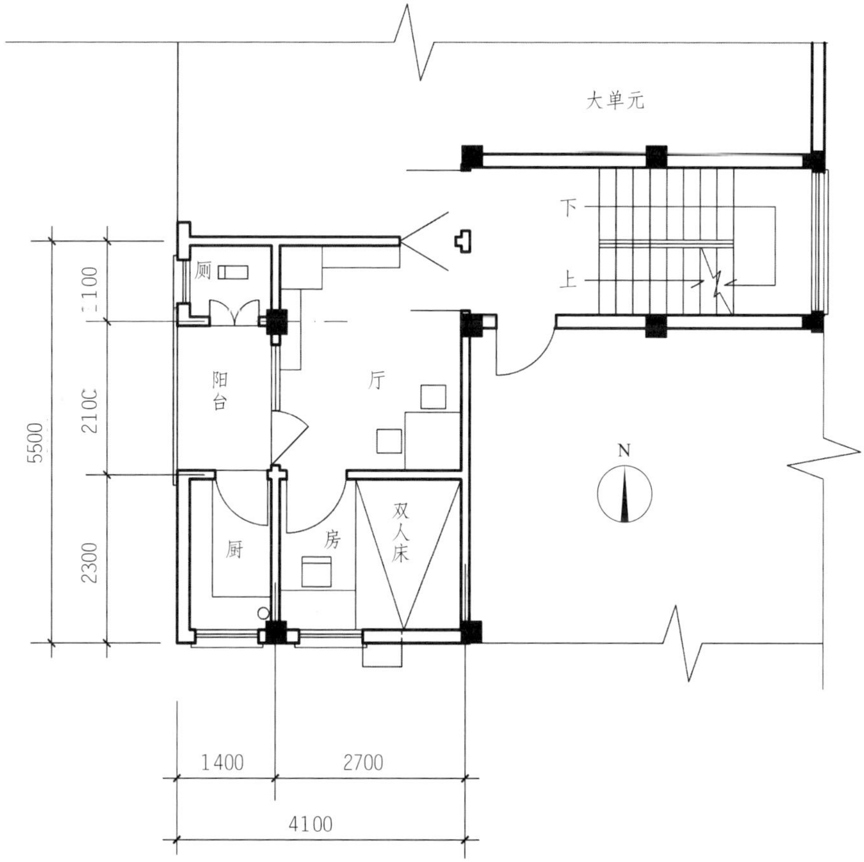

★图65-1-小单元平面图★

须提示一点：事先与开发商协调好，改装、改名等事项在还未上报、未办房产证之前完成。在买方市场的当今形势下，精明的开发商自会提供方便，这也是促销方法之一。

（二）“物美价廉”背后有陷阱

一般人看楼，什么都不管，径直入该单元室内看，看见室内表面漂亮，价钱又低，还等什么呢？机不可失，下定金吧。这种看楼法往往会造成入住后，慢慢地觉得很多地方不如意。下面略提几点看楼建议。

（1）上楼时莫心急，用心感受一下楼梯间。从楼梯间可鉴别出设计及施工的水平。譬如说，楼梯的宽度与转台的深度，栏杆扶手的形式、安装及所占去梯段的宽度，梯级饰面材料质感及颜色的搭配，楼梯间的采光方式等等都反映出其水平。

为方便起见，在这里单说其中常人最容易感受到的一项——梯级尺寸。步级太高（高于17.5厘米），级面太窄（小于26.5厘米），就不好走，会让人感到有点吃力。此外，个别梯级会使人踢脚或蹾脚，一般出现在第一级及最后一级，原因是工人缺乏施工经验，弹线分级是分均匀了，但忽略了地面的装修材料与步级的装修材料不同，两者高度相差1.5厘米很平常，这样一来，一少加一多就相差了3厘米，当人们上下楼梯时一不留神（实际上也无法看得清）就上当。如果楼梯间光线很暗，那么对穿高跟鞋者更不利，可能崴了脚或摔倒。

楼梯不好走不是个小问题，会连累到你的单元难转手，有经验的买楼者不会选择楼梯不好走的楼房。不要以为门外之事与己无关，必经的公众处的缺陷，其实比自己单元里的缺点还严重，你有钱也治不了它，还是长期性的。

更主要的是楼梯间的设计是整体水平的一个指标。可以这么说，从来没见过一栋楼的楼梯间不好用，其单元设计会很好。

（2）不妨去化粪池附近走走，尤其是已有人入住的那些楼房，看是否闻到有臭气，臭气是否明显。有的旧楼盘也有些少味道，那是化粪池盖得不严之故，对某些楼盘来说，它不是化粪池的问题，而是下水道的系统问题（管径、管基、接头、坡度等等）。以后经常要掏要修，还要楼房各户凑钱，管理公司不负担这一笔费用。局部修补无法彻底搞得好，除非翻掉重做，但这是不可能的事。不修不行，修又只能管个短期，永远是个麻烦事。这样的楼盘到处散发幽幽的臭味。一个楼盘正如一个单元，如果单元的厕所不畅通，单元再靓住得也不安心。

（3）初到一个楼盘多少都有一种新鲜感，购楼者对楼盘的第一印象多是好感，触目所见皆从好处想，购楼者此时需要的是清醒与冷静。到楼盘四周走走，到小区边陲角落的地方走走，看是否有荒芜、凌乱、雨水流不通的地方，看看周围的空地是不是树少（不是树小）花多、草地多，用心去看所设置的美化环境设施以后是否可以持久使用。如果观后给出的答案是个“否”字，暂记在心里。

再看售楼处外面是不是花团锦簇，喷水池热闹地喷得哗哗响，五颜六色的彩旗猎猎飘扬，门外露天设置的西洋古典木椅显得很高贵，花枝招展的美女毕恭毕敬夹道迎宾给人尊贵、华丽的感觉。此时你把以上观感结合眼前的情景加以考量，应该意识到这其实是敝相。你可以悄然离开这个楼盘了。如果不信，你还可以多做个验证，在萧索滴沥的阴雨天来看看，就可以看到楼盘洗去铅华后的素颜了。若还不肯定，你拿选楼六项条件（参见本书第一章）逐一加以对照，肯定无一合格。

现在可以回过头来回答疑惑者所问：为什么你这么早就可以看出这样的楼盘不好呢？其实也并不神秘，一个楼盘实功不够虚功补，周围的景象已明白地告诉你，将来它会变得光秃秃，木椅置于露天能撑得几年？草地的管理费用更高，管理跟不上，两三年就打回黄土地原形，树也不舍得多种几棵，尽把心思用在应景的障眼法上。再看它的室内，那是花被冚鸡笼——金玉其外，败絮其中。它的楼价低，正是从各项质量成本中扣出来的。廉价的拙劣设计、廉价的施工、廉价的工人、廉价的赝品材料，敷衍的环境设施……这种楼盘的掌门人多是包工头类型的老板，会建筑但不精，工于琢磨人心的软肋及擅长钻空子。

劳碌奔波、悭生悭死积了点钱的打工一族购楼者往往容易掉进这种表面又平又靓的陷阱中。

（三）这些事项一定要落实

（1）购楼时要问清楚，以后是否还加收其他费用，譬如水电增容费、管道安装费、煤气管道安装费、电话安装费、防盗门费、智能设施费，除管理费之外另收垃圾费等等。在合同中不妨补充一句：除本合同中所列的费用之外，乙方无需再交其他任何费用。

（2）从你的单元窗外、阳台外望出去一大片绿地，使人心情舒适，选这单元就冲着这一点，但不要忘了问清楚，以后外面空地是否还建什么，用简图附在合同中。还有，如果以后若还建，要怎么补偿，写的条件要能操作，不要只得个空泛的口头承诺。

（3）面积误差在3%以内互不结算，这肯定是购房者吃亏。少有面积计少了的单元出卖，只有计多了的。笔者曾为几个购房者做过丈量，发现一般都计多了1～2平方，总保持在3%以内，购楼者只可自认倒霉。试想一想，精明的开发商哪会请一个笨手来做计算出售面积这么重要的工作？购楼者自己可丈量清楚后双方协商，将实际面积作为计价根据。至于将来房产证上写多少面积是政府测量部门定的，不能改，但与计价无关。花一两个钟头丈量一下，能纠正1平方，便省得一两万元也值得。如果开发商不愿丈量，那就直接与他讲价，楼价降低若干，譬如相当于1平方或多少，二法任选其一；如果他二法都不采纳，等于承认本公司经营不诚实，存心骗人，你一张扬，他损失更大。

注：正规的测量用钢尺，不用皮尺，因为皮尺会有一点点伸缩性。即使用钢尺，也还要按该时的温度计算其误差值。但在一个单元这么小的范围内，最大的长度不超过10米，钢尺与皮尺丈量最后的结果误差不会超过0.1平方，因此用皮尺也无所谓，只要用力勿过紧或过松，拉正、拉直就可以了。记住，皮尺的长度是从端部扣子的外边缘起计。

（4）凡是开发商承诺的事，诸如管理费优惠、交楼时间、发证时间、保修等等，都要在合同中一一写明。楼一卖完，开发商就撤走了，因此还要写明可到公司的总部办理补偿。购楼者莫嫌麻烦，不妨即按址去查看是否有其总部，规模如何，询其是否承认并签字盖章。若口头上无比诚恳地承诺或以无此先例为由加以推搪，或哂之为多此一举则仍是悬案。

二
论加装电梯

（一）在既有建筑上加装电梯难不难呢？

有的不难，有的难，有的基本上不能加。下面分别加以论述。

1.不难的情况

（1）原来已预留有电梯井的建筑加装电梯当然不成问题。

（2）有些建筑在楼梯间前面加个电梯间，基本上还可以。当然，这对旁边的房间有一定的损害，损害包括通风、采光、观景、噪声等几方面。根据受影响的是卫生间还是厅房，其补偿价应有所不同，不能无视这种区别，更不能认为完全没有影响。

又有种情况，楼梯间及加的电梯间是在南面，受影响的两边都是厅房，补偿是否相同呢？不同。妨碍东南风的补偿应略高于西南风，因为广州地区夏季主导风向为东南风。还有，妨碍观看该地点主景的应高于无妨碍的。

（3）不是在楼梯端部加电梯间，而是在旁边有实墙面的地方建电梯间，然后做条短天桥通到楼梯间来，只要短天桥不遮挡窗口，情况同上，应该是无大问题。

（4）在某一卫生间外面，只遮挡卫生间，通过补偿，基本上也可以把事办成。

（5）公租房、单位房，这种建筑加装电梯基本不成问题。楼房的业主是政府房管部门或公司的，加装电梯业主说了算，对租客是调整的事。

2.难以加装电梯的情况

楼梯间端部也有厅房，全栋建筑基本上没有什么实墙面，这种情况是难以加装电梯的，无论电梯间加在何处，一加就堵死厅房。即使电梯间加在远处通一天桥来，虽然没把窗堵死，但住户本人也要自行封堵，因为天桥上有人来来往往，还有安全防盗问题。你住在里面能安心吗？这种情况也等于封堵了。封堵了就要补偿，补偿多少呢？厅堵起来变成了贮藏室，就是厅的单价与贮藏室的单价之差，以厅的面积为被乘数，有的情况下，因破坏了整个单元，还要以整个单元的面积为被乘数，这样一算，自然是相当大的一笔数，上层住户把全部升值补进去也远不够。谁愿意做亏本生意呢？

3.不能加装电梯的情况

（1）建筑龄期已老，加装电梯之前还要加固整栋建筑，成本太大，而且这个成本肯定无法分摊得全体住户都接受。

（2）望海、望公园的建筑，这种建筑的补偿价无法计算，即使协商，补偿也是天价。

（3）唯一位置的建筑，特殊情况的住户。

理论上说，没有不能加装电梯的建筑，只是补偿太大，实际上就成为不能加装电梯的建筑了。

（二）办法依然有

遇到以上情况，真的毫无办法了吗？答：也有办法。

办法之一：把电梯间放在该栋楼的西北角（兼挡西晒及西北风又不碍事），A处的虚线位置。只7、8、9楼三层做天桥入户，6楼以下各层不加装电梯。理由是：

（1）按建筑规范6层及以下的多层建筑可以不做电梯。

（2）顶上几层容易协调。如果6楼部分住户也想搭顺风车，你就上到7楼然后走下来。

如果7、8、9楼的住户也不愿意天桥经过自家的窗前那又怎么办？针无两头利，以上办法已经是不得已的做法，再迫，也只能做更不完美的方案：叫电梯直上天台，由天台再步行下到各层去，谁愿意谁就干，总比无电梯略好，可解燃眉之急。

办法之二：深入查查看，上层哪一户确实是又穷又老又无子女，因无电梯就憋死的困难户，可以把他的单元卖了或出租，再就近买或租个一楼单元。若不够钱，政府补贴。这种住户即使有，也甚少。为什么呢？且看笔者慢慢道来。

（1）一提上面这办法，大部分人不再提困难了。顶上几层的单元，其价钱未必比一楼低，若想卖，他自己会卖，无需你帮他。

（2）住上层有上层的好处，视野开阔，观景方便，心情开朗些，阳光充足有利健康，不潮湿，环境噪声小些，远离地面小车污染，路过门口的人流少些，安宁安静些，被邻楼窥视干扰的几率少些，凉爽些，蚊虫少些，等等。住上层不如意之处就是上下不方便，一旦有电梯则十全十美。而住下层的则相反，如果电梯又妨害着他，则变成全是缺点，一无好处。许多人叫嚷着加电梯其实就是这种原因。他怎么肯去住一楼呢？笔者见过一个实例，该栋楼上下层争论加不加装电梯时，有一下层住户对上层住户说（同一垂直位置同一面积、同一格局的上下两单元）：你上下困难，是吗？好吧，我与你调换单元，然后加装电梯，好吗？上层住户立即哑然。

（3）除非是以前计划经济时期，单位分房，硬性规定谁住某层，现在才出现上层住户理直气壮地说要加装电梯。若商品房住户，这种理由是不成立的。难道你买楼时有人迫你吗？不知道人是会老，现在才忽然发现人是会变老的吗？实际上怎么不知道呢？只不过遇到机会不妨出来嚷嚷，能加装电梯升值多好。许多将老的人住着上层，子女早已另有楼留着房，到老时一家人自会调整好。

这里顺便提一点：上层住户买楼时，价格便宜一些，省了一笔钱，现在加装电梯又升值升得最高，这两笔钱理应拿出来全栋楼分享才符合利益均沾的原则，政策应体现这一点。这对加装电梯的顺利实施很有帮助。

（4）一个正常的社会，什么时候都需要有年轻人拼搏奋斗。无须过分担忧上层的楼无人住，相信社会有自我调适的能力。

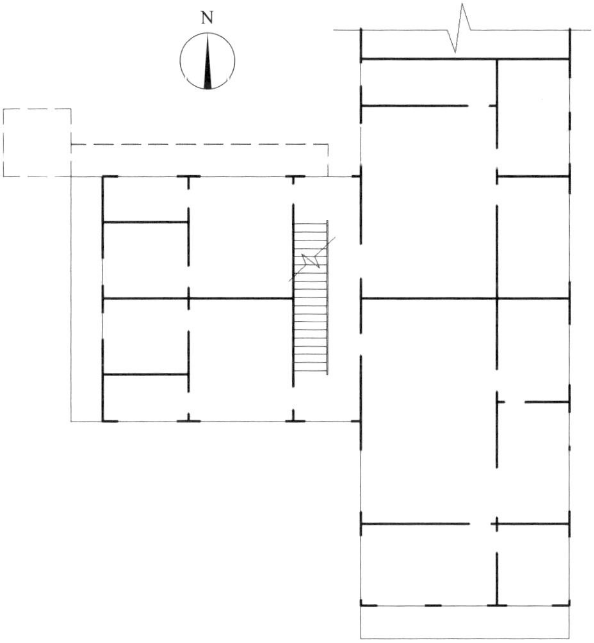

★图66★

（三）澄清两个基本概念

1.加装电梯难度在哪里

关于加装电梯，之前有相关科研人员曾推出过一个补偿方案（详见2014年8月26日出版的《广州日报》），有人说它太学术化了，但笔者却认为它学术做得还不够深。既有建筑加装电梯就是一个颇为复杂的学术问题，至今许多人还把这个问题看得太简单。

这个问题之所以复杂，原因有三方面。一是从建筑设计的角度来说，在已建成的建筑上再加装电梯，比新设计该建筑的难度高得多，难以做得令人满意，做来做去都无法做出一个合理的方案，顾得东来西又碍，最终只能做成一个将将就就的方案。如果对付一个业主的口味还好办，要众人认可就难了。二是在已建成又住了人的建筑上做改建设计，还牵涉到各产权人的利益问题，这就更难办。张家有所得李家必有所失，这是个房地产权益之争。单是这一点已够复杂了，类同拆迁，甚至更复杂。三是还牵涉到法律问题。电梯间建在窗边影响建筑使用，不属侵权，而是损害的问题，只适当赔偿总可以解决。如果电梯间堵正窗口，算不算侵权呢？当然算，因为买住宅就是买来了居住权，采光、通风是第一要义，有人把窗口堵死了，无采光、无通风就不成为住宅。虽然没有破坏这个房，但致使这个房住不了人，这与破坏有何区别？这与侵犯住宅有何不同？侵犯住宅的行为在最高法中明文禁止。居住者能接受补偿已算宽容了。他完全可以不接受补偿，无论补偿有多大，他就是不容许这么干，要你把电梯间拆除，你也只可服从。有谁还说加装电梯不难呢？

综上所述，对既有住宅加装电梯的研究还未做得够。思想上要认识到这个问题的复杂性，才能制定出经得起辩论的政策来。有人质问政府，加装个电梯就这么难吗？可以回答他，是的，很难，若不信，你来主持试试，你也可以提个容易的方案来，试试看群众认不认可。

2.加装电梯不能采取少数服从多数的方式

少数服从多数这种方式只适用于唯一性的选择场合，可现在不是非加装不可。这种方式也不适用于伤害到个人的切身利益的场合，少数人哪怕一个人的利益也不能被侵犯。这道理很简单，譬如100人当中有99个人同意去攫取其中一个人的财物，把它分掉，你说合理吗？行得通吗？每个人都有行为自由的权利，但必须在不影响、不损害他人利益的前提下。影响或损害他人利益就要向他人做补偿，这是每个公民的行为准则及规范，任何法都遵循这个准则。之前有相关规定2/3以上的人同意加装电梯就可以加装。如果不影响或损害别人利益时当然可以，莫说2/3人同意，一个人同意也可以，某地就有个土豪在室外加个电梯直上他家。楼下几家要拆他的电梯，无奈之下，他只能以大大高于市价的价钱把楼下几家全买下来才了事。2/3人同意，只要不影响楼下的人家就可以，而实际上怎么可能呢？当然行不通，说2/3人同意就可以加装，说了等于没说，反而被认为条例出台太草率。

（四）钢架玻璃电梯厢可行吗？

一提到玻璃，大多数人以为玻璃等同于透明、透澈、无碍，对它有好感，实际上是认识的误区。普通玻璃或钢化玻璃透光率为80%，隔层对置（比双层略差）则为64%，这是新净的玻璃，时间长用旧了，透光率还达不到这个数；钢架透光率约85%，两者叠加，透光率为$0.85\times0.64\approx0.54$。也即是说钢架玻璃透光率仅一半多点，相当于一个中期白内障者的视网膜透光率，这是从室内透过钢架玻璃间望出去的情况。

钢架玻璃电梯间本来应用于公共建筑，便于乘客向外观景，且电梯厢上下运行可增加动感，加上五光十色的灯饰变得流光溢彩，使公共建筑生色不少。可是若用在住宅建筑那就糟糕了，形同在你的窗前一天到晚有人窥视你。除了窥视干扰之外，还有电梯厢整天在你窗前上下窜动，使你心神不安。对居住者来说，这个窗还有用吗？无论采光、通风、观景、视线干扰、噪声干扰等项都是要不得的。

至于外行老教授发明的观光井架的做法属于施工与制作方法的问题，对改善采光、通风、观景、视线干扰、噪声干扰毫无帮助，弊病如同钢架玻璃电梯间无异。

（五）生财“新道”

一般人不愿意买楼梯楼（无电梯的楼）顶上的一两层，原因人所共知，上下不方便。但有的投机家专门去买这种二手楼，因为价格最低廉，而且楼源较多，容易买得到且选得好位置，买了之后装修好，立即开始捣鼓着加装电梯。

这种投机家一般是青壮年，但他打着为上层老人着想的旗号，积极当牵头人，对各住户摸清底细之后，有选择性地上门串联，征求意见的表格早已印制好，住户只需在表格上签个名，他便悄然利索地搞定一切，所有事务无需住户们操心。这种精明人有的是包工头，既捞得加装电梯的工程做，一旦安上电梯，他的单元便由丑小鸭变成了白天鹅，身价即时飙升，他又赚更大一笔。

这种人一向是打通各职能部门人际关系的老手，要人有人，要钱有钱，要门路有门路，消息灵通。他手下有一班人配合，他会避过及挡驾反对加装电梯的住户，将生米煮成熟饭，事后意见再大，矛盾再多，也奈何不了他，他早已华丽转身去干下一单生意了，麻烦之事留给该栋楼的人群、社会及政府承受。他之所以能得逞，本质上是钻了政策的空子。这些后遗症又成为一种社会问题，反映出政策的不完善之处，值得制定政策者思考与防范。

三

高档木材及有关知识简介

（一）什么叫红木？

红木是明清时期制作家具专用木材的延伸叫法，现在是高档木家具约定俗成的木种的统称。以前红木是指紫檀木，紫檀木另有一名叫红木。后来由于酸枝、花梨等也有类似红木的特征，故统称为红木。国家质量技术监督局制定有《红木国家标准》，从2000年8月1日起施行，规定八类木材称为红木，具体内容见下表。同时强调红木是指木料的心材，无活细胞部分。

国家指定红木类型表

名称	属	气味
紫檀	紫檀属	气味微弱
花梨		有香气或微弱
香枝木	黄檀属	辛辣
黑酸枝		有弱的酸香气
红酸枝		酸气微弱
乌木	柿属	无
条纹鸡翅木		无
鸡翅木	崖豆属	无

★表1★

（二）红木类各木种简介

1.紫檀木

（1）英文中有多个词都是红木或紫檀的意思，如Padauk、Rose-wood、Mahogany。

（2）凡深红紫色、黑色的木都可叫rose-wood（此词直译是玫瑰色的木）。Mahogany的正解释为桃花心木，也有的叫“麦荷根”，是这个词的音译。

（3）紫檀的学名为Pterocarpus，也有把紫檀写为Red sandalwood（见《本草纲目》彩图版）。

紫檀木产于东南亚一带，材质坚硬耐久，比黄花梨略重、坚且脆些。

2.黄花梨

原产印度及巴西。颜色从浅黄到紫赤、红咖啡色、棕黄深褐色或近黑色，色如琥珀，色泽柔和，木纹明显，花纹美丽，质地坚硬不变形。其木材含油质，故有美丽的光泽，晶莹发亮，油润光滑如玉，典雅细腻。木材清香，有降香黄檀的独特香味，锯解时味道香浓。上等黄花梨有越南黄花梨和海南黄花梨，越南黄花梨产于越南与老挝交界处；海南黄花梨产于海南，很珍贵。

3.酸枝木

从上表可见花梨木、酸枝木都是檀木，但属于不同品种。酸枝木分为红酸枝及黑酸枝两种。黑酸枝（Black-wood）是黑檀或阔叶黄檀。红酸枝（Rosewood或Tulipwood）是交趾黄檀或榄色黄檀（交趾是云南广西交界处一带的地方名称）。黄檀的土名叫山榄木。以上的树种都属蝶形花科。红酸枝颜色近似枣红色，纹理中央夹有深褐色或黑色条纹。现在市面上的红酸枝大多是产于缅甸、泰国、越南、老挝的奥氏黄檀及中美洲的徽凹黄檀。老挝的红酸枝是最好的酸枝。

4.乌木

原产印尼、马来西亚。乌木是乌梅树的木，木质特别坚硬重实、细腻，没有什么纹理。树干外面一层是白皮，里面的心材才是黑色的，真正可以使用的就是这一小部分，有时只占横截面的1/3，利用率很低。其树径小，难以做成大件的东西，故较少有乌木家具，只做高级工艺品，钢琴的黑键多用此种木制造。并非黑色的木头就是乌木，有的黑色木头是阴沉木。

5.鸡翅木（包括条纹鸡翅木）

产自越南。此种木材是硬木中纹理最漂亮的一种，紫褐色或黄紫色，深浅相间成纹，有羽毛灿烂闪耀的感觉。鸡翅木与鸡翅毫无关系，它的原名为鸂鶒木，因为这两个字太过生僻而弃用，后来就用同音的“鸡翅”二字代替。其原名为“鸂鶒”，意为紫鸳鸯，延伸为紫褐色美丽之意。

（三）为什么红木昂贵？

（1）红木品质优良，质地细腻而坚硬，黑黄檀硬如铁，每立方米重达1250公斤，耐用，不变形、不腐朽、不怕水浸、不虫蛀，上百年也不变质。红木制品世代相传，比钢铁还耐用，且不像钢铁那样会生锈。红木散热性能好，夏季使用凉快。红木木纹美丽，装饰效果好，且有香味。总的来说，红木好看好用又耐用，做家具的话，没有什么材料比它更好了。

（2）此类木材稀少。它成材的时间长，需要百年以上，甚至数百年。红木一般产自东南亚。我国的红木成材不多，大多禁止采伐。紫檀成材时间长且树干不粗，其直径甚少达到30厘米，树龄一长又变成中空，因此锯成板材其宽度甚少有30厘米，若大于这个数多为赝品。品质这么好又稀罕的东西怎么不昂贵呢？现在市面上的海南黄花梨、越南黄花梨板材每吨700万～900万元，几近每公斤1万元。材料矜贵再加上高级工艺师精雕细刻的工艺美术价值，昂贵程度可与黄金相比，一套（六七件）黄花梨家具价值三四千万元。这些东西的价格还会随着时间上涨，以后会更贵。

黄花梨木料昂贵，其下脚料也有用，小的可做筷子，稍大的可做各种工艺品，木屑锯末可做香袋、制线香。

（四）怎样识别红木？

（1）红木在自然状态下以红色为基础，暴露时间长了逐渐转变成棕红、黑红，最终为黑色。红木有黑色年轮，外观有黑色花纹，其他木材无这些特征。

（2）有些木材如东南亚杂木等，其木质也坚硬，经过深色油漆后，外观似红木，但刮开后，在自然状态下会逐渐褪色为一般木材的颜色。

（3）紫檀木表面有褐黑色的牛毛纹，刮出来的木粉（可在凳脚底下刮一点点）蘸上酒精或水会呈丹红色，其他木材无色。

（4）红木整理打磨光后，不需要上漆揩蜡就有光泽，或涂透明的生漆，仍显露木纹，保持欣赏价值。如果看不出花纹，或用油漆模仿、遮盖花纹，可以肯定它不是真红木。红木凡加油漆者必定是赝品。

（5）有些木材，名称相同，产地不同，其品质相差甚远。例如，缅甸花梨木、老挝花梨木较差，非洲花梨更差，可以说这些不是红木。非洲紫檀木不算红木。市面上有人把菠萝格也称红木，这是冒充。海南菠萝格又叫海南檀，也有人叫花梨，不是真红木。又有人用近似红木的楸木冒充红木，楸木质地也细致，可制家具，但它不是红木，达不到红木的质量。

（6）黄花梨鉴别方法：

①真的木纹流线顺滑美观，假的则木纹纠结杂乱不好看。

②闻味有降香味，差的则带刺鼻的辣味，木屑燃烧时味道更不好闻。

③木纹致密，能打磨光滑，材质不密实的木材无论怎么打磨也不光滑。比重超过1000kg/m^3，一放下水就沉下去，若浮于水则是假的。

④做成杆件不挠曲变形，车成笔筒后其圆口不会变成椭圆。

⑤在原木（伐下的树干）上削木片，能看到木质有油光。

⑥含油量为1.5%以上，用蒸馏器蒸之可提炼出油来，油是黄橙色的，清澈透明。

⑦用酒精泡其木屑，泡20分钟以上，酒精会变成茶色就是真的。

（五）购买红木家具的注意事项

（1）在价格上紫檀木比红酸枝高，红酸枝比花梨木高，花梨木比菠萝格木高。

（2）买酸枝时可拿花梨木做对比，会明显感觉到肌理的粗细不同。此外，买什么木材都可拿其真木的样板去对比。

（3）发票要写明何种红木，不得笼统地写“红木”二字，同时注明全部构件为同一种木料，不得局部替换。因为常常发生这样的纠纷，一件家具中的主构件是真材，小构件用类似的木材混充。

（4）分辨真假古董。有种假古董家具，新活做旧：先将新进口的红木（如花梨木等）开好枋料，然后埋在鱼塘的污泥下浸泡，一两年后起出，阴干脱水，再按老样式做好，然后再做旧，上皮壳，做包浆。广东及北方有一些厂家专做这种家具，也叫高仿家具，骗了不少收藏家。

（六）选购高档家具要领

1.看材质

上面已说过，在此处不重复了。

2.看工艺

工艺精细，打磨光洁，接口精密结实，真正是榫卯结构，没有一枚钉，抽屉拉推顺滑。

3.看艺术文化

家具造型美，雕刻精细、生动逼真，线条优美流畅，尺寸比例和谐、舒展。如仿明式的家具，讲究飘逸空灵；仿清式的讲究雄浑、冷峻、气韵生动，有独特的文化寓意。

一件物品只满足用途时，材料费占大头；一件艺术品，满足精神需要则材料费只占小部分。一件有艺术性的高档红木家具，则二者兼备，所以其价过千万元也不足为奇。

（七）其他高档木材

除了红木之外，还有一些木材也是高档木材，简介如下。

1.桃花心木

民间也叫“心木”，洋名叫“麦荷根”（Mahogany）。它原产中南美洲，是全世界著名的高档家具用材之一，外国人多用它。它材质强度大，质地稳定又易于割削及雕刻，纹理花样多，美观。这种木材较贵，市面上冒充它的有柳桉木（即菲律宾桃花心木）、香椿（即中国的桃花心木）、巴西的桃花心木等。

2.菠萝格（又叫木宝、格木，英文名叫Merbau）

产于南洋（菲律宾、泰国、缅甸、马来西亚、印尼）、新几内亚、所罗门、斐济，萨摩群岛也有。其木材纹理常有深浅相间的条纹，边材浅黄，心材褐色，木质结构一般均匀，木材有光泽，无特殊气味，干缩性小，抗白蚁，锯刨加工困难，但车旋性能好，钉钉易裂，材性稳定，人们普遍喜用。

3.樱桃木

木质坚硬，有自然光泽，呈淡黄至浅棕褐色，组织细密均匀。很多精细的家具都由樱桃木制成。这种木材较贵。

4.柚木

英文为Teck或Teca，直译为“迪克”。它不是平时吃的柚子之树。柚木产于泰国、缅甸、爪哇、印度。其硬度适中，重量不少于800公斤每立方米，含油质，防水性特佳，湿了也少变形，变形率是其他一般木材中最小者（干缩变形率小的还有紫檀、桃花心木、楠木等），非常耐腐，锯刨不难，握钉力佳，胶黏及上蜡性能好。柚木是世界著名的高级木材，当然在价格上比不上红木。柚木最适用于做木地板。它的最大不足之处是颜色偏深，缺乏明快感。柚木的边材与心材有明显区别，颜色不均匀，用作地板时要加以挑选，剔除颜色相差太远者。柚木心材新鲜时金黄色，以后转为暗褐色，最后变为黑褐色。假冒柚木的有：澳洲柚木（即桉木）、越南柚木（即蚬树）、中国柚木（即檫树）等等。

5.象牙木

有黄象牙木及白象牙木。它的颜色为柔和的黄奶油色，明亮度好，纹理细致，无明显纹路，美观。象牙木属高级木材，产自泰国、南美。

象牙木不是橡木，象牙木价值更高些。橡木即是柞（音“昨”）木，也是栎（音“历”）木。橡木不是橡胶树的，市场上有用橡胶树木料冒充的。区别如下：橡胶木本色不纯或有杂斑与黑点；而橡木的质地有细洁感，木纹越清晰价值越高，颜色由浅褐色到红棕色都有，颜色多元化。橡木制作成的家具有典雅庄重的感觉。橡木的缺点是脱水难，但一定要脱净，否则买回来一年半载后会开始变形。变形的橡木不可买。

6.楠木

产于云南、贵州、四川。树高大，可做建筑的栋梁之材，堪当大任。其木材坚实但不重，有香味，不怕水，可做船，以前皇帝用来建宫殿，是优质贵重木材。楠木有一种特别优秀的品种叫金丝楠，下面对它将单独介绍。

（八）珍稀木材金丝楠

金丝楠是比紫檀、花梨、桃花心木更高贵的木材。广义上的金丝楠木就不珍稀了，诸如闽楠、利川楠、浙江楠、润楠等。

金丝楠木性稳定，不翘曲，不裂，经久耐用，至今有的已历经500余年而不坏，耐腐，防虫，含有天然的油分，木性温和，冬温夏凉，有香气，清新宜人。其材质不以沉重坚硬见长，而是细密而轻，气干密度只有600公斤每立方米；颜色黄褐微绿。其木纹有横竖金丝，金丝覆盖率达80%以上方为正宗。金丝不是金质，是木材孔洞中呈现泡沫状的一种叫

“侵填体”的东西干燥后形成的晶状体，在阳光照射下闪烁发光，光泽耀眼，纹理波光流动，细加打磨后晶莹剔透，犹如琥珀、猫眼。年份久金丝成色会更好，尤其是生长在海拔约1500米干旱少雨的多岩山区，材质更佳。鉴别金丝楠也是根据它的特点来看。

（1）不管是哪种金丝楠，黄中带绿这种特质一定可见。

（2）上等的金丝楠木底子透彻澄明，光线照射下纹理波光流动，有景象变化，每个角度不一样。

（3）新料的金丝楠其香气是清淡的药香，老料一般是幽香，香气较淡，若隐若现。

（4）非金丝楠都没有这种药香，譬如，水楠木带酸臭味，香楠带香辣味，樟科树木的香气浓烈恶俗。此外，常用来冒充金丝楠的还有缅甸的金丝楠（黑格木）、金丝柚（黑心木莲）、黄金樟（山香果），以及云南黄心楠等。

此种木料之所以珍贵是因为它性质优越，生长缓慢，至少百年以上，明清皇帝用的料多在800年以上，甚至有上千年的。它生长在深山老林，无论采伐及运输都极其困难，有一木一命之说。此种木材在明代晚期资源已显匮乏，在清朝乾隆年间已有1克木10克黄金的说法，只皇家用得起，故有皇帝木之称。2011年，一张独板虎皮纹金丝楠长案售价2亿元，也有人买，可见其价值。

后记

选楼知识是一门边缘学问，多科知识交叉合成，诸如建筑工程（包括建筑设计、规划、施工、材料、装修、结构、庭园等）、房地产、市场、法律、民俗、经济等等。本书讲的就是综合融会各科并经过实践行之有效的知识，除此之外，还有一科未提及过，就是政治学。乍一听起来，人们以为这一科的内容空空泛泛，与选楼风马牛不相及，未免离题太远了吧？当然，你平时在书本上学的政治学确实与选楼毫不相干，对选楼毫无用处，但这里说的政治学区别于书本上的政治学，姑且称之为“选楼政治学”。

这种政治学与选楼密切相关，尤其对投资者来说非常重要。它有什么用呢？比如说，你在本国买楼赚了，但你出国买楼未必赚，反之亦然。又比如，改革开放初期才出现商品房，人们一向以来住惯了公房，许多人认为，何必买房呢？把买房的钱存入银行，利息用来交房租绰绰有余了。那时的房租才二十来元（那时的楼也只有一两万元一套），即使将来房租涨了也不会高到哪里去，绝对不会让广大老百姓承受不起。这种看法没错，可是这些自以为能说会算的精明人若干年后越来越发觉自己所计算的是一盘“死数”，在现实中的“活数”面前败下阵来。

又比如，某些远郊楼，价格只为市区的1/3～1/2，很有吸引力，况且正合自己手头上的款额，还听说将来有地铁通到那里去，升值潜力大，于是买了一套指望赚一把，结果，十几二十年过去了，那里还长着草，既不适合自住，又按原价都转让不出去。一般来说楼价烂市的地方相应也没人租，更亏的是还要继续掏钱雇人看门口，否则室内的东西会被盗。

还比如，历次调控楼市，你就持币盼望楼价降，等来的结果是，前年可买三房单元的钱，今年只够买两房单元，缩水了一间房。又比如，前一轮因犹豫不抓紧时机买楼错失良机，眼看着别人有楼有车了，现在见到大家争着去买楼，吸取上次教训，心想，这次可不能再输了，毫不迟疑也去抢购一套，可是楼一到你手里没多久，楼价应声跌了，令你傻了眼。

近年楼价高得离谱，完全脱离商品价值规律，这种虚高是人为炒作而成的（时称为楼市泡沫），也与贪官污吏在各环节中作孽有很大关系。现在大力开展反投机反腐败，推进社会的公平公正，按说有望物价回复正常，你就可以坐等平价楼时代的到来。且不说将来的楼价是否降，是瞬间降还是局部降，假如真如你巴望的那样大降如泻，到那时你手中的钱可能更不够买楼了。

凡此种种都是与选楼政治学密切相关或由于缺乏选楼政治学的知识所造成的。究竟什么是选楼政治学呢？你无须问别人，也没有人能告诉你，即使投资楼市或炒楼发了的人也未必对它有理性的认识，只是靠碰运气或凭感觉去做，广州话叫作“估估下”。

对这种知识，各人只能自己去琢磨，研究心得越多，收益越大，没有人敢说透彻了解或完全掌握这门知识。笔者只能告诉你一句话：的确存在着选楼政治学这种知识。虽然只是点到为止，但开创了研究领域之先河，启发你去研究，你必将得到很大裨益。授人以鱼不如授人以渔。

对选楼政治学毫无认识的人没把握拣到相宜的或增值的楼，每次总是机会过去之后才拍大腿追悔惋惜：“哎哟，原来就这么简单，谁都会，只不过当时我不以为然，如果我早这么做，现在就大发了！”这是不懂选楼政治学的典型表现。殊不知，买楼的举动虽简单，交钱开发票，片刻便完成，但支使一个人去买楼的过程就复杂了。其实机会常常有，问题在于你对时机有无准确的认识，以及在不同时机的节点上该如何操作。这种知识坊间普遍存在着，只不过俗称为“眼光”，懂选楼政治学叫作有眼光，不懂则叫没眼光。人们平时所说的“你想买楼买得着数那就要考你的眼光了”，就类似这种意思。

这里同时也回应了“怎样才能捕捉到购楼时机”这个问题。从这里我们可以更确切地肯定选楼是一门边缘学问，需要掌握多门学科知识。

关慧方

电子邮件：roserice@126.com

个人主页：http://roserice4614.blog.163.com/